DROEMER

Über das Buch:
Ein Jahr lang – von November 2020 bis November 2021 – schreiben sich Özlem Topçu und Richard C. Schneider Briefe: über ihr Leben in Deutschland, ihr Aufwachsen als Kinder von Migranten, ihre eigenen Erfahrungen mit Rassismus und Antisemitismus. Sie tauschen sich über Halle, Hanau und die Folgen aus, über Judensterne auf Coronademos, aber auch darüber, was für sie Heimat bedeutet und ob zu Weihnachten ein Tannenbaum das Wohnzimmer schmücken soll.
Ihre scharfsinnigen Beobachtungen der aktuellen politischen Debatten in Deutschland, in Israel, der Türkei und den USA, aber auch ihre in den Augen anderer ungewöhnliche Freundschaft machen diesen Briefwechsel zu einer ebenso bezwingenden wie berührenden Gegenwartsdiagnose – in der Gewissheit, dass es eben doch hilft, miteinander zu reden.

Über die Autoren:
Özlem Topçu: Geboren 1977 in Flensburg als Tochter türkischer »Gastarbeiter«, Studium der Islamwissenschaft, Politik und Medienwissenschaft. Von 2009 bis 2021 arbeitete sie als Politik-Redakteurin bei *DIE ZEIT,* heute ist sie stellvertretende Leiterin des Auslandsressorts beim *SPIEGEL*. Sie lebt in Hamburg.

Richard C. Schneider: Geboren 1957 in München als Kind ungarischer Holocaustüberlebender. Studium der Germanistik, Theaterwissenschaft, Kunstgeschichte. Seit 1987 bei der ARD, 2006 bis 2015 Studioleiter und Chefkorrespondent im ARD-Studio Tel Aviv, 2016/17 dieselbe Position ARD Studio Rom. Seit 2017 Editor-at-Large beim BR/ARD. Zahlreiche Buchveröffentlichungen. Er lebt in Tel Aviv.

ÖZLEM TOPÇU
RICHARD C. SCHNEIDER

WIE HÄTTET IHR **UNS** DENN GERNE?

EIN BRIEFWECHSEL ZUR DEUTSCHEN REALITÄT

DROEMER

Besuchen Sie uns im Internet:
www.droemer.de

Aus Verantwortung für die Umwelt hat sich die Verlagsgruppe Droemer Knaur zu einer nachhaltigen Buchproduktion verpflichtet. Der bewusste Umgang mit unseren Ressourcen, der Schutz unseres Klimas und der Natur gehören zu unseren obersten Unternehmenszielen. Gemeinsam mit unseren Partnern und Lieferanten setzen wir uns für eine klimaneutrale Buchproduktion ein, die den Erwerb von Klimazertifikaten zur Kompensation des CO_2-Ausstoßes einschließt.
Weitere Informationen finden Sie unter: www.klimaneutralerverlag.de

MIX
Papier aus verantwortungsvollen Quellen
FSC® C019821

Originalausgabe März 2022
Droemer Verlag

Ein Imprint der Verlagsgruppe Droemer Knaur GmbH & Co. KG, München

Covergestaltung: buxdesign I Lisa Höfner
Satz: Adobe InDesign im Verlag
Druck und Bindung: C. H. Beck, Nördlingen
Printed in Germany
ISBN 978-3-426-27867-3

5 4 3 2 1

Allen »anderen«.
Özlem Topçu

Für Sabine H.
In Dankbarkeit für die letzten 30 Jahre.
Richard C. Schneider

HAMBURG, 22. NOVEMBER 2020

Lieber Richard,

weil ich weiß, wie sehr Du es magst, wenn Nichtjuden oder Nichtisraelis ihre paar lausigen Brocken Hebräisch zum Besten geben und sich dann für den Rest des Tages richtig toll fühlen – sei gegrüßt mit einem fröhlichen Shalom!

Richard, seit Tagen geht mir ein Satz nicht mehr aus dem Kopf. Ich sage ihn mir immer und immer wieder und erfreue mich an ihm: Es wird wohl eine Özlem sein, die uns den Arsch rettet. Klingt super, oder?

Tagelang dominierte eine Nachricht den Alltag: Das deutsche Wissenschaftler-Ehepaar Özlem Türeci und Uğur Şahin aus Mainz ist auf dem besten Wege, einen Impfstoff gegen das Coronavirus zu entwickeln. Ich gestehe: Ich gehöre zu denen, die sich nicht nur darüber gefreut haben, dass ein deutsches Forscher-Ehepaar womöglich einen aussichtsreichen Impfstoff entwickelt hat. Sondern auch darüber, dass diese beiden Wissenschaftler Özlem und Uğur heißen.

Und das macht mich auch irgendwie zum Wurm. Warum freue ich mich? Warum dieser peinliche, mich selbst irritierende Stolz darauf, dass die beiden türkische Namen haben? Warum ist es so wichtig zu betonen, dass jene, die wahrscheinlich etwas Spektakuläres geschafft haben, Kinder von Zuwanderern sind? Der Mann überdies offensichtlich ein Arbeiterkind.

Dieser Stolz nervt mich, weil die bittere Antwort auf all diese Fragen lautet: Immer wenn Zuwanderer durch Erfolg auffallen, fühlen sich viele erst in ihrem Leben in Deutschland legitimiert. Dieser Legitimierungsdruck sitzt anscheinend bei sehr vielen tief. Als wollte man sagen: »Seht her, doch gut, dass wir hier sind, oder? Ja, das geht an euch da rechts außen! Jetzt müssen uns ›die Deutschen‹ doch lieb haben!« Als wäre das wichtig.

Die Rettung der Welt als ultimative Voraussetzung für ›erfolgreiche Integration‹ und Akzeptanz. Unterhalb des Nobelpreises für Medizin machen wir es nicht, oder? Dass dieser Stolz erst das rechte Narrativ vom ›unnützen‹ und nicht integrierbaren (Entschuldigung, aber in was eigentlich noch mal genau? Ich hab da mittlerweile ein wenig die Orientierung verloren …) Migranten würdigt, muss ich wohl nicht weiter erwähnen.

So will jeder gerade ein Stück von Özlem und Uğur abhaben, scheint mir. Türkeistämmige freuen sich, dass Özlems und Uğurs Vorfahren aus der Türkei stammen, Progressive freuen sich, dass sie den Rechten den Erfolg von Zugewanderten ins Gesicht knallen können. Ich freue mich wenigstens nur still vor mich hin, schäme mich meiner Freude aber auch pflichtschuldig. Andere machen ihre öffentlich. Ich wünschte, sie unterließen es. »Bushido, CapitalBra & Co können sich warm anziehen! Die neuen Helden vieler Jugendlicher mit Migrationsgeschichte sind … Uğur Şahin & Özlem Türeci! Wissenschaft schlägt Rap! So viel Stolz war selten. #Vorbilder bewirken so viel. Lasst uns mehr über sie reden«, schrieb etwa die CDU-Politikerin Serap Güler auf Twitter.*

Aber was soll ich machen – ich bin immer noch stolz. Erzähl's nicht weiter.

Ich war heute zu einer Veranstaltung eingeladen, die hätte Dir gefallen: Die Bundesarbeitsgemeinschaft Kirche und Rechtsextremismus hatte mich gebeten, bei ihrer Jahrestagung darüber zu sprechen, wie man eigentlich noch mit ›denen‹ spre-

* Tweet von @SerapGueler, 17. November 2020.

chen kann – Rassisten, ›besorgte Bürger‹ und ähnlich denkende Menschen. Die Anfrage kam schon im Sommer, als wir uns alle die Coronapandemie weggewünscht hatten, ich zögerte keine Minute und sagte zu. Nicht, weil ich wüsste, wie man noch mit ›denen‹ sprechen kann. Sondern, weil die Tagung ursprünglich in Ostritz stattfinden sollte, einer kleinen Stadt am äußersten Rand der Oberlausitz. Sie wurde dann aber doch online abgehalten. Ostritz ist eine Stadt mit einem veritablen Neonaziproblem, aber auch einer Zivilgesellschaft, die sich dagegen wehrt. Die Organisatoren wollten anfangs bewusst vor Ort sein, um die Demokraten zu stärken und zu ermutigen. Die Teilnehmer gehörten alle irgendwie zur Kirche, allesamt Praktiker, Pfarrer, Sozialarbeiter, Pädagogen. Der Wunsch an mich war zu erzählen, wo ich mit Anfeindungen in Berührung komme. Ich erzählte von meinen Lesern. Und den Leserbriefen, die ich hin und wieder erhalten habe.

»Widerlich, was dieses Mohammedanerweibchen sich da einbildet, man müsste mal mit ihrem Besitzer sprechen.«

»Diese Türkentrulla, die in ihrer Geschichte nichts vorzuweisen hat außer blutigen Eroberungskriegen, darf sich hier über deutsche Identität auskotzen!«

»Wir brauchen solche turk-islamischen U-Boote wie Özlem Topçu nicht!«

»Ohne grapschende Zuwanderer hättet ihr nie verstanden, wie zivilisiert deutsche Männer sind.«

»Der Tag der Abrechnung wird eine Nacht der langen Messer, auch für euch Türken. Nichts wird vergessen, Pardon wird nicht gewährt!«

Ich trug diese Sätze vor, blickte dann irgendwann auf den Computerbildschirm vor mir – und sah in lauter traurige, bestürzte Gesichter. Es hatte ein bisschen was von Loriot, aber es hat mich sehr berührt. Da saßen Menschen, die in ihren Kommunen und Vierteln nach Lösungen suchen, nach einem Weg, wie sie mit Rassisten umgehen sollen, wie sie mit ihnen sprechen sollen. Darauf habe ich keine Antwort. Ich sagte dann, dass wir meines Erachtens immer einen gewissen Prozentsatz von Rassisten in der Gesellschaft wohl werden mit durchbringen müssen. Immer wenn etwas Schreckliches passiert, sagen alle betroffen, Rassismus habe keinen Platz in der Gesellschaft. Nun, ich würde sagen: aber sicher, Rassismus hat diesen Platz. Weil ihm dieser Platz gewährt wird. Ganz einfach.

Ich beklage das, aber so liegen die Dinge nun einmal. Es würde schon weiterhelfen, in routinierten Ansprachen nicht so zu tun, als sei es anders.

Natürlich bewegen sich diese Kirchenleute ja nicht außerhalb der realen Welt, sie haben diesen Bullshit schon mal gehört. Aber es scheint ein Unterschied zu sein, wenn eine von den Gemeinten diese Sätze vorträgt. Es war ja immerhin keine Morddrohung dabei, wie bei anderen Kolleginnen. Alle sahen mich an, und ich hatte das große Bedürfnis, sie in den Arm zu nehmen und zu trösten. Aber ich zog es dann vor, sie anzulächeln. Es hatte vielleicht einen ähnlichen Effekt.

Bekommst Du eigentlich auch manchmal so nette Leserpost?

MÜNCHEN, 27. NOVEMBER 2020

Liebe Özlem,

über Deine Sätze am Ende Deines Briefes habe ich besonders gelacht. Dass Du das Bedürfnis hattest, Dein betroffenes Publikum zu trösten – das kenne ich so wahnsinnig gut. Jedes Mal, wenn ich Vorträge zum Antisemitismus halte und dann ähnlich wie Du erzähle oder vorlese, was mir in meinem Leben schon so passiert ist oder was Menschen mir schreiben, ist das deutsche Publikum immer total fertig. Inzwischen lache ich dann immer und sage etwas salopp, alles ist gut, die Welt ist in Ordnung, machen Sie sich keine Sorgen, Sie sind ja nicht gemeint, Sie sind sicher. Früher habe ich dann immer gedacht, wie dumm sind die Menschen eigentlich, wollen sie nicht wissen, was wirklich abgeht? Verdrängen sie? Heucheln sie? Inzwischen glaube ich wirklich, dass mein Publikum – und das sind ja meistens Menschen guten Willens, Deutsche, die sich für diese Themen interessieren, sonst würden sie ja nicht zu meinen Vorträgen kommen –, dass diese Menschen wirklich überrascht sind, weil sie sich mit Antisemitismus und Rassismus in ihrem Alltag wenn überhaupt nur sporadisch beschäftigen. Wobei da zu fragen wäre, wieso sie es nicht tun, gerade in Deutschland mit seiner Vergangenheit. Wenn's um Israel geht, dann ist es anders, da hat man sehr schnell eine Meinung, ohne zu wissen, was sich vor Ort wirklich abspielt … Inzwischen also glaube ich, dass sie sich keinerlei Vorstellung machen, womit wir uns mehr oder weniger tagtäglich herumschlagen müssen. Dass sie sich in anderen Lebenswelten bewegen als wir. Ich würde nicht so weit gehen, von Parallelwelten zu sprechen, aber irgendwie vielleicht schon? Ihre Wahrnehmung ist anders. Weil's so bequemer ist?

Ich bin in Deutschland immer ein bisschen auf der Hut.

Nicht im normalen Alltag beim Einkaufen oder so, natürlich nicht. Sondern in Gesprächen mit Menschen, die ich nicht gut kenne, in beruflichen Situationen oder anderswo. Dann lauere ich quasi immer ein bisschen, ob irgendwann eine blöde Bemerkung kommt, wenn mein Gegenüber denn weiß, dass ich Jude bin. Leider kommt dann auch häufig irgendein Nebensatz, der merkwürdig anmutet oder auch wirklich schlimm ist. Und wenn's nicht kommt, bin ich immer wieder überrascht. Freudig überrascht.

Interessant finde ich allerdings Deine Reaktion auf die beiden Forscher, die möglicherweise mithelfen, die Menschheit vor Corona zu retten. Die Erfolgsstory ›der Türken‹ in Deutschland. Deine ganze Ambivalenz dazu. Das verstehe ich total. Als die ersten Artikel kamen, die sich genau damit beschäftigten, fragte ich mich, wozu das sein muss. Dieses Hervorheben von Özlem und Uğur, also von so ›fremdländischen‹ Namen, aber ja, sie sind ›dennoch‹ Deutsche. Das ganze Gedöns halt. Mir ist schon klar, dass wir noch lange nicht an dem Punkt sind, wo Özlem oder auch Chaim als normale Namen in Deutschland angesehen werden. Kann ja auch nicht. In den Artikeln war nichts Doppeldeutiges, alles war völlig in Ordnung. Es ist halt einfach noch nicht ›normal‹, dass zwei Deutsche, deren Familien aus der Türkei kommen, tatsächlich Deutsche sind. Und auch noch Erfolg haben und nicht nur bei der Müllabfuhr arbeiten (so war das noch in meiner Kindheit). Ich denke auch, dass Du zu streng mit Deiner Reaktion auf diese Erfolgsstory bist. Du bist halt auch nur das kleine türkische Mädchen von Gastarbeitern, das sich hocharbeitet und sich ständig beweisen muss, dass sie mehr kann als nur Geschirr spülen. Stolz ist da schon angebracht.

Bei uns Juden ist das etwas anderes. Wir sind ja sowieso Genies. Das glauben zumindest mal alle jüdischen Mütter von ihren Söhnen, ja, hauptsächlich Söhnen. Wir haben den Genie-Anspruch zu erfüllen, nicht die Töchter ... Aber im Ernst, wir sind es gewohnt, dass wir Erfolg haben, überdurchschnittlichen Erfolg. Schau Dir nur mal die Liste der Nobelpreisträger an. Wir haben aber auch diesen im Grunde blödsinnigen Stolz in uns, wenn ›einer der Unseren‹ gerade mal wieder einen Nobelpreis gewinnt oder sonst etwas Herausragendes tut, egal ob in der Wirtschaft, Wissenschaft, Politik oder Kultur, so wie Du jetzt bei den beiden Wissenschaftlern. Und wir machen uns schon auch einen Spaß, bei einem Hollywoodfilm im Abspann die jüdischen Namen zu zählen und dabei zu lachen. So wie im Augenblick die halbe jüdische Welt gerade Purzelbäume schlägt, weil im Team des President-elect Joe Biden überdurchschnittlich viele Juden dabei sind, allen voran der künftige Außenminister Antony Blinken. Den ich übrigens kennengelernt habe vor einem Jahr in Paris. Ich bin mit seiner Schwester befreundet, und so waren wir einige Tage unter einem Dach und frühstückten gemeinsam. Und redeten natürlich über die Nahost-Politik von Obama, unter dem er stellvertretender Außenminister war, und wir sprachen selbstverständlich auch über Donald Trump.

Und mir fiel auch bei ihm auf, was ich von allen amerikanischen Juden kenne, vor allem, wenn es um Israel geht. Sie sind in erster Linie Amerikaner. Punkt. Sie mögen Beziehungen und Familie in Israel haben, aber sie denken ausschließlich als Amerikaner. So auch Tony. So muss es wohl auch bei Juden in Deutschland vor dem Zweiten Weltkrieg gewesen sein. Zuerst als Deutsche denken. Als Kind von Shoah-Überlebenden kann ich das nicht. Ich habe nirgends auf der Welt das Gefühl, dass mir irgendein Staat ›gehört‹. Oder dass ich wirklich voll und ganz akzeptiert werde. Ein jüdischer Außenminister in der

Bundesrepublik Deutschland? Unvorstellbar. Aber, interessanterweise, gab es einmal einen kurzen Moment, da dachte man schon, dass Cem Özdemir deutscher Außenminister wird. Das wäre beinahe möglich gewesen, wenn Christian Lindner sich's nicht anders überlegt hätte. Aber ein jüdischer Politiker in einer wirklich hohen Position in Deutschland? No way. Deutschland ist einfach nicht die USA. Never.

Aber, wie gesagt, viele Juden sind dann auch immer ganz aus dem Häuschen bei solchen Anlässen. Heute Morgen schickte mir ein Freund einen Artikel aus dem *Jewish Journal,* Titel: »Who Are the Jews On Joe Biden's Cabinet?« Besondere Aufmerksamkeit erhält da auch Alejandro Mayorkas, der nicht nur als erster Latino das Ministerium für Homeland Security übernehmen soll, sondern tatsächlich auch noch Jude ist. Vater kubanischer Jude, Mutter rumänische Jüdin. Nur, wie gesagt, wir sind das gewöhnt. (Na ja, lass uns jetzt bitte nicht über Jared Kushner und die anderen ›Trump-Juden‹ sprechen. Wobei die auch Erfolgsfiguren sind, auch wenn ich deren politische Weltanschauung zum Kotzen finde.) Aber letztendlich ist es doch so, dass wir darauf geeicht und gedrillt sind, hervorragend sein zu *müssen,* um zu überleben.

Denn anders als Türken beispielsweise hatten wir 2000 Jahre keine eigene Heimat. Wir waren immer und überall nur geduldet. Wir hatten keinen Besitz, kein Land, nichts. Wir mussten uns also auf unseren Kopf verlassen und wussten, dass wir immer besser sein mussten als alle anderen, um überhaupt eine Chance zu haben zu überleben. Was dann dazu führte, dass man uns umso mehr hasste.

Vor vielen Jahren traf ich einmal einen russischen Juden in Israel, der zur Refusenik-Gruppe gehörte. Das waren sowjetische Juden, die unbedingt nach Israel auswandern wollten, dafür aber in den Gulag kamen oder sonst wie drangsaliert wurden. Bis man sie irgendwann doch gehen ließ. Der wohl berühmteste Refusenik ist Anatoly Sharansky, der sich dann in Israel Natan nannte. Ich erinnere mich noch an die Bilder von der Glienicker Brücke in Berlin 1986, wo er in die Freiheit entlassen und dem damaligen US-Botschafter in der Bundesrepublik übergeben wurde.

Also jener Refusenik, ein Literaturprofessor, erklärte mir das Prinzip auf simple Weise. Wenn du als Jude in der UdSSR an die Uni wolltest, musstest du ein Abitur mit einem Notendurchschnitt von 1,0 machen. Anderen, also Nichtjuden, reichte 2,0. So ging es dann in der Uni weiter. Bei jeder Zwischenprüfung mussten Juden stets bessere Noten haben, um weiterzukommen, als andere. Die Folge: An den Unis gab es dann plötzlich überdurchschnittlich viele Juden, die Professuren hatten. Schlicht, weil sie von Kindheit an gezwungen waren, besser zu sein als die anderen, um überhaupt eine Chance zu bekommen.

Für mich persönlich gilt das auch ein bisschen. Abgesehen davon, dass meine Eltern Holocaustüberlebende sind, waren sie in Deutschland ja auch noch Immigranten, so wie Deine Eltern. Die Sprache bei uns zu Hause war Ungarisch, nicht Deutsch. Und sie kamen mit nichts und mussten sich erst hocharbeiten. Und natürlich wurde ich stets angetrieben, besser zu sein als die Deutschen, denn als Jude hätte ich sonst keine Chance in der deutschen Gesellschaft. Als ich 2006 offiziell Studioleiter und Chefkorrespondent der ARD im Studio Tel Aviv wurde, schaute mich meine damals 80-jährige Mutter – mein Vater war schon lange tot – ungläubig an und sagte dann: »Mich haben die Deutschen noch vor ein paar Jahrzehnten umbringen wollen. Und nun schicken sie meinen Sohn als Vertreter ihres Fernsehens nach Israel. Unfassbar!« Ich glaube, das war für sie ein Moment der absoluten Genugtuung. Ein Gefühl, dass alles, was sie durchmachen musste, nicht umsonst gewesen war.

Happy day – und nein, ich schicke Dir jetzt kein Salam zurück! Höchstens ’ne Salami.

Richard

HAMBURG, 6. DEZEMBER 2020

Lieber Richard,

ich wäre sehr froh, wenn Du mir als Vegetarierin und Teilzeit-Veganerin keine Salami schickst. Und jetzt fang nicht an wie die türkische Verwandtschaft: »Das ist doch kein Fleisch, Mädchen, das ist doch nur eine Salami!« Als jemand, der seit Jahren im Nahen Osten lebt, weißt Du sicher, wovon ich rede. »Schwester, das ist kein Fleisch, das ist Köfte! Wie kann man so etwas nur nicht essen wollen?«

Deine Verabschiedung mit der Salami erinnert mich an eine Begebenheit in Diyarbakır von vor einigen Jahren. Die Kämpfe zwischen den türkischen Sicherheitskräften und der PKK waren wieder entflammt. Ich war vor Ort, um über die Situation zu berichten, und traf auf eine Gruppe von Fernsehkollegen. Ich hängte mich an sie dran, weil sie ein Auto hatten, so konnte ich besser das Umland der Stadt erkunden. Nach einem langen Tag fanden wir uns in der Altstadt in einem Restaurant ein, alle in der Gruppe (ich war die einzige Frau) bestellten – natürlich, wie sollte es anders sein – Fleisch in rauen Mengen. »Sonst wird man ja nicht satt«, ist auch so ein Satz, den du als Vegetarierin dort hörst. Ich fragte den Kellner, was er denn sonst noch so auf der Karte hätte. Also außer Fleisch. »Abla, wenn du kein Fleisch möchtest, ich kann sicher irgendwo ein Hühnchen auftreiben!« – »Nein, ich esse ja kein Fleisch. Hühnchen ist ja auch Fleisch.« Ich blickte in ein verunsichertes Gesicht. Pause. Verzweifelter Blick zu den Kollegen. Jemand hatte die rettende Idee und rief: »Auberginen! Ich habe da vorne Auberginen gesehen, mach der Abla doch ein paar Auberginen auf dem Grill zurecht!«

Richard, das waren die besten Auberginen, die ich je in meinem Leben gegessen habe. Dazu bekam ich meinen eigenen Teller mit Brot – damit ich auch wirklich satt werde. Als wir mit dem Essen fertig waren, schaute mich der Kellner so merkwürdig mitleidig an. Er räumte meinen Teller weg und fragte, ob er mir nicht vielleicht noch irgendwas bringen könnte. Ich bedankte mich mit der Hand Richtung Herz, lobte ihn für die köstlichen Auberginen, aber ich fürchte, er hat mir nicht geglaubt. Am Ende hat er nichts für das Gemüse berechnet. Ein Kollege aus der Gruppe macht sich noch heute darüber lustig, wenn wir uns sehen: »Der hat deine Auberginen als Essen gar nicht ernst genommen!«

Wenn mich einer fragt, warum ich diese Weltgegend trotz der ganzen Scheiße, die dort passiert, so mag, sind es Geschichten wie diese.

Die Sache mit dem Fleiß scheint ja ein regelrechter Fetisch zu sein. Bin ich froh, dass von uns Türken niemand irgendwas Vernünftiges erwartet – außer von nun an Impfstoffe vielleicht. Sich den Rücken im eigenen Gemüseladen oder am Band bei VW, BMW oder Daimler krumm zu arbeiten, zählt ja nicht. Oder in der Amtsstube, in der Kita, im Einzelhandel, an der Kasse. Oder in Restaurantküchen, Druckereien, Praxen. Umso größer ist dann das Erstaunen, wenn doch mal was kommt – und dann gleich, wie bei Özlem Türeci und

Uğur Şahin, die Rettung der Welt. Wahnsinn. Ihr Juden seid Genies, wir Türken sind Tölpel. Nun, wir haben auch unseren Beitrag geleistet, um dieses Image zu bekommen, das gehört ja auch zur Wahrheit. Und Deutschland hat sich lange mächtig Mühe gegeben, nur bestimmte Erfolge und Leistungen zu sehen. Und zu würdigen.

Aber genug rumgeheult, was ich so bemerkenswert finde, ist, dass anscheinend Deine Eltern und meine Eltern, zwischen denen ja ebenso wie zwischen Dir und mir eine Generation liegt (verzeih, wenn ich das an dieser Stelle so uncharmant feststelle), ihre Kinder auf ähnliche Weise angetrieben haben. Gut, Deine Eltern haben auch noch einen Völkermord auf dem Buckel (meine Eltern in gewisser Weise auch, als Nachfahren von Tätern allerdings. Wir haben als Osmanen Armenier ermordet und vertrieben, aber das verdrängen wir noch ein paar Jahrzehnte, musst Du wissen) und, wie Du schon sagst, eine 2000 Jahre lange Vertreibung und Verächtlichmachung, die immer noch anhält. »Du musst besser sein als die deutschen Kinder! Du musst mehr lernen! Braver sein als sie! Mach uns ja keine Schande, sonst schicken wir dich zurück in die Türkei!«, hieß es in unserer Kindheit und Jugend oft. Diese letzte Drohung war im Nachhinein die seltsamste. Zurück ging eigentlich nicht, denn ich zumindest, als Einzige in meiner Familie, war in Deutschland geboren und erst nach der Geburt hingebracht worden, zur Großmutter, damit meine Mutter in Almanya am Band stehen konnte. Von wegen zurück.

Bei diesem Antrieb auf Speed ging es natürlich darum, eine Chance in Deutschland zu haben, und das bei schlechteren Startbedingungen, die wir als türkische Einwandererkinder nun mal hatten. Instinktiv haben unsere Eltern das natürlich gewusst, dafür muss man nicht studiert haben. Mit der Frage, ob diese Erziehungsmethode pädagogisch sinnvoll ist, konnten oder wollten sie sich nicht beschäftigen. Aber es ging auch noch um etwas anderes: um Scham. Meine Eltern und viele aus ihrer Generation hätten und haben sich einfach sehr dafür geschämt, wenn ihre Kinder in Deutschland versagten, einen falschen Weg einschlugen und keine, sagen wir, Ärzte oder Anwälte wurden.

Es gab vollkommen übersteigerte Erwartungen – dieses zum Teil absurde Leistungsethos ist eine der weniger erzählten Geschichten der türkischen Einwanderung. Als wäre man nur dann ein vollwertiger Bürger, wenn man diese hoch angesehenen Berufe vorweisen kann, wie die Helden aus der türkischen Vorabendserie. Oder eben, wenn man wenigstens die Welt mit einem Impfstoff rettet. Aber wenn von uns mal jemand etwas Herausragendes schafft (kommt ja selten genug vor), ist es oft so, dass er gesellschaftlich geschasst wird, sobald er sich politisch äußert. Oder wenn es nun einmal seine Aufgabe ist, sich politisch zu äußern. Denk an Orhan Pamuk, den ersten türkischen Nobelpreisträger. Noch wenige Monate vorher versuchte man, ihm in seiner Heimat den Prozess zu machen, und zwar aufgrund eines Paragrafen im türkischen Strafgesetzbuch, der die ›Herabsetzung‹ der türkischen Nation, von Staat und Republik, entsprechender Institutionen und Organe unter Strafe stellt. Also alles, wofür man im Westen als Künstler Preise bekommt.

Lieber Richard, ich mag Dich sehr, aber wenn Du mich noch einmal »das kleine türkische Mädchen von Gastarbeitern« nennst, dann setzt es was. Ich kann dann nicht mehr dafür garantieren, dass das Ghetto in diesem Mädchen bleibt und sich nicht Bahn nach außen bricht. Sag nachher nicht, dass ich Dich nicht gewarnt hätte, das könnte nämlich hässlich werden!!

Was ich Dich schon die ganze Zeit mal fragen wollte: Warum eigentlich schreibst Du Deinen jüdischen Namen nicht aus? Da ist immer dieses »C.«, als wolltest Du etwas verstecken. Oder die Leute nicht damit überfordern – was ich mir bei Dir eigentlich nicht vorstellen kann. Worum geht es dabei?

MÜNCHEN, 8. DEZEMBER 2020

Ja wirklich, Özlem?

Kannst Du nicht garantieren, dass das ›Ghetto‹ in Dir bleibt, wenn ich Dich »das kleine türkische Mädchen von Gastarbeitern« nenne? Das finde ich total spannend, da muss ich wohl in ein Fettnäpfchen getreten sein, von dem ich nichts ahnte. Denn was ist an dieser Bezeichnung – in dem Kontext, in dem sie stand – so schlimm? Ich bin auch nur ein kleiner Judenjunge eines Schmatteshändlers. Du weißt wahrscheinlich nicht, was »Schmattes« bedeutet. Es ist das jiddische Wort für »Klamotten«. Allerdings etwas abwertend. In Wien würde man sagen. »Fetzenhändler«. What's wrong with that? Gastarbeiter, Schmatteshändler – das ist doch genau unsere Geschichte: Einwanderer, sozial erst mal eher schwach, zweite Generation muss sich nach oben durchkämpfen. Die Erfolgsstory, nein? Also das musst Du mir erklären, das interessiert mich ernsthaft, was Dich daran gestört hat.

Aber noch mehr würde es mich interessieren, wie das denn wäre, wenn das ›Ghetto‹ bei Dir an die Oberfläche käme. Kann mir schon vorstellen, was Du damit möglicherweise meinst: eine gewisse Aggressivität in Körperhaltung, Sprache, Ausdruck. Ja? Ist es das? Und warum lässt Du es nicht raus? Wegtrainiert? Unterdrückt? Angst, es herauszulassen? Angst, anzuecken? Schlecht für Karriere und soziale Beziehungen? Also sich immer ein wenig verstecken, nie sein, wie man wirklich ist, weil man das nicht so kann, denn es würde einem schaden? Oder man befürchtet, dass es einem schaden könnte? Also immer mit einem ›zweiten Gesicht‹ herumlaufen, dem ›deutschen‹ Gesicht, weil das wahre niemandem zumutbar ist?

Wenn's das wäre, dann kenne ich das auch. Ich habe auch diese Mimikry, um in Deutschland durchzukommen. Und was ich auch kenne: Wut. Tiefe, unterdrückte Wut. So eine Grundwut. Wie zum Beispiel, wenn Thea Dorn tatsächlich die Chuzpe hat, diese ›Kabarettistin‹ Lisa Eckhart ins *Literarische Quartett* einzuladen. Diese Frau, die in ihrem Job so elendig schlecht ist, dass ihre angebliche Enttarnung antisemitischer Sprüche als reine antisemitische Sprüche rüberkommen, weil sie schlicht nicht in der Lage scheint, sie zu brechen, wie sich das in der Satire eigentlich gehört. Oder sie nicht brechen will? In der Häufigkeit, in der sie über Juden herzieht, ist mir eh klar, dass das kein ›Spiel mit Antisemitismus‹ ist. Punkt. Da können die deutschen Intellektuellen, die sich da super echauffieren, mir den Buckel runterrutschen. Ich brauche keinen nichtjüdischen Deutschen, der mir erklärt, was antisemitisch ist und was nicht. Vielen Dank. Maxim Biller hatte in seinem wütenden Artikel zu dieser Einladung in der *SZ* völlig recht. Da wird das Andenken eines Holocaustüberlebenden geschändet. Natürlich ist Marcel Reich-Ranicki gemeint. Und die Einladung kommt von Thea Dorn, einer Autorin, die ihren Kunstnamen von Theodor W. Adorno ableitet. Noch ein Jude, auch wenn er nicht als Jude erzogen wurde. Manno, das ist so irre gaga, und diese Selbstgerechtigkeit, mit der das inszeniert wird, diese »Wir-sind-so-superfrei-und-offen-und-lassen-uns-nichts-verbieten-wir-haben-doch-aus-der-Geschichte-gelernt-und-die-Juden-sind-bitte-die-Letzten-die-uns-zu-sagen-haben-wie-wir-uns-zu-verhalten-haben«-Haltung. Da kocht in mir unbändige Wut hoch. Die ich auch unterdrücke. Oder, wenn ich nicht mehr kann, dann schreibe ich sie mir aus der

Seele. Und veröffentliche sie. Dann gibt's kurze Aufregung und dann war's das wieder. Es bringt eh nichts, aber man hat seinen Dampf abgelassen.

Darüber denke ich schon länger nach: über die Vergeblichkeit des Schreibens. Was das Schreiben noch bewirken kann. Gerade beim Thema Antisemitismus, das mich ja ein Leben lang in Deutschland begleitet, merke ich, wie alles, was man geschrieben, gefilmt, gesagt, getan hat, einfach so verpufft. Dass heute dieselben Schlachten geschlagen werden müssen wie vor 20 oder 40 Jahren. Nichts hat sich geändert. Gar nichts. Manchmal frage ich mich, wozu das eigentlich gut sein soll. Dieses Anschreiben gegen den Judenhass. Ich bin da zutiefst ambivalent. Einerseits ist es fast wie ein Zwang, darüber und dagegen zu schreiben. Andererseits, ganz ehrlich, langweilt es mich auch immer häufiger. Einer der Gründe, warum ich derzeit in Tel Aviv lebe, ist genau das: Ich muss mich dort nicht mit diesen Befindlichkeiten beschäftigen. Dort regen mich ganz andere Dinge auf, und das auch nicht wenig, klar. Aber dort habe ich keine Mimikry nötig, dort muss ich mich nicht ständig fragen, wie antisemitisch mein Gegenüber eigentlich ist. Und der Hass eines Palästinensers auf Israelis ist etwas vollkommen anderes als der Hass gegen Juden in Deutschland, in Europa.

Aber egal, es geht gerade nicht um Israel. Es geht um Deutschland. Irgendwie geht es immer um Deutschland, auch wenn ich weit weg bin. Und ich frage mich, was Schreiben eigentlich noch bewirken kann in dieser Welt, in dieser Zeit. Manchmal möchte ich so wahnsinnig gern verstummen. Stift aus der Hand legen, Computer aus, Texte weg. Nichts. Stille. Oder: Literatur schreiben (kein Talent, leider). Aber ich konterkariere mich ja gerade, indem ich schreibend darüber nachdenke, dass ich schreibe, dass ich nicht mehr schreiben will … Sehr konsequent, nicht wahr?

Also, wo ist Deine Wut? Wo lässt Du sie raus? Muss ja irgendwo sein. Ab wann hast Du das Ghetto ins Innere verlegt? Ich habe mein Ghetto erst wirklich in Israel ablegen können. Auch wenn in Israel politisch ziemlich viel schiefläuft und das Land eine leider sehr beängstigende Entwicklung durchmacht – der Populismus lässt grüßen –, so habe ich dort etwas erhalten, was ich als Jude in Deutschland nicht hatte. Die Selbstverständlichkeit, die Normalität des Judeseins. Und damit verbunden noch etwas anderes: Zur Mehrheit zu gehören. Mich nicht rechtfertigen zu müssen dafür, wer ich bin. Keine Rechenschaft, keine Erklärung, kein Minderwertigkeitsgefühl. Das nehme ich inzwischen mit, egal, wo ich bin. Ich trete innerlich anders auf in Deutschland als früher. Unabhängiger auch. Innerlich unabhängiger. Ich muss mich nicht mehr spiegeln im nichtjüdischen Deutschen. Ich warte nicht mehr auf Anerkennung, nicht mehr darauf, endlich akzeptiert zu werden.

Aber dennoch bin ich zwiegespalten, wenn ich mich frage, ob ich noch schreiben soll gegen den Hass, die Ignoranz, die Überheblichkeit, gegen die Überheblichkeit vor allem. Und doch weiß ich, dass ich es nicht lassen kann, lassen werde. Denn wenn diese Sehnsucht, die ›Welt zu verbessern‹, nicht mehr gegeben ist, dann kann man doch aufhören, nein? So wie ich gestrickt bin, kann ich (noch?) nicht verstummen. Vielleicht schaffe ich es ja eines Tages, vielleicht akzeptiere ich eines Tages, dass die Welt halt antisemitisch und rassistisch ist. Und das meine ich nicht resignativ oder fatalistisch. Das ginge gar nicht. Sondern irgendwie so ›buddhamäßig‹. So ein bisschen: »Ja mei, so san die Menschen, da kemma nix machen«, dieses nette bayerische Laisser-faire. So san's halt, die Leit. Mit einem leichten, verständnisvollen Achselzucken.

Doch davon bin ich Lichtjahre entfernt. Wie Du siehst, wie Du weißt, wie Du liest. Sonst müsste ich Dir ja auch nicht mehr schreiben. Dann könnten wir uns irgendwo zurückziehen und was essen und trinken und Spaß haben und Deutschland Deutschland sein lassen, weil's eh wurscht ist. Nein? Wär doch was. Apropos essen: Deine Auberginenstory hat in mir sofort irre Bilder hochgeholt. Israelisch-libanesische Grenze 2006: Der Zweite Libanonkrieg tobt, wir, das ARD-Team, sind in Metula direkt an der Grenze. Überall Lärm. Granaten- und Raketeneinschläge ebenso wie das Abfeuern eben derselben. Hin und her. Mein Team und ich hatten Hunger. Riesigen Hunger. Alles war im Umkreis von 50 km zu. Die Menschen saßen in ihren Bunkern, draußen auf der Straße war noch weniger Leben als während eines harten Corona-Lockdowns. Aber wir wussten von dem kleinen kurdischen Restaurant in Metula (liegt direkt gegenüber von einem Hezbollah-Stronghold auf der anderen Seite des Tals). Liora, meine Producerin, machte die Handynummer der Besitzer ausfindig, denn natürlich war das Lokal geschlossen. Sie konnte sie überreden, für uns aufzumachen. Mit dabei war noch ein Team von Antenne 2 und von der BBC. Nur für uns Journalisten begann das kurdische Ehepaar zu kochen. Wir tranken Bier und quatschten mit den Kolleginnen und Kollegen. Um uns herum der Lärm des Krieges. Manchmal krachte in unmittelbarer Nähe eine Schiiten-Rakete ein, aber das war uns egal. Wir hatten nur Hunger. Und bekamen natürlich riesige Fleischportionen aufgetischt. Herrlich! Nur Liora litt, denn auch sie ist Vegetarierin. Auch sie erhielt gegrilltes Gemüse, eine Riesenportion, denn sonst wird man ja nicht satt, dachten sich die Besitzer wohl. Es war herrlich. Mitten im Kampfgebiet ein großartiges kurdisches Mahl plus Bier, was will man mehr? Und wir wussten alle, dass wir diese Situation unseren Zuschauern nicht vermitteln könnten. Das würde niemand verstehen, wie man das macht, mitten im Beschuss in aller Ruhe zu essen. Wie das geht? Irgendwie auch ein Stückchen Fatalismus.

Krieg? Ist so, kann man nichts machen, Hunger hat man trotzdem, das ist wichtiger. Komisch, wie der Mensch manchmal reagiert, nein?

Und nun noch schnell die Auflösung um das Geheimnis meines C. im Namen. Eine typisch ›deutsche‹ Geschichte. Mein jüdischer Vorname lautet Chaim Jossef. Oder Chaim Jossel – mein Vater gab mir den Namen meines in Auschwitz vergasten Großvaters. Aber wie so viele Juden vor und nach dem Krieg geben jüdische Eltern ihren Kindern auch einen ›bürgerlichen‹ Namen, damit man – wenn man nicht Cohen oder Levi heißt – nicht sofort am Namen als Jude erkannt wird. Meine Eltern nannten mich Richard, damit ich im Falle einer neuen Shoah an der Grenze auf der Flucht nicht sofort verhaftet würde. Richard, weil es den Namen auch auf Englisch, Französisch, Spanisch und Italienisch gibt (Ricardo bzw. Riccardo). Ich ihn also überall auf der Welt behalten könnte, falls ich eben doch fliehen müsste …

Also: Richard Schneider. Und dann passierte immer dasselbe in Deutschland. Leute lernten mich kennen. Und irgendwann erfuhren sie, dass ich Jude bin. Und dann, jedes Mal, veränderte sich das Verhalten. Zum Positiven, zum Negativen, egal. Aber immer war in dem Augenblick, in dem mein Gegenüber erfuhr, dass ich Jude bin, schlagartig alles anders. Nach dem Abitur entschied ich mich dann, das zu ändern. Ich begann mit »Richard Chaim Schneider« zu unterschreiben. Ich publizierte unter diesem Namen, im Vor- und Abspann meiner Filme stand der Name und so weiter. Damit die Nichtjuden sofort wissen, mit wem sie's zu tun haben. Damit ich keine Überraschungen erleben muss.

Doch als ich Studioleiter der ARD in Tel Aviv wurde, wurde ich plötzlich gebeten, aus Chaim ein C. zu machen. Die Begründung: Der gesamte Name sei zu lang für die Bauchbinde.

Ich hatte so meine Vermutungen, was wohl der wahre Grund für diesen Wunsch war. Aber es war mir letztendlich egal. Es weiß ja eh jeder, der's wissen will, wer ich bin, was ich bin. Ich freute mich einfach auf diesen Job, Chaim oder C. – was soll's. Dabei ist es dann geblieben. In den USA nennen mich einige meiner Freunde sowieso nur »CJ«, englisch ausgesprochen, obwohl man Jossel dort mit »Y« schreibt. In Deutschland bin ich also der Richard C Punkt. Ist doch auch lustig. Und Du bist für viele nicht Özlem, sondern Ötzslem, mit scharfem »Z«, nicht wahr?

Bisous – und lass das Ghetto raus! Yalla!

r.

HAMBURG, 16. DEZEMBER 2020

Mein kleiner Judenjunge,

ich merke gerade, dass es keine so kluge Idee ist, Dir gegenüber Witze mit dem Wort »Ghetto« zu machen. Vor allem nicht als gute Deutsche.

Aber ja, lass uns über Wut sprechen. Oder »Grundwut«, wie Du es bezeichnet hast. Eine schöne Wortkreation, die sagt: Da ist eine Flamme, die nie so richtig erlöschen will. Wie diese nervige Scherzkerze auf der Geburtstagstorte, die, obwohl man pustet und pustet, nicht ausgeht. Zuerst denkst du, es liegt an dir, du hast nicht genug gepustet. Doch nach dem zweiten oder dritten Mal ahnst du, dass sie dich verarscht. Und irgendwann wird dir schwarz vor Augen.

Diese Grundwut haben viele, die so sind wie ›wir‹, manche wissen ganz genau, woher sie rührt, manche haben es vergessen. Es scheint da bei aller Unterschiedlichkeit ein gemeinsames Gefühl zu geben. Das Spektrum dieser Unterschiedlichkeit reicht von jenen, die deutscher sind oder sein wollen als die Deutschen, bis zu jenen, die sie verachten und niemals Teil dieses Landes werden wollen. Manche wechseln ihre Position in diesem Spektrum innerhalb eines Lebens auch. Manchmal wird diese Wut getriggert und zeigt sich, ganz plötzlich. Dieser Moment, als ich verstand, dass doch recht viele Menschen, mehr, als ich jedenfalls dachte, die Thesen von Thilo Sarrazin goldrichtig fanden. Muslime machen Deutschland dumm, quasi über die Gebärmutter. Weil sie so viele Kinder kriegen. Du erinnerst Dich an das Buch *Deutschland schafft sich ab*?

Ich habe Sarrazin damals selbst interviewt, zweimal sogar. Mein Eindruck war, dass ihm überhaupt nicht bewusst war, was er für einen Schaden anrichtete. Wie er spaltete. Er berief sich doch nur auf wissenschaftliche Fakten! Dass ihm eine die Gesellschaft verdummende Muslimin (na ja, Du weißt schon, wie ich das meine) gegenübersaß, hat ihn scheinbar gar nicht irritiert. Aber Sarrazin ist egal, es ging von einem bestimmten Punkt an nicht mehr um Sarrazin oder sein Buch. Es ging um die Säle, die er füllte. Die Anzahl der Bücher, die er verkaufte. Um den Applaus, das zufriedene Nicken. Dieses erhabene Gefühl: Endlich ist da jemand, der es ausspricht. Das war die AfD gewissermaßen als Gefühl. Als es die AfD noch gar nicht gab.

Nicht dieses Buch, sondern diese Zustimmung und diese freudigen Gesichter habe ich damals persönlich genommen. Ich habe mich bedroht gefühlt. Bürgerliche, ganz normale Menschen, die meine Nachbarn hätten sein können oder mein Erdkundelehrer in der Schule, radikalisierten sich. Klar, diese

Leute sind nicht meine oder Deine Freunde oder Kollegen. Sie begegneten mir in Leserbriefen oder auf Veranstaltungen. Warum pfeifen türkische junge Männer in der Hochhaussiedlung blonden jungen Frauen hinterher, Frau Topçu? Wenn Sarrazin so unrecht hat, warum sind Migrantenkinder dann so schlecht in der Schule, Frau Topçu? Warum verschließen Sie Ihre Augen vor der Realität, Frau Topçu? »Ist Ihr ›stolzer‹ türkischer Anteil trotz liberaler Ausbildung zu hoch?« Das schrieb mir ein Ingenieur in der *ZEIT*. Mit Klarnamen und Adresse.

Wenn sich der eine oder andere fragen sollte, warum Leute wie Du oder ich die deutsche Nationalhymne nicht mitsingen, aber Eingewanderte in Frankreich oder den USA trotz des ganzen Rassismus dort ganz selbstverständlich sagen können: Ich bin Französin, oder ich bin Amerikaner, liegt in diesem Gefühl wahrscheinlich ein Teil der Antwort. Dieses Gefühl, das besagt: Wenn der deutsche Raging Bull unterwegs ist, kannst du machen, was du willst, du wirst untergehen. Deine ›Erfolgsstorys‹ kannst du dir sonst wohin schmieren.

Aber ja, natürlich, der dauerbeleidigte Kanake, nicht wahr? Man wird ja wohl noch sagen dürfen, dass eure Gene minderwertig sind, gibt ja schließlich Meinungsfreiheit in diesem Land. Man darf das ja wohl so finden. Wir sind ja schließlich nicht in der Türkei.

Ich verstand damals, dass es nicht reicht, eine gute Ausbildung zu machen, ein gutes Leben zu führen, sich den Regeln einigermaßen zu fügen, Abitur zu haben, ein Studium zu absolvieren, das einem die Fabrik- oder Gemüsetürkeneltern spendierten, die ja nach Sarrazin für die Verdummung der Gesellschaft sorgten. Und um die Geschichte über die Verdummung zu hören, dafür bezahlten eine Menge Leute viel Geld.

Ich hatte damals den Eindruck, und habe ihn heute noch viel mehr, dass man sich als Nichtdeutsche diesen ganzen Schwachsinn gewissermaßen auch noch wohlerzogen anhören muss, ohne sich zu beschweren. Wer das tut, wer Differenzierung einfordert, sensibel ist, dem wird sehr schnell und immer schneller vorgeworfen, sie oder er würde ›die Augen vor den Problemen‹ verschließen. Und die ›Braven‹ (Abi-Türken, Arzt-Araber), die sollen sich halt über ihre ›Erfolgsstory‹ freuen, stolz sein, dass sie ›es geschafft‹ haben. Dass Deutschland ihnen das ermöglicht hat. Ja, fein gemacht! Braves Ausländerkind! Hier, nimm Leckerli! Du kennst doch sicher den Sketch von Gerhard Polt mit Mai-Ling? Überhaupt, diese ganzen ›gelungenen Beispiele für Integration‹, die damals hier und da vorgestellt wurden, erinnerst Du Dich? Und die noch immer vorgestellt werden, bei jeder verdammten Runde dieses Diskurses. Gefühlt in jeder Talkshow. Als gäbe es da eine Beweislast.

Ich weiß, dass ich gerade unfair bin. Aber: Ich. Kann. Es. Nicht. Mehr. Hören. Ich habe dann das Bedürfnis, mich extra schlecht zu benehmen. Als ich Dir letztens androhte, das Ghetto herauszuholen, eher spaßig im Vorbeigehen (ich konnte ja nicht ahnen, dass Du so darauf herumhacken würdest), hatte ich all diese Assoziationen im Kopf, schätze ich.

Wenn's gut läuft mit den Migranten, dann ist es quasi ein Wunder. Dann zeigt man sie gern vor, seine Mai-Ling, die so ›reinlich‹ ist. Wenn es schlecht läuft, sind alle irgendwie gemeint.

Ich bin über diese Erkenntnis nicht traurig, ich versuche einfach, eine nüchterne Haltung zu diesen Ereignissen zu entwickeln. Das ganze Schauspiel mehr wie eine Unbeteiligte zu betrachten. Ich meine, was haben ›wir‹ denn damals bei der nationalen Debatte zu *Deutschland schafft sich ab* erwartet, das geschehen solle – ein Aufstand der ›Anständigen‹, die sagen, lass den Ali gefälligst in Ruhe, das ist mein Freund (und Gemüsehändler meines Vertrauens)?

Ich könnte sagen, ich würde so gern sagen, sollen sich all

diese Leute, die ein scheiß Geld bezahlt haben, um den »ehemaligen Bundesbanker« zu hören und ihm damit seine super gedämmten Fenster zu finanzieren, wie er uns einmal bei einem Interview erzählte, verpissen. Aber es wäre schlicht gelogen, dass mich das nicht nachhaltig beeindruckt hätte. Wir wollen über Wut reden? Manchmal denke ich, dass ich mir die Wut aberzogen habe. Das ist schon o. k. Ich trage sie wie das schönste Kleid: Nur noch zu besonderen Anlässen. Wer mag schon aggressive Türken? Schließlich waren wir nicht hierhergekommen, um unangenehm aufzufallen, sondern um zu arbeiten.

Und während ich Dir diese Zeilen schreibe, wird mir klar: Vielleicht begann diese »Man wird ja wohl noch sagen dürfen«-Paranoia genau damals, zu der Phase, die ich »Sarrazin I« nennen würde. Die Verhandlungen darüber ziehen sich bis heute hin. Nach zehn Jahren gibt es heute ein neues Wort für »Man wird ja wohl noch sagen dürfen«. Es lautet »Cancel Culture« und legt sich seit Monaten über jeden noch so vorsichtigen, hilflosen oder auch verkorksten Versuch, die Dinge zu differenzieren. Du hast keinen Bock auf rassistischen, antisemitischen, menschenverachtenden Scheiß? Du findest, das ist Kunst, aber dumme Kunst und nicht wahnsinnig anregend? Du findest es unverschämt und nicht die Speerspitze der Aufklärung oder eine interessante Provokation, das N-Wort zu sagen? Dann kannst du dir sicher sein: irgendjemand, der sich ganz besonders liberal findet und schon morgens beim Zähneputzen innerlich die freiheitlich-demokratische Grundordnung verteidigt, wird schon »Cancel Culture!« schreien.

Wollen diese Leute wirklich, dass die Grenzen immer weiter verschoben werden, frage ich mich manchmal. Und bis wohin eigentlich? Wann ist es genug? Bis sie selbst dran sind? So, genug herumgeOPFERt.

Ach Richard, mein Judenjunge, jetzt zwingst Du mich, mich mit Lisa Eckhart zu beschäftigen. Bis Du den Namen erwähntest, war mir die Figur egal. Ich habe da Mut zur Lücke. Heute ist es eine Lisa Eckhart, morgen eine andere. Aber Dir ist der Vorgang nicht egal, deshalb habe ich mir die Aufzeichnung der Sendung mit besagtem Auftritt angeschaut, in der sie diesen Witz reißt, über Harvey Weinstein, Roman Polański und Woody Allen. Also über Juden, die Frauen missbraucht haben sollen, haha, gerade deshalb sei die MeToo-Bewegung antisemitisch, schließlich sei es angebracht, dass man den Juden nach allem ein paar Frauen gönnt, denn Reparationszahlungen an Juden, das sei ja, haha, so, wie wenn man dem Chef von Red Bull einen Red Bull ausgeben würde.

Ich musste mir die Darbietung drei Mal anschauen, bis ich diese Konstruktion verstanden habe. Ich kann mich gar nicht daran erinnern, dass die jüdische Identität von Weinstein in der MeToo-Debatte jemals groß thematisiert wurde. Es ging vor allem darum, dass ein mächtiger oder von seiner Macht besessener Mann Verbrechen begangen hat; der überzeugt davon war, ein Recht darauf zu haben, Frauen zu demütigen.

So, und nun lese ich in den Verteidigungen für Frau Eckhart (»Man wird ja wohl noch sagen dürfen!«, oder noch besser: »Satire darf alles!«), dass ich diese Darbietung gut zu finden habe und komplex und vielschichtig und dass jene (Juden), die das Ganze nicht so toll finden, einfach keine Ahnung von Kunst haben. Ich werde geradezu genötigt, der Darbietung etwas abzugewinnen. Lisa Eckhart selbst hat in einem Interview tatsächlich gesagt, sie sehe in der Kritik mutwilliges Missverstehen, und erzählte, dass ihre Mutter immer zu ihr gesagt habe: »Wie der Schelm denkt, so ist er.« Das fand ich recht bemerkenswert. Heißt das etwa, dass eigentlich jene Antisemiten sind, die in ihrer Darbietung Antisemitismus sehen?

Mir kommt es so vor, als wollte hier jemand mit dem Feuer spielen, für das Risiko und den Mut gefeiert werden, aber sich mit seinen von der Hitze geröteten Wangen nicht erwischen lassen. »Dem Juden Ratschläge erteilen«, nannte mein Freund Deniz Yücel ein solches Verhalten einmal.

Mich erinnert die Debatte unweigerlich an jene um den von mir sonst sehr geschätzten Jan Böhmermann und seine ›Schmähkritik‹ vor einigen Jahren. Erinnerst Du Dich? Die türkische Regierung war längst umgeschwenkt auf einen autoritären Kurs, Dutzende Journalisten im Knast, das Land auf dem Weg zu einem Verfassungsreferendum, das die Macht im Staat auf einen Mann konzentrieren sollte: den Präsidenten. Es war ein Dauerrauschen: Erdoğan, Erdoğan, Erdoğan. Das Land wurde nur noch durch ihn gesehen. Und natürlich hatte jeder eine Meinung, nichts einfacher als das. Der Mann war ja auch wirklich dauerpräsent. Jeden Tag redete und redete er bei irgendwelchen Anlässen, die natürlich egal waren. Wie so abgehalfterte Schlagerstars, deren beste Zeit vorüber ist und die jetzt nur noch bei Eröffnungen von neuen Möbelgeschäften außerhalb der Stadt singen. Manchmal hatte ich das Gefühl, die ganzen Krankenhäuser, Fabriken oder Metrostrecken wurden nur gebaut und feierlich eröffnet, damit er reden konnte.

In jener hitzigen Zeit also veröffentlichte Böhmermann sein Schmähgedicht. Darin heißt es unter anderem, dass sein, also Erdoğans, »Gelöt … schlimm nach Döner« rieche und er »am liebsten … Ziegen ficken« möge, und noch ein paar andere Klischees über Kanaken, die so ein Hohoho-feiges-Prusten-hinter-vorgehaltener-Hand-Moment schaffen. Das, was angeblich den bei allen verhassten Erdoğan – denn darauf können wir aufgeklärten Leute uns ja einigen, dass wir den hassen und nur dumme Hinterwäldler den wählen –, das also, was ihn treffen sollte, hören Türken seit Jahrzehnten über sich, so schrieb es damals treffend der Journalist Hakan Tanrıverdi beim Onlinemagazin *Jetzt*. Und nun sollten sie es gefälligst total komplex, vielschichtig und provokativ finden, weil: Es ging ja gegen einen Diktator. Der türkische Mann, dieses Frauen schlagende Ekel, dessen Schwanz schlimmer rieche, eben nach Döner, als ein Schweinefurz, also das in seiner Religion ›unreine‹ Tier. Wow. Darauf musst du erst einmal kommen. Und dann ein Selbstbewusstsein haben, das dir erlaubt, so gut wie kein Verständnis dafür aufzubringen, wenn die Gemeinten nichts für deine Kunst übrighaben, nur weil du ihnen »Kunstfreiheit« ins Gesicht schreist. Auch hier: Es liegt einfach an dir, du verstehst den tieferen Sinn, die Vielschichtigkeit dessen nicht. Böhmermann, dieser kluge, sehr politische Typ, er hatte sich komplett vergriffen. Natürlich flogen einem damals auch Ratschläge entgegen, wie man das Ganze gefälligst zu verstehen hatte, so als Inhaberin des türkischen Hintergrunds.

Und trotzdem wäre es für mich nie die Frage, ob man so etwas veröffentlichen ›darf‹. Natürlich. Aber ich darf es auch abstoßend finden.

Trotz allem, lieber Richard, ist dieses Land hier wahrscheinlich das beste für Leute wie Dich und mich. Es leben überwiegend entspannte Menschen hier. (Jaja, ich höre Dich schon sagen: die nun wieder mit ihrem »einerseits – andererseits«. Aber was soll ich tun, es ist nun einmal ambivalent.) Ich sage »Dich und mich«, so inkorporierend, dabei bist Du es, der seit Jahrhunderten verfolgt und verachtet wird. Ich kann verstehen, dass es Dich beruhigt, dass es ein Israel gibt. Mich beruhigt es auch. Aber ist es nicht eine Illusion zu denken, das andere Land, das Leute wie wir noch quasi in der Hinterhand haben (für schlechte Zeiten!), würde uns mit der Selbstverständlichkeit begegnen, die wir in Deutschland vermissen?

Ich muss mich drüben auch rechtfertigen, gehöre dort auch nicht zur ›Mehrheit‹. Als Kind einer Familie, die vor mehr als 40 Jahren ausgewandert ist, jedenfalls nicht. Immerhin, dort kommt nach einer gewissen Zeit die Deutsche in mir hervor. Das kennst Du sicher. Oder nicht?

Sei umarmt, Deine Öttttzzzzzzzllleem

PS: Du hast natürlich recht, mit meinem Namen wurde alles Mögliche veranstaltet. Deutsch ausgesprochen klingt er furchtbar hart und kalt, so ›adolfmäßig‹: ÖZZZZZLEM. Er scheint für deutsche Ohren sehr männlich zu klingen. Fast durchweg werde ich für einen Mann gehalten, wenn mein Gegenüber mich nicht kennt oder nicht gegoogelt hat. Das gibt dann immer ein großes Hallo am Telefon. Wie aber kann man nur denken, dass ein »Ö« männlich sein könnte?

MÜNCHEN, 23. DEZEMBER 2020

Hallo Özlem,

mein längeres Schweigen hat vor allem mit meiner privaten Situation zu tun. Ich wollte Dir auf Deinen Brief antworten, wollte mich auch zu dieser unsäglichen Diskussion zum Thema BDS und des Antisemitismus äußern, die einige deutsche Kulturinstitutionen mit ihrem Thesenpapier ausgelöst haben. Das werde ich sicherlich noch tun. Aber nicht jetzt. Denn im Augenblick habe ich ganz andere Gedanken und Gefühle. Meine 96-jährige Mutter wird zunehmend schwächer und allmählich verlassen sie auch ihre geistigen Kräfte. In Ungarn geboren, war sie während der Shoah zunächst im Ghetto

Budapest, von dort wurde sie nach Spandau bei Berlin deportiert, von dort ins KZ Dachau, dann ins KZ Ravensbrück. Und von Ravensbrück kam sie ins KZ Sachsenhausen in Oranienburg. Und schließlich wurde sie dort von den Deutschen noch mal in ein Lager irgendwo an der polnischen Grenze verschleppt, wo sie schließlich von der Roten Armee befreit wurde.

Irgendwo hab ich in diesen Tagen einen Meinungsbeitrag zur BDS-Debatte gelesen, in dem die Autorin meinte, die Tatsache, dass Deutschland sich in der Diskussion um die Shoah auf diese Katastrophe allein konzentriere und nicht alles dann noch gleich in Relation zum Kolonialismus und all den anderen Katastrophen dieser Welt setze, würde Deutschland so provinziell machen.

Wenn ich solche Zeilen lese und an das Schicksal meiner Mutter und meines Vaters denke, der vor 43 Jahren gestorben ist und natürlich auch im Lager war … Wenn ich daran denke, wie meine gesamte Familie einfach mal so industriell in Auschwitz ins Gas und in den Ofen geworfen wurde, mehr als hundert Menschen, die meine Vorfahren waren, wenn ich daran denke, wie ich erst in Auschwitz selbst, damals bei Dreharbeiten 2003, das industrielle Prinzip des Massenmordes in meinen Kischkes verstanden habe (»Kischkes« ist Jiddisch und bedeutet: Eingeweide), dann möchte ich solche intellektuellen Dünnbrettbohrer packen, nach Auschwitz bringen und sie dann noch mit der Nase in die Haare der Toten, die Brillen, die Koffer, Zahnbürsten stoßen, damit sie spüren und riechen, was industrieller Massenmord bedeutet, den wiederum ihre Vorfahren zu verantworten haben. Ich mag hier nicht über andere Verbrechen sprechen. Ich mag nicht darüber diskutieren, dass »andere ja auch viel gelitten haben«. Keine Frage. Absolut keine Frage. Aber industrieller Massenmord ist singulär. Nicht vergleichbar. Diese Ideologie, dass man die Welt von den Juden befreien müsse, erst dann sei sie erlöst – das gab es nirgendwo sonst, bei keinem anderen Genozid.

Er ist vergleichbar für die Wissenschaft – um zu begreifen, wie Verbrechen geschehen. Was haben die Nazis gemacht, was andere auch gemacht haben – oder was eben grundsätzlich anders. Ich finde das legitim. Aber ansonsten? Es gibt nichts zu vergleichen. Nichts. Absolut nichts. Und ich kann mich nicht damit ›trösten‹ oder gar abwiegeln, dass andere Menschen, weil sie eine andere Religion, eine andere Hautfarbe hatten oder weil sie anders geliebt haben, als die sogenannte ›Norm‹ es vorsieht, ebenfalls Entsetzliches erleben mussten, ebenfalls gemordet wurden. Das ist doch wohlfeil, so etwas überhaupt schreiben zu müssen, nein?

Meine Mutter verfällt vor meinen Augen. Bis vor Kurzem war sie geistig total fit. Körperlich fiel sie immer mehr auseinander, sie hört schwer, und das schon lange, die Augen sind auch nicht mehr so gut. Aber der Geist war wach. Total. Sie war immer noch der Mensch, den ich mein Leben lang kannte. Keine Demenz, kein Alzheimer. Klarheit. Ein Geschenk. Ist es das? Für wen? Für mich und meine Familie? Weil wir unsere Mutter sozusagen noch als leibhaftigen Menschen vor uns haben? Ja, gewiss. Aber für meine Mutter, die klar mitbekommt, was mit ihr geschieht? Und mit unglaublichem Mut dem Tod ins Antlitz schaut, auch wenn sie mir manchmal gesteht, dass sie Angst vor dem Tod hat. Sie, die dem Tod vor 75 Jahren von der Schippe gesprungen ist.

Ich will hier nicht darüber reden, wie sich das für mich als Kind, als Sohn anfühlt. Auch nicht, wie wir jüdischen Kinder der Zweiten Generation ganz besonders mit unseren Überlebenden-Eltern verbunden waren, wie wir uns für sie verantwortlich gefühlt haben. Immer eigentlich. »Parentification« wird das genannt. Es gibt zahlreiche wissenschaftliche Studien dazu. Und das Wort »neurotisch« fällt in diesem Zusammenhang oft. Natürlich, wie kann es auch anders sein, ha! Natürlich sind wir neurotisch als Kinder von Shoah-Überlebenden!

Aber ich sehe meine Mutter, diese letzte Zeitzeugin, an, die auch jetzt vor Kurzem noch über das Lager geredet hat, reden musste. Nicht, weil sie wollte. Das hat sie schon vor längerer Zeit beendet. Sondern weil ihre Urenkelin mit 17 Jahren für ihre Abiturhausarbeit in Deutsch über die genetische Weitergabe von Traumata schreibt und unsere Familie als Fallbeispiel ausgesucht hat. Wir sind alle wunderbare Objekte für solch eine Arbeit. Wer in unserer Familie ist nicht vom Trauma unserer Eltern betroffen? Wir alle haben Neurosen, Ängste und Zwänge entwickelt, die auch in der Dritten und jetzt sogar in der Vierten Generation wiederzufinden sind. Die Urenkelin bat also ihre Urgroßmutter zu erzählen. Und sie erzählte, meine Mutter. Noch einmal. Und irgendwie anders als sonst. Sie erzählte kleine Randgeschichten, die selbst ich noch nicht kannte. Sie versuchte, sich zu erinnern, ob sie zuerst in Dachau oder in Ravensbrück war (es war Dachau, ich habe die Unterlagen). Früher hatte sie das natürlich alles perfekt parat. Aber auch heute noch erinnert sie sich genau an ihre Gefühle damals. Klar und scharf.

Wenn ich ihr so zuhöre und dann in den deutschen Feuilletons irgendwelchen verschwurbelten Unsinn zu Israel, Juden, Antisemitismus und BDS lese, dann befällt mich ein tiefes Ekelgefühl. Keine Sorge, in einem der nächsten Briefe werde ich mich dazu noch ›vernünftiger‹ äußern. Doch ist das wirklich Vernünftige nicht das, was ich als Jude gerade empfinde? Diese diversen Kopfgeburten deutscher Diskussionskultur lassen das Emotionale gerne außer Acht. Weil es nicht zum Aushalten ist. Weil eben das unbeschreibliche Grauen, das

Deutschland über die Welt gebracht hat, tatsächlich nicht zum Aushalten ist. Weil es eben einzigartig ist. Un-ermesslich, im wahrsten Sinne des Wortes. Man kann es nicht messen. Da es *einzigartig* ist. Und im Grunde schleppen sich all die ethnischen Deutschen mit dieser Last durch die Welt, selbst wenn sie sich dessen oftmals nicht bewusst sind. Ich lese diese Versuche, Israel immer und immer wieder in die Pfanne zu hauen, als das Böse schlechthin darzustellen, als verzweifelten Versuch, die eigene Geschichte zu relativieren. Weil man es nicht aushält. In jeder Psychotherapie würde ein guter Analytiker dem Analysanden sagen, er solle mal bei sich bleiben und nicht immer die schrecklichen Taten anderer hervorholen, um von der eigenen Verantwortung abzulenken.

Macht Israel eine schreckliche Politik? Ja, klar. Es gibt politische Entwicklungen und Entscheidungen, die ich unerträglich finde. Aber wer in Deutschland kann die Lage Israels wirklich beurteilen? Wie kann jemand, der in einem Land lebt, dessen Grenzen sicher sind, nachvollziehen, wie sich das anfühlt, in einem Land zu leben, dessen Grenzen nicht sicher sind? Und möglicherweise nicht sicherer würden, wenn man – ganz naiv gesagt – ›Frieden‹ schließen würde?

Aber darum geht es nicht. Was mich so stört bei vielen öffentlichen Diskussionen in Deutschland, ist das häufige Fehlen nicht nur von Wissen, sondern vor allem von Empathie. Es wäre schön, wenn da zumindest der Versuch da wäre, den anderen zu begreifen. Und nicht einseitig zu argumentieren, Fakten Fakten sein zu lassen und das, was man an ›ethischen Werten‹ so hochhält, dann auch überall einzufordern. Überall (übrigens auch bei der eigenen Regierung): Die Russen mischen sich inzwischen in viele ausländische Wahlen ein? Die Russen haben die Krim einfach mal so annektiert? Die Empörung unserer Intellektuellen hält sich diesbezüglich ziemlich in Grenzen. Ich glaube, wenn man eine Umfrage machen würde, dann wäre Netanyahu viel unbeliebter als Putin. Schau, was Erdoğan macht. Wie er mittels der türkischen Wähler in Deutschland, in »diesem unserem« Lande (wie Helmut Kohl immer zu sagen pflegte), zu manipulieren versucht und auch droht. (Und während ich diese Zeilen schreibe, kommt gerade die Eilmeldung, dass Can Dündar in der Türkei zu 25 Jahren Haft verurteilt wurde.) Wo bleibt da die große Resolution der deutschen Kulturinstitutionen? Die dann mit einem großen Auftritt im Theater inszeniert wird? Oder hat es sie gegeben, aber die Medien haben das nicht in gleichem Maße aufgegriffen wie beim Reiz- und Schuldgefühlthema »Israel«? Was soll man eigentlich denken, wenn ein Patrick Bahners tweetet: »Im Übrigen ist der ›israelbezogene Antisemitismus‹ (als angeblich häufigste Form des Antisemitismus) erfunden worden, um Kritik am Zionismus zu skandalisieren.«*? Ehrlich, Özlem, ich muss immer und immer wieder an einen Spruch denken, der Max Liebermann zugesprochen wird: »Ick kann janich so viel fressen, wie ick kotzen möchte!«

In diesem Sinne … das nächste Mal wieder ›vernünftiger‹. Weihnachten steht vor der Tür, Du als Muslimin und ich als Jude haben mit diesem Feiertag nichts zu tun. So wünsche ich Dir jetzt einfach mal schöne, ruhige Tage.

Hibuk anak (»dicke Umarmung« auf Hebräisch)

r.

* Tweet von @PBahners, 20. Dezember 2020.

HAMBURG, 28. DEZEMBER 2020

Seit Tagen überlege ich, wie ich diese Zeilen anfangen soll. Offen gestanden, ich habe einige Anläufe gebraucht, um Deinen letzten Brief nach dem ersten Absatz weiterzulesen. Nach Deiner Auflistung all der KZ, in denen Deine Mutter war, musste ich den Computer erst einmal beiseitelegen, war froh über das Fest, das Du und ich nicht feiern, das mir aber eine gute Ausrede war. 96 Jahre, was für ein Lebenswille nach all den Mordversuchen an ihr! Als wollte sie sagen: In your face, Deutschland! Ich habe nicht die Fantasie, mir vorzustellen, was dieses nun vielleicht nahende Lebensende Deiner Mutter in Dir als ihrem Kind auslöst. Ich kann nur für Dich hoffen, dass alles gut wird.

Aber wie Du das so schreibst: »die Deutschen«. Die Du am liebsten mit ihrer Nase in die Haare der Toten, in ihre Brillen, ihre Koffer und Zahnbürsten stoßen willst. Diese Sätze haben mich aufgewühlt, seit Tagen schon. Es klingt so verzweifelt und absolut. Aber wer dürfte verzweifelt und absolut sein, wenn nicht Du? Man sollte seine Traumata unbedingt pflegen. Das ist nur halb witzig gemeint (ihr Juden könnt doch Humor, nicht wahr?), sonst werden sie noch vergessen. Auf diese Zeilen von Dir lässt sich schlecht etwas erwidern. Ich kann Dir nicht sagen, ob das vernünftig ist, was Du als Jude über diese seltsame Obsession mit Israel denkst. Ist denn »Vernunft« hier die richtige Kategorie? Geht es darum? Vernünftig zu sein? Wenn Du jetzt vor mir sitzen würdest, würde ich wohl ablamäßig vernünftig sagen: Das deutsche Feuilleton ist nicht Deutschland.

Warum nur verspüre ich gerade das Bedürfnis, vor dem Sohn einer Holocaustüberlebenden Deutschland in Schutz zu nehmen? Warum bringst Du mich in diese ungemütliche Lage? Wie komme ich nur zu so etwas?

Ich dachte, wir wären Freunde!

Meine Eltern haben in einer dänischen Fabrik in Flensburg Arbeit gefunden, so kam erst meine Mutter 1972 nach Deutschland, kurze Zeit nach ihr auch mein Vater und mein Bruder, zumindest eine Weile, denn als es Zeit für die Einschulung wurde, schickten sie ihn zurück in die Türkei. Sie wollten ja schließlich nur einige Jahre in Deutschland bleiben, die größte Lebenslüge von allen.

Die Firma stellte Kühlschrankkompressoren und diese Temperaturregler für Heizungen her, ich weiß nicht genau, wie diese Dinger heißen. Meine Mutter stand am Fließband und steckte dünne Drähte in andere Eisenteile, das machte sie acht Stunden am Tag, mehr als 30 Jahre lang. Sie und mein Vater arbeiteten im Schichtbetrieb, Tag- und Abendschicht, mein Vater hatte noch zusätzlich eine Nachtschicht alle drei Wochen. Alle sechs Wochen fielen ihre Schichten, die Tag- oder die Abendschicht, zusammen, sodass wir Kinder uns entweder morgens allein für die Schule fertig machen mussten, weil unsere Eltern schon zur Arbeit gegangen waren – oder den ganzen Nachmittag nach Schulschluss bis etwa 22.00 Uhr machen konnten, was wir wollten und nicht durften (ich vor allem). Als ich alt genug war, kam ich in diesen Wochen immer etwa fünf Minuten vor meinen Eltern nach Hause. Ich trieb mich den ganzen Tag herum, in der Stadt, traf meine Freundinnen zum Rauchen im Park, wenn wir Geld hatten, im Café, später Jungs.

Das waren die besten Wochen. Ich strich sie mir im Kalender an und machte lange Zeit vorher Pläne. Nicht, dass ich sonst gar nicht in die Stadt oder ins Kino durfte, zum Sport oder Freundinnen treffen. Aber meine Eltern waren streng, heute würde man es wohl autoritär nennen. Du kennst das sicher. Sie wollten Kontrolle, die sie ›Schutz‹ nannten. Nicht, dass sich irgendeiner an meinem so kostbaren Jungfernhäutchen zu schaffen machte. Noch so eine Lebenslüge: Als gäbe es da nicht jederzeit Möglichkeiten. Schon als 16-Jährige habe ich das als naiv empfunden, aber sie in dem Glauben gelassen. So war es einfacher.

Tut mir leid, ich bin etwas abgeschweift (apropos Neurosen), eigentlich wollte ich von Deutschen erzählen. Diese Schichtarbeit meiner Eltern wurde erst später für uns Kinder manchmal zum Vergnügen, als wir noch kleiner waren, war der Schichtwechsel ein echtes Problem – ein Betreuungsproblem nämlich (auch wenn es das damals offiziell gar nicht gab, vor allem nicht bei Ausländern, die leben doch immer in so Großfamilien oder Clans!). Nachdem der eine zur Arbeit musste, dauerte es immer etwa eine Stunde, bis der andere Feierabend hatte. Als ich noch nicht in die Schule ging, hieß das für mich immer: Ich musste mit, wenn der eine zur Arbeit ging, und am Ausgang beim Pförtner warten. Unsere Eltern waren nicht die Einzigen, die das so machten, wir waren noch zu klein, um allein zu Hause zu warten. Meine Mutter hat das einmal versucht und mich, wie sie heute noch nicht müde wird zu erzählen (Neurosen!), an die Heizung gebunden, da muss ich vielleicht drei oder vier gewesen sein. Das hat sich jedenfalls nicht als gute Option herausgestellt. Bis heute hat sie es nicht überwunden, dass sie das überhaupt gemacht hat.

Beim Pförtner hing also immer eine Gruppe von Kindern herum, wenn Schichtwechsel war, vorwiegend Ausländerkinder, an deutsche kann ich mich jedenfalls nicht erinnern; egal, ob die Sonne schien, es regnete oder schneite. Neben dem Pförtnerhäuschen war so ein kleiner Eingangsbereich. Wenn es draußen nass und kalt war, stellten wir uns da rein. Viele Pförtner nervte das. Und wie unermesslich lang ist so eine verdammte Stunde für ein Kind! Die Pförtner schnauzten uns an und zeigten mit dem Finger auf eine unsichtbare Grenze auf dem Boden: Bis hierhin und nicht weiter! Aber es gab auch einige, die uns reinbaten, nicht nur in den Eingangsbereich, sondern ins Zentrum der Macht, in ihr Häuschen, und uns alles zeigten. Die Gegensprechanlage, das Mikrofon, die Knöpfe für alle möglichen Tore und Signallichter.

Warum erzähle ich Dir das? Für mich als Kind gehörten diese Pförtner zum gütigen Gesicht dieses Landes. Es mag komisch klingen, aber solche Momente wie die im Pförtnerhäuschen prägen dich. Genauso wie die Kassiererin bei C&A, die deiner Mutter das Wechselgeld vor die Füße wirft. Ich glaube, ich will einfach sagen, dass es mehrere Realitäten gibt. Parallelrealitäten, deren Gleichzeitigkeit so anstrengt. Zu diesen Parallelrealitäten gehören die grimmig mahnenden Gesichter des Staates, diese müden und ernsten Gesichter von Angela Merkel oder Frank-Walter Steinmeier und anderen, immer wenn es um Antisemitismus geht. Diese Gesichter, die aufgesetzt werden, aber nicht aufgesetzt sind. Der deutsche Geschichtsunterricht, in dieser Form wohl auch einzigartig, Aktion Sühnezeichen, polierte Stolpersteine, Reue, Israel und die Staatsräson, bis zum Holocaustmahnmal.

Es gibt kaum ein Land, das solche Verbrechen verübt hat, ja, einzigartige Verbrechen, aber auch kaum eines, das so sehr in den Spiegel geschaut hat. Roll jetzt bitte nicht mit den Augen. Das bedeutet nicht, dass nun einmal auch Schluss sein sollte, im Gegenteil. Man kann immer wieder reinschauen, das Make-up kann halt verrutschen, ohne dass man es merkt.

Denn die andere Realität, das sind die Millionen von Stimmen, die unsere deutschen Landsleute einer Partei geben, die Antisemiten und Rassisten in ihren Reihen zulässt. Und nun im Bundestag sitzt. Ist das zu fassen? Diese andere Realität, das ist der NSU, das sind Halle und Hanau. Judensterne auf Coronademos, Jana aus Kassel, die sich im Widerstand wähnt wie einst Sophie Scholl.

Manchmal kann man den Eindruck haben, als sei der Antisemitismus nur noch ein ›importiertes‹ Problem, als hätten nur noch syrische Flüchtlinge oder generell Muslime was gegen Juden und als sei er ansonsten ausgemerzt. Ein Relikt aus barbarischen Zeiten, die wir überwunden haben, so wie wir die Zeit ohne Kanalisation überwunden haben, als die Menschen direkt die Scheiße vor der Nase hatten.

In einem Punkt muss ich Dir allerdings widersprechen, Habibi. »Schau, was Erdoğan macht« – im Ernst? Man kann sich wohl nicht über zu gute Presse für die Türkei beschweren oder über ein absichtliches Weggucken. Jeder schaut jederzeit, was Erdoğan macht. Und jeder hat auch eine Meinung dazu. Die EU hat gerade Sanktionen beschlossen, das Land steht recht isoliert da, noch nie hatte die Türkei ein so schlechtes Image. Von Einreise- und Kontosperrungen bis zum Abbruch der diplomatischen Beziehungen, die Vorschläge dafür, was ›Europa‹ alles machen könnte, sollte, sind doch recht vielfältig. Putin wäre bei Deiner Umfrage nicht nur beliebter als Netanyahu, er wäre auch beliebter als der ›osmanische Sultan‹ (ich kann es nicht mehr hören) Erdoğan – wenn auch sicher aus anderen Gründen.

Warum sind Deine Eltern eigentlich in Deutschland geblieben? Und was hat Deine Mutter der Urenkelin erzählt?

Und können wir nicht eigentlich 2021 auslassen und gleich nach 2022 rübergehen?

Alles Liebe und Gute, Ö.

Özlem,

ich weiß nicht so genau, warum, aber als ich Deine Formulierung »Sohn einer Holocaustüberlebenden« gelesen habe, da kam in mir so ein eigenartiges Gefühl hoch: Hey, vergiss bitte nicht meinen Vater und dessen Familie! Da war Auschwitz, die Vergasung der Familie, sein Überleben dann in einem Arbeitslager. Von seinen fünf Geschwistern hatte nur eine Schwester Auschwitz überlebt … Das gehört auch noch zum ›Paket‹. Ob ich will oder nicht. Selbst an den Tagen, an denen ich nicht über die Vergangenheit nachdenke. Sie ist aber dennoch immer da, immer präsent. Über meinen Vater rede ich weniger als über meine Mutter, weil er schon vor 43 Jahren gestorben ist. Aber präsent ist er sehr. Und seine Verfolgungsgeschichte natürlich auch. Immer.

So war es schon in meiner Kindheit. Deine Pförtner-Geschichte hat mich sehr berührt. Und dass Pförtner wichtiger sind als das deutsche Feuilleton, versteht sich von selbst, ha!

Ich beneide Dich um diese Kindheitserinnerung. Du hast da einen großen Vorteil. Nein, nicht dass Du keine Jüdin bist, sondern dass zwischen uns rund 20 Jahre Unterschied sind. Hast Du schon mal den Namen Josef Oberhauser gehört? Nein? Ich mochte ihn sehr. Und er mich. Er war in meiner Kindheit Schankkellner im Franziskaner-Poststüberl in München. Ich war da häufig mit meinen Eltern, denn sie liebten »Karpfen blau«, und das gab's dort. Ich bin dann immer zu ihm, er zapfte das Bier. Und für mich nahm er dann immer ein kleines Schnapsglaserl, füllte das mit einem Schlückchen Bier und überreichte es mir, als ob er mir a Hoalbe, also einen halben Liter geben würde, wie den Erwachsenen. Ein halber Liter ist in Bayern die Norm, wenn man ein Bier bestellt. Ich mochte den »Sepp«, wie ich ihn nennen durfte, er wusste auch meinen Namen, und wenn ich kam, fragte er mich immer: Willst' ein Bier, Richard? Ich bejahte – und schon bekam ich die Kinderportion.

Ich sah Josef Oberhauser viele, viele Jahre später wieder. Im Kino. In Claude Lanzmanns Jahrhundertwerk *Shoah*. Da tauchte er wieder auf, Lanzmann filmte ihn im Franziskaner. Denn Oberhauser war Mitglied der SS-Totenkopfverbände und war bei der »Aktion T4« und der »Aktion Reinhardt« dabei. »Aktion T4« – die Tötung von Geisteskranken und Behinderten. Oberhauser war als sogenannter Brenner für die Verbrennung der Menschen in den Krematorien zuständig. »Aktion Reinhardt« – die Vernichtung der Juden des »Generalgouvernements«. Und Oberhauser kümmerte sich um die Vergrößerung der Vernichtungsanlagen im Lager Belzec, war dann für die ukrainischen Wachmannschaften in Lublin zuständig, begleitete seinen Vorgesetzten als Personenschutz in die Vernichtungslager Sobibor und Treblinka …

Die ›Pförtner‹ meiner Kindheit … Die hatten alle eine verdammte, beschissene Geschichte, diese deutschen Erwachsenen meiner Kindheit. Manchmal ahnte ich sie, manchmal erzählten sie mir von den ›glorreichen Zeiten‹, manchmal spürte ich es einfach. Und die Gesellschaft ließ sie überwiegend in Ruhe, ja schlimmer noch: Die deutsche Justiz kümmerte sich nicht wirklich um die Verbrecher und Mörder, weil das nicht mit der neuen Legende zusammenpasste. Und die hieß: Die Mörder, das waren ja die Führer ganz oben, der Göring, der Hitler, der Goebbels und so andere Figuren. Aber man selbst hatte natürlich nicht mitgemacht. Es waren die Nazis – aber eine Mittäterschaft weiter Teile des Volkes? Nicht doch! Damit wollte man nichts zu tun haben.

Und so wurden nur verdammt wenige Täter in Deutschland verurteilt, denn sonst hätte man ja ein ganzes Volk unter Anklage stellen müssen. Das wollte dieses Volk tunlichst vermeiden. Andreas Eichmüller zeigt das in seinem 2008 erschienenen Artikel »Die Strafverfolgung von NS-Verbrechen durch westdeutsche Justizbehörden seit 1945. Eine Zahlenbilanz« sehr genau: In der alten Bundesrepublik und im wiedervereinten Deutschland gab es gerade mal 1147 Verurteilungen. Die Opfer der Angeklagten waren zur Hälfte Nichtjuden. Um die Shoah direkt ging es also nur sehr selten. Gerade mal 204 der Angeklagten wurden wegen Mordes verurteilt. Zweihundertvier!! Die anderen wurden wegen »kleinerer« Vergehen verurteilt: Beihilfe zum Mord, oder gar »illegales Festhalten mit Todesfolge« – was für eine Formulierung, nicht wahr?

Selbst beim berühmten »Auschwitz-Prozess« in Frankfurt wurden von 22 Angeklagten gerade mal 7 wegen Mordes verurteilt.

Warum ich Dir das so ausführlich schildere? Weil dies die Grundlage in der frühen Bundesrepublik war für das, was wir heute in Deutschland erleben können (und dass die DDR sich's ganz einfach machte, indem sie sich als Volk der Antifaschisten verstand und sich somit nicht für die Taten der Nazis verantwortlich fühlte und quasi selbst exkulpierte, sei hier der Vollständigkeit halber erwähnt).

Bis heute erlebt man eine klare Zurückweisung persönlicher Verantwortung bei vielen Menschen und Familien. Im Auftrag der *ZEIT* wurde 2020 eine Studie veröffentlicht mit dem Titel: »Die Haltung der Deutschen zum Nationalsozialismus. Ergebnisse einer repräsentativen Erhebung«. Der zufolge glauben gerade mal drei Prozent der deutschen Bevölkerung, dass Mitglieder ihrer Familie Nazis waren. Das bedeutet, dass die jüngeren Deutschen das Naziproblem und die Judenvernichtung sozusagen ›auslagern‹. Es waren irgendwelche anderen, wer auch immer, nur die eigene Familie nicht. Statistisch gesehen ist das natürlich völliger Quatsch. In jeder Familie muss es mindestens einen Menschen gegeben haben, der an der Shoah beteiligt war. Was man klar erkennen kann bei vielen: ein unterdrücktes Schuldgefühl, das wiederum eine fortbestehende Feindseligkeit gegen Juden schürt und sich heutzutage in neuen Formen ausdrückt. Dazu gehört auch die Relativierung des Holocaust, der Versuch der eigenen Reinwaschung, indem man die israelische Besatzung und den Umgang mit den Palästinensern gleichsetzt mit den Taten der Nazis oder sie so verabsolutiert – bei einer entsprechenden Vernachlässigung anderer, viel größerer Verbrechen anderer Staaten –, dass sie ›einzigartig‹ werden. Das sind dann häufig jene, die die Shoah gern relativieren wollen … Und natürlich, indem man den Juden den Vorwurf macht, viel zu viel über die Shoah zu reden und viel zu viel Wiedergutmachungsgelder von ›uns Deutschen‹ zu nehmen.

Auch da gibt es ein paar interessante Zahlen. Das BIP Deutschlands betrug 2019 rund 3,4 Billionen Euro. Insgesamt zahlte Deutschland an ethnische Deutsche, die aufgrund des Krieges vertrieben wurden, etwa 75 Milliarden Euro. Alle Verfolgten des Naziregimes zusammen (also Juden und Nichtjuden) erhielten nur unwesentlich mehr: rund 79 Milliarden Euro. Dazu zählen die Zahlungen sowohl an Individuen als auch an Staaten wie Israel, Frankreich und die Niederlande in entsprechenden Abkommen. So zumindest geben das Henning Bartels, Vizepräsident des Bundesausgleichsamtes, und das Bundesministerium der Finanzen an.

Du hast also wahrlich den Nerv zu schreiben, dass es kaum ein Land gibt, das solche Verbrechen verübt hat, aber auch kaum eines, das so sehr in den Spiegel geschaut hat? Das gilt ganz gewiss für einen gewissen Prozentsatz der Gesellschaft, aber eben nur für ihn. Und dann gibt es das ›offizielle‹ Deutschland, das zwar Gedenkveranstaltungen und weise Reden abhält, das dann aber im Zweifelsfall die Juden auch schon mal im Stich lässt, siehe die Polizei in Halle, siehe auch die Verweigerung von entsprechendem Schutz für jüdische Einrichtungen in vielen Teilen Deutschlands. Lies mal bei Ronen Steinke in seinem Buch *Terror gegen Juden* nach!

Ich kann mit der offiziellen Gedenkkultur und den betroffenen Mienen der Politiker nicht viel anfangen. Denn diese ewig gleichen Reden mit den üblichen Textbausteinen und dann möglichst noch ein auf Hebräisch völlig falsch betontes Sprüchlein, mit einem »Schalom« gekrönt, was sollen die mir sagen? Was sagen sie den nichtjüdischen Deutschen? Wer hört da hin? Tachles: Was kommt am Tag nach dem Gedenken? Was bleibt davon übrig?

Du wirst Dich vielleicht nicht mehr aktiv erinnern, aber ich erinnere mich sehr wohl und genau an die Terrorattentate in Mölln und Solingen Anfang der 90er-Jahre. Ich erinnere mich, wie alle Politiker entsetzt waren und die Taten abscheulich fanden. Aber ich erinnere mich auch, wie Bundeskanzler Kohl nicht zur Gedenkfeier für die toten Türken kam. Und wie viele Politiker dann wieder zur ›Normalität‹ zurückkehrten und Türken in Deutschland einfach rhetorisch immer wieder als Fremde kennzeichneten. Ohne Hass, ohne Aggression, einfach so, als Tatsache. Und das wird von der Gesellschaft so aufgesogen, nein? Etwa nicht? *Fremd im eigenen Land*, so nannte Henryk M. Broder sein 1979 herausgegebenes Buch über Juden in Deutschland. Der Titel ist irgendwie aktuell geblieben, nein?

In Sachen Erdoğan hast Du mich übrigens missverstanden. Ja, die Medien und die Politik äußern sich ständig, agieren auch. Aber Resolutionen der großen Kulturinstitutionen gegen Erdoğan habe ich nirgends gesehen. Die Empörung hält sich in Grenzen. Man hat sich nicht – wie bei diesem BDS-Manifest – heimlich monatelang getroffen, um ein Papier gegen die Türkei auszuarbeiten. Nix. Man war brav bis auf ein paar Solidaritätsaktionen für Deniz Yücel. Dann kam er frei, alles war gut. Die anderen Deutschen, die immer noch im Knast sitzen – beinahe vergessen. Deniz ist wieder da, für die anderen wird kaum noch Öffentlichkeit geschaffen. Diese unglaubliche Empörungsenergie, die deutsche Intellektuelle aufbringen, wenn man wieder einmal die Meinungsfreiheit (angeblich) verteidigen muss, um mal so richtig böse Dinge über Israel sagen zu können (was man ja ständig macht, indem man ständig behauptet, es sei nicht möglich, über Israel wirklich Böses zu sagen ;-)). Diese Energie wird weder gegenüber der Türkei noch gegenüber Russland oder China, ganz zu schweigen gegenüber Syrien, Iran, Saudi-Arabien, Libyen und, und, und aufgebracht. Und es ist auch ganz klar, warum: Nichts provoziert die Post-Nationalsozialismus-Deutschen mehr als Juden, die sich mit der Waffe wehren und zuschlagen. Ich sag's Dir, das sitzt ganz tief. Erinnert mich an einen alten Witz:

Adolf Hitler schmort in der Hölle. Eines Tages geht er zum Teufel und bettelt, wenigstens für einen Tag noch mal auf die Erde zu dürfen, um sein geliebtes Deutschland zu sehen. Der Teufel sagt Nein. Das gehe nicht, er sei der Schlimmste von allen, da könne er ihm keinen Gefallen tun. Doch Hitler ist ja ein grandioser Redner und Demagoge und überredet den Teufel. Der gewährt ihm genau 24 Stunden auf der Erde. Wenn er auch nur eine Minute später zurückkäme, dann würde er anschließend in der schlimmsten der schlimmen Höllen den Rest seiner Zeit verbringen müssen. Hitler verspricht, rechtzeitig zurück zu sein, und geht. Nur eine Stunde später klopft es an der Höllenpforte. Der Teufel macht auf, Hitler steht da. Der Teufel fragt ihn, was denn los sei. Und Hitler antwortet total frustriert: »Die Welt ist ganz schrecklich geworden, die Deutschen machen Geschäfte und die Juden gewinnen Kriege, da bin ich lieber in der Hölle.«

Aber da steckt noch etwas anderes dahinter. Hinter dieser ›Weltoffenheits‹-Debatte steckt ein ›Raunen‹. Dass es da also eine kleine Gruppe gäbe, die wirkungsmächtig alle Kritik an Israel ahndet. Eine Gruppe, die mächtig ist und Einfluss hat … Und die armen Intellektuellen, die angeblich nichts mehr sagen dürfen, ohne Konsequenzen zu fürchten, in Angst und Schrecken versetzt. Heilige Verschwörungstheorie … Hast Du eine klitzekleine Ahnung, um was für eine ›Gruppe‹ es sich da handeln könnte?

Und warum meine KZ-überlebenden Eltern im Land der Hölle gelandet und geblieben sind – ach, das erzähl ich Dir das nächste Mal. Erinnere mich daran, sonst vergess ich's.

Richard

PS: Warum hast Du eigentlich den Drang, mir gegenüber Deutschland zu verteidigen? Ich habe Deutschland ja nicht aufgegeben. Würde ich sonst hier über dieses Land ständig schreiben? Und mich über dieses Land freuen und ärgern? An dem Tag, an dem ich mich nicht mehr über Deutschland aufregen würde, hätte ich es von mir abgestreift. Wird nie geschehen. Deutschland ist mein Land. Ist einfach so.

PPS: Eine palästinensische Freundin in Jordanien hat heute in ihrer Moschee für meine Mutter gebetet. Das hat mir gutgetan.

MÜNCHEN, 5. JANUAR 2021

Liebe Özlem,

ich war so involviert darin, Dir zu erzählen, wie sich Deutschland nach 1945 entwickelt hat und welche Folgen das bis heute hat, dass ich eine entscheidende Frage nicht gestellt habe. Du beschreibst in Deinem letzten Brief Deine Kindheit und wie sich Deine Eltern abgeplagt haben. Und dann schreibst Du so en passant, wie die Kassiererin bei C&A Deiner Mutter das Wechselgeld vor die Füße schmeißt. Das schreibst Du so kommentarlos. Özlem, sag mal: Wo ist eigentlich Deine Wut?? Alles schön verpackt in der untersten Schublade? Ist da gar nichts? Wird alles wegkompensiert oder wie machst Du das?

Fragt Dich ein wirklich verwunderter und neugieriger

Richard

HAMBURG, 27. JANUAR 2021

Lieber Richard,

sicher hast Du Dich gewundert, warum ich so lange nichts habe von mir hören lassen. Mein Vater hat jetzt jüdische Nachbarn, musst Du wissen.

Er starb an einem Dienstagvormittag vor zwei Wochen. Die Reise nach Deutschland ist für ihn zu Ende gegangen, in Flensburg, auf einem kleinen muslimischen Friedhof, der direkt neben dem jüdischen liegt. Die Muslime haben ein Eisentor am Eingang, in das sie eine Mondsichel hineingesägt haben, ins Tor der Juden einen Stern. Je nach Stand fällt die Sonne erst durch den einen, dann durch den anderen Himmelskörper.

Unsere erste Generation stirbt, Richard. Sie wird hier begraben. Einer der letzten Menschen, die meinem Vater die Hand hielten, war ein freundlicher deutscher Arzt, und trotz alldem gibt es immer noch Gefasel darüber, ob ›wir‹ hierhergehören. Hier einen Platz haben.

Ich war heute in einer Sendung im Deutschlandradio zu Gast, und natürlich ging es um den Holocaustgedenktag. Ich musste an Dich denken, und hab mich gefragt, ob Dir dieser Tag eigentlich etwas bedeutet, ich meine, ob es Dir *wirklich* etwas bedeutet, wenn Bundespräsident und Co. mit dunklen Mienen das »Nie wieder« hochhalten. Charlotte Knobloch hatte gerade vor dem Bundestag gesprochen und dort gesagt: »Ich stehe vor Ihnen – als stolze Deutsche.« Sie fügte später hinzu: Und Jüdin.* Das war sehr berührend. Der Moderator fragte mich dann, ob jüdisches Leben in Deutschland mittlerweile selbstverständlich wäre, und ich sagte, nicht so selbstverständlich, wie es sein sollte. Er meinte dann noch, dass das Land wahrscheinlich immer einen gewissen Anteil an Antisemitismus haben werde. Wahrscheinlich stimmt das, wir werden diese Leute mit durchschleppen und ertragen müssen. Und trotzdem habe ich mich gefragt, wie eine derartige Feststellung bei den Betroffenen ankommt (in diesem Fall bei ›euch‹).

Ich glaube übrigens, dass ich einmal »Knoblauch« statt »Knobloch« gesagt habe. Wir Türken können's halt nicht lassen, sogar alte Jüdinnen müssen wir in Knoblauch tunken. Es ist mir auch nur deshalb passiert, weil ich mich vorher so sehr darauf versteift hatte, bloß nicht »Knoblauch« zu sagen.

* Charlotte Knobloch, Ansprache am 27. Januar 2021 im Deutschen Bundestag.

Ist es nicht irre, wie fragil doch Demokratien erscheinen? Erscheinen sie nur so, oder sind sie es? Diese Bilder aus Washington machen einen fassungslos, natürlich, man konnte den Blick nicht abwenden, Du hast sicher auch den ganzen Abend vor dem Bildschirm verbracht, da bin ich mir sicher. Waffen und Schüsse im Parlament, allein das wird tiefe Wunden reißen, dachte ich die ganze Zeit. Manch Autokrat wird freudig am Champagner-Kelch genippt haben, sofern es ihm seine Religion erlaubt (oder er ihn sich unbeobachtet genehmigen kann).

Und diese Bilder. Männer (zumeist), unrasiert, in Jeans und schweren Schuhen, mit Baseballcaps in diesen würdigen Räumen der Demokratie. Aufgerissene Münder, die etwas von »unserem Haus« brüllen. Der Typ, der grinsend seine Füße auf den schweren Holztisch im Büro von Nancy Pelosi gelegt hat und so schaute, als wäre er jetzt dazu bereit, den Applaus der ganzen Welt dafür zu empfangen. Der Bärtige, ein Nachkomme ›unserer‹ Befreier, mit dem »Auschwitz«-Hoodie. Diese Bilder werden wohl bleiben. Das war ein Punktsieg für die Hater, wenn auch vorerst nur an der symbolischen Front.

Ich mag es ja, wenn Du Witze über Adolf Hitler machst. Hast Du noch mehr? Ich wünsche mir einen Brief NUR mit Adolf-Hitler-Witzen. Das bleibt auch unter uns, versprochen.

Diese verdammte, beschissene Geschichte ›Deiner‹ Pförtner lässt sich auf das ganze Land übertragen. Das ganze Land hat eine verdammte, beschissene Geschichte, Richard. Mein Blick darauf ist ein anderer als Deiner, wie könnte es auch nicht so sein? Ich finde die Zahlen der Verurteilungen, die Du nennst, verstörend gering in Anbetracht des Verbrechens. Aber es würde mir wahrscheinlich auch nicht viel anders gehen, wenn da eine oder zwei Nullen mehr dranhängen würden. Oder drei oder vier. Meine kleine ›Verteidigung‹ Deutschlands sollte nicht bedeuten, dass alle Verbrechen juristisch wie moralisch genug aufgearbeitet worden sind, Auschwitz ist keine ›Moralkeule‹, sondern war ein Vernichtungslager, in dem Menschen aufgrund ihres Jüdischseins fabrikmäßig ermordet wurden, Punkt. Das wurde mir, Tochter eingewanderter Türken, auf einer deutschen Schule beigebracht, von deutschen Lehrern. Und zwar unentwegt. Nazis rauf, Nazis runter. Und – hat es mir geschadet?

Dass ich, Kind von Türken, einfach aufgrund der Entscheidung meiner Eltern, ihre Heimat zu verlassen, die deutsche Geschichte so gelernt habe, wie ich die türkische nie gelernt hätte – wären sie da geblieben, wo sie angeblich nach Meinung einiger hier hingehören –, ist eine dieser komischen Erkenntnisse, die nur Wanderer zwischen den Welten wie wir erlangen können. Wiederum haben wir das, was wir über die deutsche Geschichte in deutschen Schulen gelernt haben, den Verwandten drüben erzählt. Die staunten oft nicht schlecht, andere wiederum fanden es seltsam, sich seiner Geschichte so zu schämen, wie es Deutsche tun.

Es ist keine Frage, ob das Deutschland nach dem Menschheitsverbrechen hätte besser starten können. Du schreibst, es habe eine Legende gegeben: Schuld waren die Führer, man selbst habe ja nicht mitgemacht. Die da oben waren Nazi, man selbst ja nicht. Ich weiß nicht, ob es der Selbstbetrug überhaupt zu einer Legende geschafft hat. Sie hat sich ja nicht durchgesetzt, auch wenn viele mit Sicherheit hart daran gearbeitet haben. Die Verdrängung muss schwer gewesen sein, zwischen all dem Schutt, dem inneren und äußeren. Dem sichtbaren und dem unsichtbaren.

Es gibt ja, und das habe ich auch an meiner deutschen Schule gelernt, genug Untersuchungen darüber, dass eine NS-Vergangenheit oft kein Hindernis für Karrieren (ob in der Justiz oder in anderen Bereichen) oder ein gutes Leben in Deutschland oder woanders war. Sie war ja anscheinend nicht einmal ein Hindernis dafür, einem kleinen Judenjungen kleine Gläser mit Bier zu zapfen, als wenn nie etwas gewesen wäre. Wie absurd. Beim Lesen Deiner Zeilen habe ich mich gefragt, ob Josef Oberhauser denn wusste, dass der kleine Junge, dessen Eltern so gern zum Fischessen kamen, Jude war. Und wann wurde Dir und Deinen Eltern klar, was für eine Vergangenheit er hatte? Erst als Du *Shoah* gesehen hast?

Juden sind als Opfer beliebter denn als wütende, selbstbewusste Angreifer, da hast Du wohl recht. Ich muss bei dieser Frage an diese eine Collage der Likud-Partei denken, ich weiß nicht mehr, zu welcher der vielen Wahlkampagnen der letzten Zeit sie veröffentlicht wurde. Man sieht dort zwei Bilder: oben stehen jüdische Männer in einer Reihe und halten ihre Hände hoch, ein deutscher Soldat steht vor ihnen, es ist das Jahr 1941. Unten sieht man nur einen Kampfjet der israelischen Luftwaffe, 2019. Daneben steht: »Jews put their arms in the air«. Natürlich macht Israel teilweise beschissene Politik, wie Du so schön schriebst, aber das, was dieses Bild zeigt, ist ein Wunder.

Meist finde ich es ein wenig sentimental, aber dann wieder denke ich, eine Legende oder besser ein Gründungsmythos wäre nicht schlecht gewesen für Deutschland. Auf Dauer reichen Schuld, Scham und Verdrängung nicht. Eine Zeit lang dachte ich, es müsste etwas Neues formuliert werden, das alle mit einschließt. Die alten Deutschen, die neuen Deutschen, die anderen neuen Deutschen aus dem Osten, die sich aber für alte Deutsche halten, die ganz neuen, hierher geflüchteten. Aber wer wollte sich nach 2015 noch trauen, etwas im Sinne von »Der Islam gehört zu Deutschland« zu sagen? So was wie »Die Flüchtlinge gehören zu Deutschland«.

Lieber Richard, in meiner Schublade befinden sich nur Büromaterial und Schokolade. Meine Wut verwahre ich eher in einem kleinen Schmuckkästchen auf. Ich hole sie nur noch zu ganz besonderen Anlässen heraus.

Bleib tapfer, ich versuch's auch. Deine Özlem

TEL AVIV, 30. JANUAR 2021

Liebe Özlem,

meine Gedanken sind bei Dir und Deiner Familie. Ich weiß, es gibt keinen Trost, Özlem, aber ich bin bei Dir. Und wenn Du mich brauchst, dann bin ich da, das weißt Du. Ich spüre in Deinem Brief, dass Du im Augenblick zum Tod Deines Vaters nicht allzu viel sagen willst, und das respektiere ich natürlich. Ich mag da auch nicht aufdringlich sein. Du wirst mir erzählen, wenn Du erzählen willst. Ich weiß ja leider, wie das ist, wenn man ein Elternteil verliert. Egal, wie man zu seinem Vater oder seiner Mutter gestanden hat, es ist stets eine existenzielle Erfahrung. Einschneidend. Und man ist mit seinen Gedanken und Gefühlen oft allein. Als Außenstehender kann man nur begleiten. Und wenn Du meine Begleitung brauchst, dann bin ich da.

Ich habe Dir ja schon geschrieben, wie es meiner Mutter geht. Also schlechter und schlechter. Und ich weiß, dass mich jederzeit ein Anruf erreichen kann, dass sie nicht mehr lebt. Ich bin ja nun wieder in Tel Aviv, sitze noch in der Quarantäne nach meinem Flug, so sind die Regeln hier. Zehn Tage. Man macht bei der Ankunft am Flughafen sofort einen Coronatest, dann am neunten Tag erneut einen, und wenn man dann wieder negativ ist, wird man nach dem zehnten Tag entlassen. Morgen fahre ich also zu einem Test-Drive-in und hoffe, am Dienstag wieder auf die Straße zu können … endlich. Und dann werde ich geimpft. Denn hier in Israel funktioniert das ja perfekt, im Gegensatz zu Deutschland. Doch darüber will ich jetzt gar nicht sprechen, sondern über Deinen Vater, meine Mutter, auch über meinen Vater, der schon 43 Jahre tot ist.

Die erste Generation stirbt, schreibst Du. Ja, genau. So ist es. Die Einwanderergeneration. Meine Eltern sind zwar Shoah-überlebende, aber sie waren ja genauso Einwanderer wie Deine Eltern. Ich frage mich, was das Sterben der ersten Generation für Kinder türkischer Eltern in Deutschland bedeutet. Ich weiß, dass für uns Juden mit dem Tod der Eltern auch die letzte Brücke zu einer nicht mehr existierenden Vergangenheit zerstört ist. Ich stelle mir vor, dass Du, zum Beispiel, immer dorthin zurückkannst, woher Deine Eltern kamen. Du kannst dort noch vorfinden, was war. Sicher, die Zeit ist vorangeschritten, es ist nicht mehr identisch mit dem, was Deine Eltern zurückgelassen haben. Aber es ist im Zuge der Zeit einfach immer noch da, hat sich entwickelt. Du kannst dort die Kultur, die Sprache, das Leben Deiner Eltern noch in vielen Formen wiederfinden, denke ich. Oder?

Bei uns ist das anders. Die Welt, aus der meine Eltern und die Eltern aller meiner jüdischen Freunde in Deutschland kamen, sie ist vernichtet. Von den Deutschen und ihren Helfershelfern vernichtet. Unsere Eltern haben uns noch über Erzählungen, über ihre Muttersprachen – in meinem Falle waren das Ungarisch, Jiddisch und Slowakisch – eine Ahnung geben können, wie das alles ›davor‹ war. Vor der Shoah. Sie erzählten von unseren Großeltern, Onkeln und Tanten und Verwandten, von denen fast alle vergast und ermordet wurden. Meine Mutter ist in Budapest groß geworden, geboren aber wurde sie in einer Stadt in Ostungarn, die Sátoraljaújhely heißt. Ein Städtchen, in dem mindestens die Hälfte der Bewohner Juden waren. 1971 war ich das erste und einzige Mal dort. Meine Großmutter, die lange vor dem Krieg gestorben war, liegt dort auf dem jüdischen Friedhof begraben. Wir fuhren mit dem Zug von Budapest dorthin. Mit der Zeit stiegen immer mehr Bauern mit ihren Tieren in den Zug ein, es war für mich kleinen Jungen, der in Deutschland aufwuchs, ganz komisch, Gänse und Hühner und Ziegen mit im Zug zu sehen. Diese Ungarn starrten uns an, sprachen uns an und wussten sofort, dass wir Juden waren. Beschimpften uns, hatten Angst, dass wir zurückgekommen seien, um das, was uns gehört, zurückzufordern. Ich war total erleichtert, als wir endlich ausgestiegen waren. Wir nahmen vom Bahnhof ein Taxi und fuhren zum jüdischen Friedhof. Damals stand der Grabstein meiner Großmutter noch, vorletztes Jahr, als meine Schwester mal hinfuhr, da war der Grabstein bereits umgefallen, sie fand das Grab nicht mehr. Und es ist niemand da, dem man den Auftrag geben kann, sich darum zu kümmern. Es ist niemand mehr da – die Stadt, die einst voller Juden war vor dem Zweiten Weltkrieg, ist ›judenrein‹. Verstehst Du, was ich meine: Ich finde die Welt meiner Eltern nicht mehr. Sie existiert nur noch in Erzählungen.

Und wenn eines wahrscheinlich nicht mehr so fernen Tages auch meine Mutter nicht mehr da ist, dann, ja, dann bin ich irgendwie ›hinausgeworfen‹ in diese Welt, wurzellos. So fühlt es sich an, auch wenn es nicht stimmt. Und was die Heimatstadt meines Vaters angeht, so ist es dort noch schlimmer. In Munkács lebten einst 40 000 Juden. Es gab dort den berühmten Munkácser Rav Chaim Elazar Spira, der von 1913 bis 1937 der Gemeinde vorstand. Es war die größte jüdische Gemeinschaft in der Karpato-Ukraine. Es gab in Munkács 30 Synagogen, ein hebräisches Gymnasium, zahlreiche Yeshivot, linke, rechte und religiöse zionistische Gruppen, es gab jüdische Sozialisten, Kommunisten, antizionistische Orthodoxe, kann man sogar bei Wikipedia nachlesen (die Details, die Zahlen habe ich von dort, auch wenn ich immer wusste, was für ein wichtiges jüdisches Zentrum Munkács war, weil mein Vater und seine Freunde, die von dort waren und überlebt hatten, immer davon erzählten). Dort ist also mein Vater groß geworden. Die Juden damals? Nach Auschwitz deportiert und ermordet. Heute leben dort vielleicht noch ein paar, wenn überhaupt. Nichts ist mehr vom Munkácser Judentum zu finden. Die größte Gemeinde Munkácser Chassidim befindet sich in Brooklyn. Was soll ich dort noch finden, in Munkács, wenn ich denn dorthin führe? Meine Familie: weg. Das Judentum: weg.

Einer der vielen Gründe, warum ich derzeit in Israel lebe, hat mit diesem Bruch zu tun. Ich habe das schon vor 43 Jahren nach dem Tod meines Vaters gespürt. Und jetzt vielleicht noch mehr. Mir ist etwas abhandengekommen, das ich irgendwie wiederzufinden suche. Nicht dasselbe wie einst, das geht nicht, das ist mir klar. Aber irgendwas, auf das man bauen kann. Vor allem, wenn man, wie ich, mittlerweile komplett säkular lebt. Ein Judentum jenseits der Halakha, des Religionsgesetzes. Ich suche die Normalität des Judeseins. Es gibt sie in Israel, in den USA, vielleicht auch noch in Paris und London. Aber ganz sicher nicht in Deutschland. Das Judentum in unserem Heimatland ist nicht ›normal‹. Nichts ist normal in Deutschland. Und die von deutschen Politikern so viel beschworene Renaissance des jüdischen Lebens ist eine hohle, geschichtsignorierende Phrase. Vor dem Krieg, ja, da gab es ein jüdisches Leben in Deutschland. Ein orthodoxes ebenso wie ein säkulares. Es gab einen Rabbi Samson Raphael Hirsch und es gab einen Max Reinhardt, einen Fritz Kortner, einen Alfred Döblin, einen

Ernst Lubitsch … ach, ich könnte endlos so weitermachen. Und was gibt es heute? Zugegeben, nach dem Massenmord kann es in Deutschland nicht mehr dasselbe jüdische Leben geben wie einst. Aber was ist *ein* einziger Maxim Biller gegen all das, was mal war? Was bin ich, zum Beispiel, als ›jüdischer‹ Journalist im Vergleich zu einem Kurt Tucholsky und so vielen anderen Giganten, die es in meinem Metier gab? Damals. Ja sicher, es gibt noch mehr Namen. Und es gibt die, die halakhisch nicht jüdisch sind, die vielleicht einen jüdischen Groß- oder Urgroßvater haben, sich aber jüdisch ›verorten‹ und sich dementsprechend vermarkten. Das geht auch nur in Deutschland, nirgendwo sonst. Weil dort, wo es viele Juden im öffentlichen Leben gibt, es einfach nichts Besonderes mehr ist. In Deutschland aber schon.

Als Kind von Einwanderern musste ich mir die deutsche Kultur ja erst erobern. Sie war nicht mein natürliches Habitat, ebenso wenig wie Deines, auch wenn wir beide hier geboren sind. Es gab die Welt drinnen und die Welt draußen. Ich lernte erst mit der Zeit zu begreifen, dass es in Deutschland ein Judentum gegeben hatte, das sich so fundamental von dem meiner ostjüdischen Eltern unterschied. Kein Chassidismus, aber wohl eine deutsche Orthodoxie, kein Jiddisch, sondern geschliffenes Deutsch, die Kultursprache schlechthin. Einst. Vor den Nazis.

Keine Frage, was ich in Israel finde, ist nicht mehr das Judentum, aus dem ich komme. Aber möglicherweise gibt es hier eine Chance, etwas neu zu definieren, oder gar zu leben? Ein selbstverständliches Judentum, was immer das genau sein mag? Ich weiß es nicht, ganz ehrlich. Israel hat da schon viel erreicht, aber ob das auch wirklich Bestand haben wird, weiß kein Mensch. Es ist ja nach wie vor ein Land im Werden. Ein ›Projekt‹, eigentlich ein ›Start-up‹, visionär, aber unfertig, innovativ, aber noch nicht von Bestand. Das ist das wirklich Verunsichernde: Der Bestand ist noch lange nicht garantiert.

Hast Du es nicht vielleicht leichter? Oder bist Du als ›Deutschländerin‹ auch weit weg vom Erbe Deiner Eltern? Immerhin: Du sprichst mit Deiner Tochter Türkisch. Selbst für meine Schwester, für die Ungarisch wirklich die Muttersprache, die erste Sprache war, ist Deutsch die Sprache, in der sie mit ihren Kindern und Enkelkindern redet (oder muss ich sagen: Schwyzerdütsch, weil sie nun schon seit 54 Jahren in Zürich lebt ...).

Ja sicher, in Israel fehlt mir mein ›deutsches Erbe‹. Da fehlt mir natürlich auch ein fundamental wichtiger Teil meiner Identität. Aber ganz egal, ob ich in Israel lebe oder eines Tages wieder in Deutschland oder sonst wo, meiner deutschen Identität kann ich mich immer vergewissern. Ich schreibe auf Deutsch, arbeite für deutsche Medien. Deutscher geht's nicht. Aber die andere Identität, die finde ich in Deutschland nicht. Ist so. Einfach eine Tatsache. Und das Ghetto-Judentum, das ich in Deutschland kennengelernt habe, das kann ich nach so vielen Jahren in Israel nicht mehr leben. Da hat bei mir ein gewisser Normalisierungsprozess eingesetzt, wofür ich Israel sehr dankbar bin.

Nur ein Beispiel: Am Shabbat kannst du auf den Straßen von Tel Aviv Menschen sehen, die mit ihrem Tallit, ihrem Gebetsschal, in die Synagoge gehen oder von dort kommen. Als nicht religiöser Jude fahre ich im Auto an ihnen vorbei und freue mich, dass sie das tun können, ohne Angst haben zu müssen, angepöbelt oder gar angegriffen zu werden. In Deutschland? No f****** way!!! Oder andersherum: Jeder – auch säkulare Israelis – wünscht sich am Freitag und Samstag »Shabbat Shalom«. Es ist selbstverständlich. Man muss nichts erklären, man lebt im jüdischen Kalender, so wie man in Deutschland im christlichen Kalender lebt. Es ist halt einfach:

normal. Verstehst Du, was ich meine? Für Israelis ist das völlig normal, sie denken über so was nicht nach. Für mich aber, den Diasporajuden, wird das immer etwas Besonderes bleiben. Das gibt es wirklich nur in Israel, nicht einmal in New York.

Aber zurück zum ungarischen Judentum – der Bruch ist da. In der Küche noch nicht. Meine Schwester kann noch all die ungarischen Gerichte. Aber das war's dann fast auch schon.

Ist das für Dich jetzt vielleicht ein Trost, dass Du in der Tradition Deiner Eltern *auch* verbleiben kannst? Neben der deutschen? Oder täusche ich mich? Fühlst Du Dich, trotzdem es bei euch nicht denselben Bruch gab wie bei uns, auch abgeschnitten von der Geschichte Deiner Familie?

Dass Du »Knoblauch« sagst – um mal im Thema zu springen –, ist überhaupt nicht schlimm. Knobloch ist eine jiddischierte Version desselben Wortes. Also, so what … Du weißt ja, Juden bekamen früher Namen, um sie lächerlich zu machen. Knobloch, Rosenfeld, Diamantstein und so weiter. War alles von netten Christen ausgedacht, um Juden dem Spott auszusetzen. Oder sie gaben den Juden Berufsbezeichnungen als Namen, etwa Schneider, wie bei meiner Familie. Oder »Bromfenbrenner«. »Bromfen« heißt auf Jiddisch »Schnaps«.

Ach, da gibt es noch einen netten Hitlerwitz – Du wolltest ja noch einen. Mosche Danielewitsch und seine Frau wollen von Russland nach Deutschland auswandern. Doch sie wollen nicht als Juden erkannt werden, außerdem könnte dort niemand ihren Namen richtig aussprechen, denken sie. Also geht Herr Danielewitsch zur Deutschen Botschaft, um den Namen zu ändern. Das kostet natürlich. Er hat nicht viel Geld, hofft aber, dass es reichen wird. Am Abend kommt er nach Hause. Seine Frau ist ganz aufgeregt: »Nun, wie heißen wir jetzt?« Er: »Gitler.« Sie: »Was? Gitler?? Einen besseren Namen hast du nicht bekommen können???« Er: »Weißt du, was mich allein das ›G‹ gekostet hat?!!«

Holocaustgedenken. Betroffene deutsche Politiker-Gesichter. Die immer gleichen Versatzstücke der immer gleichen Reden … Nach dem Baukastenprinzip. My goodness, wie mich das langweilt. Ich glaub's denen einfach nicht. Dass es auch anders geht, zeigte einst ein Ernst Benda. Er war einmal Bundesinnenminister und später Präsident des Bundesverfassungsgerichts. In der Verjährungsdebatte (für die Mordtaten der Nazis) hatte er 1965 in der Debatte im Bundestag in Bonn eine so kluge wie berührende Rede gehalten, warum die Morde nicht verjähren dürfen. So kann es gehen. Oder auch die Reden von Präsident Roman Herzog. Nein, Richard von Weizsäcker und seine Jahrhundertrede finde ich nicht so toll. Sie war inhaltlich sehr gut. Aber ich glaubte ihm irgendwie nicht. Angesichts der Tatsache, dass er seinen Vater verteidigt hatte (ich meine, als Jurist verteidigt hatte) und dann auch noch das Urteil als »historisch und moralisch ungerecht« verurteilt hatte. Sein Vater war SS-Brigadeführer und an der Deportation französischer Juden nach Auschwitz beteiligt. Ich wusste nicht, inwieweit ich ihm glauben konnte.

Die Rede von Charlotte Knobloch im Bundestag war wunderbar. Berührend. Ich kenne sie, seit ich ein kleiner Junge war, mit ihren Töchtern bin ich mehr oder weniger aufgewachsen. Ich halte sie nicht für die beste Rednerin, bei so manchen ihrer Reden habe ich mich schon mal fremdgeschämt. Aber diese Rede war authentisch. Mutig. Klug. Und ein patriotisches Bekenntnis. In your face, AfD! Wunderbar!! Auch Marina Weisband war prima.

Aber mir tut dieser Gedenktag nichts. Er ist wichtig für Deutschland, das ist mir klar. Aber erstens wird der israelische Holocaustgedenktag Yom HaShoah an einem anderen Datum begangen, Du weißt, da heulen im ganzen Land um 10.00 Uhr am Vormittag die Sirenen und alles, alles, alles steht still. Die Menschen steigen selbst auf der Autobahn aus ihren Autos und verharren zwei Minuten in Stille. Warum kann man das eigentlich nicht auch in Deutschland einführen? Sirenen oder Glocken, oder was auch immer, heulen oder klingeln um 10.00 Uhr im ganzen Land und alle bleiben zwei Minuten in Andacht stehen. Wow. Das wäre was. Noch beeindruckender als die Lichterketten der 90er-Jahre. Aber ich weiß schon: Die meisten Deutschen würden wohl nicht stehen bleiben. Das wäre zu viel verlangt. Kann man nicht durchsetzen. Kann man nicht durchsetzen … Es hat aber mal so etwas für die deutschen Soldaten in russischer Kriegsgefangenschaft gegeben, in den 50er-Jahren, wenn ich mich noch richtig erinnere. So bleibt der Holocaustgedenktag etwas für die Eliten. Der Rest rennt durch den Tag wie immer. Und ist genervt, wenn dann die Meldungen darüber in der *Tagesschau* kommen. »Uff, schon wieder …«, denkt es sich dann wohl häufig, nein?

Und nein, Josef Oberhauser wusste natürlich nicht, dass ich Jude bin. Was er dann getan hätte, der nette Schankkellner mit seiner SS-Vergangenheit? Wenn er es gewusst hätte?

Aber ich komme letztendlich um etwas nicht herum. Ich muss Dich das einfach fragen und werde da immer und immer wieder sticheln und stochern: Wie kann man seine Wut nur in ein Schmuckkästchen legen? Holst Du sie dann ab und zu heraus, wenn Du Dich damit schmücken willst? Wie Ohrringe oder eine Halskette? Darf die niemand sehen? Und warum nicht, wenn dem so ist? Oder hast Du Angst, dass es Deiner Karriere schaden könnte, wenn Du die Wut manchmal rauslassen würdest? Du redest gerne kokett vom Ghetto. Ich würde es so gerne mal sehen. Oder richtiger: Ich würde so gerne haben, dass die anderen das mal sehen! Hast Du *Masel Tov Cocktail* gesehen? Nein? Musst Du. Großartiger Film! 30 Minuten von einem russischen Juden über einen russischen Juden, der keinen Bock mehr hat, der ›brave, liebe Jude‹ in Deutschland zu sein. Und zuschlägt. Einfach zuschlägt. Wunderbar. Der Erste, der sich wirklich traut – auf extrem humorvolle und komische Weise –, die Aggression zu zeigen, die in einem steckt. In jedem von uns. In Dir, in mir, in allen, die zu Minderheiten gehören und sich ihr ganzes Leben mit den Vorurteilen der Mehrheitsgesellschaft arrangieren müssen.

Ich umarme Dich in Deiner Trauer, liebe Özlem. Und ich hoffe, dass die jüdischen Nachbarn auf dem Friedhof zusammen mit den anderen Muslimen um das Grab Deines Vaters herum jetzt miteinander drüben in Frieden und Ruhe sind. Und sich vielleicht auch ein bisschen freuen über unseren Briefwechsel, über unsere Freundschaft.

Richard

HAMBURG, 5. FEBRUAR 2021

Lieber Richard,

sei bloß froh, dass Du in Tel Aviv bist – hier wird schon wieder mit erröteten Wangen darüber debattiert, ob man »Zigeunerschnitzel« sagen darf oder nicht. Irgendjemand hat irgendeine Sendung mit abgehalfterten Promis von vor einigen Monaten aus dem WDR-Archiv gekramt, wo sie recht selbstbewusst und vollkommen frei von Empathie darüber quatschen, ob *sie* nun o. k. finden, das zu sagen. Ob *ihre* Gefühle das aushalten. Dann stimmen sie am Ende noch darüber ab (mit Kärtchen!), was rassistisch ist und was nicht. Sie haben das Z-Wort und das N-Wort so lieb gewonnen, sie wollen einfach nicht darauf verzichten – das muss man doch verstehen! Und vor allem: Das wird man ja wohl noch sagen dürfen!

Nein, darf man nicht.

Danke für Deine Worte, Lieber, ich stelle in diesen Tagen vor allem fest, wie mühsam der Tod ist, besonders dann, wenn man von woanders stammt. Allein die Sterbeurkunde zu bekommen – dafür braucht es zunächst eine Geburtsurkunde. Wir hatten es lange erfolgreich verdrängt, aber die meiner Eltern ist auf Bulgarisch. Sie sind in Bulgarien geboren und aufgewachsen. Mein Vater stammt aus einem türkischen Dorf namens Söğütlü, meine Mutter aus einem Nachbardorf mit dem Namen Uzunlar (das sind die türkischen Namen, die bulgarischen vergesse ich immer). All diese Urkunden des ersten Lebensabschnitts – Geburtsurkunde, Heiratsurkunde, Zeugnisse – sind in Kyrillisch verfasst. Ich musste also die Geburtsurkunde zuerst ins Deutsche übersetzen lassen, aber davor musste ich einen vereidigten Dolmetscher für Bulgarisch-Deutsch finden (ich fand ihn dann seltsamerweise in Bremen).

Und hast Du mal gesehen, wie diese Generation mit Papieren umgeht? Ein Chaos, auch entstanden bei der Auswanderung. Vielleicht auch wegen der Auswanderung. Sie hatten andere Sorgen, als ihre Papiere ordentlich zu halten. Wie oft wir Kinder genervt waren, dass die behördlichen Briefe nie abgeheftet wurden, sondern immer in den Briefumschlägen blieben. Und diese dann wieder als Notizblätter missbraucht wurden!

Manches an diesem Tod ist auch komisch. Meine Mutter will nun umziehen, deshalb haben wir die Wohnung, in der sie seit 35 Jahren lebt (und in der ich groß geworden bin), gekündigt. Ruft der Sachbearbeiter von der Verwaltung an:

- »Haben Sie eine Vollmacht für die Kündigung?«
- »Nein, warum, meine Mutter hat doch selbst unterschrieben.«
- »… aber … das ist doch nicht der Name Ihrer Mutter!«
- »Ähm, doch. Ja, ich weiß, die Unterschrift ist nicht zu entziffern, deshalb steht ihr Name ja noch mal gedruckt darunter.«

Pause.

Es stellte sich dann heraus, dass die Wohnung unter »Frau Topçu« geführt wurde, aber Frau Topçu hatte den Vornamen meines Vaters. Haha, jaja, nein, es reicht, wenn Sie die Sterbeurkunde schicken. Es ist so rührend, wie betroffen alle dann immer sind, wenn sie etwas nicht wissen oder falsch eingetragen oder verstanden haben.

Ich weiß nicht, ob ich »die Welt« meiner Eltern wiederfinde. Ich weiß nicht einmal, wo diese Welt sein soll. Ist sie nicht eher in den kleinen türkischen Dörfern in Bulgarien zu finden? Eher noch als in der Türkei, in Istanbul? Die Türkei wurde ungeplant mehr ein Zwischenstopp auf dem Weg nach Deutschland. Und in der Folge eine Art Sehnsuchtsort, den sie Jahr für Jahr für Jahr aufsuchten, weil der Rest ihrer Familie sich dort niedergelassen hatte. Nahezu alle aus der Familie sind von 1970 an von Bulgarien in die ›Heimat zurückgekehrt‹, mal freiwillig, mal weniger freiwillig. Die ›bulgarischen Türken‹ wurden von der kommunistischen Führung auch gern mal als »Geschwür« bezeichnet. Schließlich waren sie die Nachfahren der osmanischen Unterdrücker. Die Unterdrückung der bulgarischen Türken passierte in Wellenbewegungen, scheint mir. Von der Umarmungstaktik – wir machen euch zu guten, loyalen türkischen Kommunisten! – bis zur Verachtung war alles dabei. Daran musste ich jetzt wieder denken, als ich die Geburtsurkunde meines Vaters sah. Der Nachname war bulgarisiert: Mehmedov Kerimov. Er bestand aus den Vornamen des Vaters und des Großvaters, aber natürlich wurde da eine bulgarische Endung drangeklatscht.

Immerhin, zu dieser Zeit waren die Namen noch als türkische oder muslimische erkennbar. Mehmet, Kerim. Später wurde es repressiver, Türken bekamen bulgarische Namen, mussten auch ihren Kindern bulgarische Namen geben. Meine Großmutter erzählte mir einmal, wie ihr bulgarische Polizisten die Pluderhosen abschnitten, oder ein Busfahrer sie nicht mitnahm, wegen ihres Kopftuchs.

Meine Verbindung zur Türkei hat in Wahrheit nicht sehr viel mit meinen Eltern zu tun, wenn ich recht überlege. Ich habe viel mehr mit diesem Land zu tun als sie. Ich kenne es mittlerweile viel besser, ich kenne es auch anders. Insofern, ja, ich kann dahin zurück, woher meine Eltern kamen. Aber wenn damit Bulgarien gemeint ist – da erwartet mich nichts, ich habe zu diesem Land keinerlei Verbindungen, ich spreche die Sprache nicht. Wenn damit die Türkei gemeint ist – dort habe ich mittlerweile mehr Vergangenheit, als meine Eltern jemals sammeln konnten.

Die Anziehungskraft dieses Landes auf mich ist in den vergangenen Jahren auch größer geworden, trotz (oder wegen?) der politischen Entwicklungen. Die lassen mich auch daran zweifeln, ob ich tatsächlich ›immer‹ dorthin kann.

Wenn mir das nächste Mal einer sagt: »Geh zurück, wo du hergekommen bist!«, dann sollte ich vielleicht einmal nachfragen: O. k., werter Herr (sind meistens Männer), wohin denn, Sie hätten die freie Auswahl: 1. Flensburg, 2. Türkei, 3. Bulgarien.

Oder ich sag einfach: Sie haben die freie Wahl, aber machen Sie sich nichts vor – da, wo wir angeblich ›herkommen‹, da wollen sie uns doch auch nicht!

Ich schrieb ja gerade, dass das kommunistische Bulgarien mal mehr, mal weniger repressiv gegenüber der türkischen Minderheit war. 1989, dem Jahr der Wende, wurden die Türken aufgefordert, ›freiwillig‹ das Land zu verlassen. Es kam einem Rausschmiss gleich. In dem Sommer sind wir, wie jedes Mal, mit dem Auto in die Türkei gefahren. Ich war erst zwölf, aber ich kann mich noch sehr gut daran erinnern, wie bitter meine Mutter am Grenzübergang in Edirne beim Anblick der kilometerlangen Schlangen von Autos und Lastwagen in Tränen ausbrach. Unzählige hatten ihr Hab und Gut eingepackt und sich auf den Weg in die ›alte Heimat‹ gemacht. Diese wiederum war heillos überfordert mit den Brüdern und Schwestern aus dem Nachbarland. Was sollte sie mit ihnen anstellen? Sie sprachen kein gutes Türkisch, sondern eines mit einem typischen Akzent der bulgarischen Türken. Ihre Schulabschlüsse oder Ausbildungen, wenn sie welche hatten, wurden nicht unbedingt anerkannt. Meine Mutter, die in Bulgarien noch als junge Frau in einer Bank gearbeitet hatte, suchte später in der Türkei auch eine Stelle in der Bank. Der Direktor habe ihr nur gesagt: »Kindchen, komm wieder, wenn du dein Türkisch aufgebessert hast.« Man wollte diesen Akzent nicht. Funfact: Den wurde sie später erst los – in Deutschland, als sie mit türkischen Kolleginnen in der Fabrik zusammenkam, die nicht aus Bulgarien oder dem ehemaligen Jugoslawien stammten. Und die Hochtürkisch sprachen.

Stellst Du Dir eigentlich auch manchmal vor, was aus Dir

geworden wäre, wenn Du ›im Land Deiner Eltern‹ aufgewachsen wärst? Gut, in Deinem Fall müsste man jetzt entscheiden, welches das gewesen wäre, aber sagen wir: Ungarn oder Israel? Manchmal reden wir in der Verwandtschaft darüber, wie wir ›Deutschländer‹-Kinder uns entwickelt hätten, wären wir in der Türkei groß geworden; das kommt vor allem dann zur Sprache, wenn es Streit gibt, etwa über Politik oder Mentalität. Die Türkei-Türken sind dann immer so überheblich und werfen uns Naivität vor – »Ihr habt gut reden, ihr lebt ja nicht hier!«. Während der Gezi-Proteste – mein erster richtiger beruflicher Einsatz drüben – sagte ich zu meiner Tante: »Wenn ich hier aufgewachsen wäre, ihr hättet mich wahrscheinlich jedes Wochenende von irgendeinem Polizeirevier einsammeln müssen, weil ich mit demonstriert hätte.« Ich werde nie den Blick meiner Tante vergessen. Sie hob eine Augenbraue, als wollte sie sagen: Schätzchen, wenn du hier aufgewachsen wärst, dann würdest du nicht so locker von Polizeirevieren reden, dann würdest du zusehen, dass du nie eines von innen siehst.

Wer weiß, vielleicht hat sie recht. Vielleicht hätte ich viel zu sehr damit zu tun, den Aufnahmetest für einen Platz an der Uni zu bestehen, einen Nebenjob zu finden, weil das Geld nicht reicht. Vielleicht hätte ich der Politik und der Führung des Landes schon lange den Rücken zugedreht, wie so viele Junge. Ich habe in den vergangenen Tagen mit einem Studenten von der Boğaziçi-Uni gesprochen, Du weißt ja, dass sie dort seit Wochen gegen einen neuen Rektor von des Präsidenten Gnaden demonstrieren; das ist eine Generation, die die Politik verachtet. Die sind für die Politik für lange Zeit verloren, glaube ich.

Aber was Dich bewegt, ist etwas vollkommen anderes. »Ich finde die Welt meiner Eltern nicht mehr« ist einer der traurigsten Sätze, die ich je gehört habe. Die Welt Deiner Eltern ist zerstört, sie wurde zerstört, ja. Aber würde es Dir wirklich etwas bedeuten, wenn am 27. Januar oder wann auch immer in Deutschland die Sirenen heulen und alle in Stille stehen bleiben würden? Und würdest Du ihnen die Andacht dann abnehmen? Würdest Du die ernsten Gesichter für authentisch halten? Ich glaube nicht. Aber vielleicht irre ich mich.

Interessant übrigens, dass der Yom HaShoah genau so begangen wird wie der Todestag von Atatürk. Jeden 10. November um 9.05 Uhr morgens hört man die Sirenen, die Menschen bleiben stehen, egal, wo sie sind (Autobahn, same here), und verharren in stillem Gedenken. Ich finde, auch ein Atatürk hätte es verdient, allein schon aus Respekt, für seine Politik nicht nur gelobt, sondern auch kritisiert zu werden, und ich hoffe, dieses Land ist irgendwann dazu in der Lage, ohne dass die eine Seite der anderen gleich Verrat und Beleidigung am Türkentum vorwirft. Und dennoch ist das immer ein schöner Moment, irgendwie. Stille ist ja ein seltenes Gut in unseren anderen Ländern, nicht wahr?

Ich entziehe mich jetzt vorerst Deiner Neugier auf meine Wut und ignoriere mal die Spitze in der Frage, ob ich sie wegen der ›Karriere‹ quasi verstecke. Du musst das so sehen: Ich finde sie einfach mittlerweile zu wertvoll, um sie täglich sichtbar vor mir herzutragen.

Ein anderes Mal, versprochen, mein Freund. Aber wenn Du mir noch öfter Angeberfotos vom Tel Aviver Strand schickst, zeige ich sie Dir bald.

Auf bald, Habibi.

TEL AVIV, 12. FEBRUAR 2021

Ma chère,

damit da keine falschen Interpretationen aufkommen: Meine Nachfrage bezüglich Wut und Karriere war keine Spitze. Ich kenne das ja auch. Wann macht man den Mund auf, wenn im Arbeitsumfeld Antisemitismus hochkommt? Und ich kann Dir sagen: Die Wut kam und kommt ziemlich oft, immer öfter hoch.

Rassismus in den Redaktionen habe ich weniger erlebt, ganz einfach, weil früher noch nicht so viele ›Türken‹, ›Schwarze‹ oder andere ›Minoritäten‹ in Redaktionen arbeiteten wie heute. Also Antisemitismus. Habe ich manchmal den Mund gehalten, um kein großes Fass aufzumachen? Ja, habe ich. Doch je älter ich geworden bin, desto seltener. Eigentlich ist es ja umgekehrt. Wenn man jung ist, ist man ungestümer. Aber wenn es um Antisemitismus geht, bin ich inzwischen extrem dünnhäutig geworden. Habe auch keine Lust mehr, das ›aushalten‹ zu müssen. Da haben mir die vielen Jahre in Israel sehr geholfen. Denn in Israel bekommt man dieses Selbstbewusstsein, dem Nichtjuden zu sagen: »Du kannst mich mal!«, wenn er was gegen Juden äußert. Es ist immer eine Gratwanderung: wo hält man lieber die Klappe, weil es sich nicht lohnt? Wo muss man den Mund aufmachen, weil man es nicht weiter hören will? Und wo und wann schlägt man auf den Tisch, weil es schlicht: reicht? Weil es grundsätzlich und prinzipiell einfach reicht. Weil es nicht mehr zu ertragen ist. Weil manche ›Kartoffeln‹, wie Du ethnische Deutsche gerne nennst, es ein für alle Mal kapieren müssen, dass sie keine ›Herrenmenschen‹ sind, nur weil sie Bleichgesichter sind oder ein Kreuz um den Hals tragen.

Deine Beschreibung des Backgrounds Deiner Familie hat mich sehr berührt. Ich habe nachgedacht, warum das so ist. Und ich habe auch eine Antwort gefunden. Du bist so weit weg von der Lebenswirklichkeit Deiner Eltern groß geworden, so deutsch sozialisiert. Wie ich ja auch. Auch wenn die Geschichte meiner Eltern ganz anders ist als die der Deinen, so ist offensichtlich doch auch bei Dir eine große Distanz da, eine gewisse ›Unerreichbarkeit‹. Und daher ist das Terrain, auf dem wir uns treffen, sind die Briefe, die wir uns hier schreiben, so ›deutsch‹, im besten Sinne. Die gemeinsame Sprache. Die Kultur, die wir teilen. Zwei Produkte dieses Landes, wenngleich aber auch ganz anders. Das hat was Schönes. Weil unsere Eltern Migranten waren, können wir heute befreundet sein. Stell Dir vor, Du wärest wirklich in Bulgarien oder in der Türkei geboren und aufgewachsen und ich in Ungarn. Wir hätten uns dann nie getroffen. Und wenn doch, dann könnten wir heute möglicherweise nur auf Englisch korrespondieren. Nicht in unseren Muttersprachen. Oder Du würdest mir türkisch schreiben, ich Dir ungarisch antworten. Und wir bräuchten dann Google Translate, um zu erahnen, was der andere sagt und sagen will. Können wir ja mal machen. Du schreibst auf Türkisch, ich auf Ungarisch. Wäre lustig, was dabei rauskäme. Wir würden uns wohl fremd sein. So aber hilft die gemeinsame Sprache, das jeweilige Erleben des ›Anderen‹ leichter nachzuvollziehen. Wie Du über Deine Eltern in Bulgarien und der Türkei schreibst … das ist ›deutsch‹. Verstehst Du, wie ich das meine?

Die Aufgeregtheit über die Sendung habe ich auf Clubhouse mitbekommen. War da drin, seit es die App in Deutschland gab. Fand das am Anfang ziemlich aufregend, inzwischen bin ich ein wenig angeödet und verabschiede mich auch schon wieder daraus. Immer dieselben Diskussionen, so eine Medienblase im Augenblick. Und da gab es dann auch die Räume, wo man sich über diese Sendung echauffierte. Nur People of Color, wie das heute so schön heißt. Natürlich viele mit türkischem Background, wie die Namen verrieten. GANZ GROSSE AUFREGUNG! Als ob gerade der Dritte Weltkrieg ausgebrochen sei. Klar, was da gesagt wurde, ist unsäglich und unerträglich. Aber diese Erregungsdebatten, wie sie mittlerweile in den sozialen Medien üblich geworden sind, haben einen großen Nachteil: Der Mangel an Verhältnismäßigkeit. Wie will man sich erregen, wenn's so richtig schlimm wird? Das ständige Hyperventilieren tut dem eigentlichen Anliegen nicht gut. Micky Beisenherz? Pfffff. Thomas Gottschalk? Noch mehr pffffffffffff ... Worüber wundert man sich denn? Wir Juden gehen immer erst einmal davon aus, dass das Gegenüber antisemitisch ist, oder zumindest sein könnte. Und sind dann angenehm überrascht, wenn's nicht so ist. Damit erspart man sich viel Schmerz und Leid und läuft auch einigermaßen entspannt durchs Leben.

Also wie gesagt, ständige Erregung auf Clubhouse. Und dann stolpere ich eines Abends in einen Raum, da geht es um Rassismus in der deutschen Polizei. Und wieder: Nur »Kanaken«, wie sie sich selbst nannten, die da reden, und zum Teil auch wirklich schreckliche Dinge erzählten. Und dann meldete ich mich. Und fragte die Moderatoren, warum eigentlich bei diesem Panel keine Juden dabei sind. Ob wir denn nicht auch mit antisemitischen und rechtsextremen Strömungen bei der Polizei konfrontiert seien. Ratlosigkeit und Verlegenheit. Ja, müsste man tun ... aber ... ja ... man habe da so keine Kontakte und überhaupt ... ja ... nein ... eigentlich gerne ... »Wir kommen auf dich zu, ja?« »Ja, gerne« – kam natürlich niemand auf mich zu, logo.

Ich glaube, dass da auch etwas Sektiererisches mit dabei ist. Und – wie leider immer wieder bei so manchen Muslimen –

Hass und Widerstand gegenüber Juden. Wegen Israel. In diesen Runden fallen auch immer wieder ekelhafte Sätze über Israel, völlig unreflektiert, ganz egal, ob das auch wahr ist, was gesagt wird. Diejenigen, die diese Clubhouse-Räume moderieren (überwiegend Frauen), alle gebildet, teilweise auch bei den Grünen politisch engagiert, sagen nichts, fragen nichts, stellen nichts richtig. Hm.

Vor drei Jahren hatte mich Katharina von Schnurbein nach Florenz zu einer Tagung eingeladen. Sie ist die Antisemitismusbeauftragte der Europäischen Kommission. Wir waren Juden, Muslime, Christen aus ganz Europa. Sprachen über Möglichkeiten der Zusammenarbeit, über die Lage in den jeweiligen Ländern. Besonders beeindruckt hatte mich ein Stadtteilprojekt in den Niederlanden. Eine holländische Jüdin und ein holländischer Muslim, der noch in Marokko geboren war, brachten jüdische und muslimische Jugendliche zusammen und versuchten, ihnen klarzumachen, dass sie sich für ihre (gemeinsame) Stadt, für ihr Stadtviertel engagieren sollten. Dass die Missstände, die es da gab, alle angehen. Dass sie den israelisch-palästinensischen Konflikt nicht in Holland austragen sollten. Denn sie seien alle niederländische Staatsbürger. Nicht Israelis, nicht Palästinenser, nicht sonst etwas, sondern: Holländer. Das Projekt schien sehr gut zu laufen.

So etwas würde ich mir auch in Deutschland wünschen. Es gibt in diese Richtung viel zu wenig. Aber die Wahrnehmung des eigenen Antisemitismus/Antizionismus ist auf der ›muslimischen‹ Seite nicht immer, wie soll ich sagen, ›ausgeprägt‹. Eine der Moderatorinnen, die Kabarettistin Idil Baydar, soll dann auch prompt in einer anderen Diskussion eine ziemliche Bombe platzen haben lassen (ich war da nicht drin, aber es wurde ja rauf und runter darüber berichtet). Bei einer Diskussion auf Clubhouse mit einer Szenegröße des Berliner Clan-Milieus soll Baydar dort dem schrecklichen Vergleich eines

Teilnehmers zwischen der Judenverfolgung im Dritten Reich und der Art und Weise, wie in Deutschland gegen die Clans vorgegangen werde, zugestimmt haben. Peng!

Ergebnis: Sie musste sich entschuldigen, schrieb dazu auf Facebook etwas, machte dann einen Diskussionsabend auf Clubhouse, wo sie einen auf pseudo-reumütig machte, aber dann auch gleich wieder angriffslustig wurde (da war ich wieder dabei). Aber das Beste war – Hilfe! –, Baydar erklärte, dass die Tante von Max Czollek ihr verziehen habe. Nach Wikipedia ist Leah Carola Czollek eine »deutsche Autorin, Mediatorin und Trainerin« mit den Schwerpunkten »Social Justice und diskriminierungskritisches Diversity sowie u. a. Klassismus, Rassismus, Antisemitismus, Ableismus, Ost/West, Altersdiskriminierung/Adultismus, Sexismus sowie Perspektivenverschiebung und Empowermentstrategien«*. Na, und sie hat einen jüdischen Vater. Das ist in diesem Zusammenhang witzig, weil für Idil Baydar Leah Carola Czollek der totale ›Kosher-Stempel‹ ist. Yeah! Egal, was alle anderen Juden und Nichtjuden denken mögen – die Tante von Max Czollek hat ihr verziehen, damit ist doch alles prima. Und schuld sind eh ›jene‹, also die Mehrheitsgesellschaft, die so wahnsinnig böse mit PoC umgehen. Das kam dann bei dieser ›Entschuldigungsrunde‹ auch noch irgendwie raus als Ergebnis. Und, ach ja, »man muss verzeihen können!«. Aha. Muss man?

Wie irre ist das denn eigentlich? Saba, eine muslimische Bekannte, die in Frankfurt an der Anne-Frank-Bildungsstätte arbeitet, meinte nur, dass das doch nur in einer »Blase« stattfinde, dass es durchaus kritische Muslime gäbe, die das gar nicht gut finden, was Baydar da gemacht habe. Ja, gewiss. Aber anders als Saba fürchte ich, dass sich das nicht in einer kleinen

* Eintrag zu »Leah Carola Czollek«, *Wikipedia*. https://de.wikipedia.org/wiki/Leah_Carola_Czollek (22. Oktober 2021).

Blase eindämmen lässt. Dass diese Dinge rausgetragen werden, multipliziert werden …

Und warum ärgert mich das so sehr, wenn's so wäre? Weil ich mich frage, ob wir Juden am Ende immer allein kämpfen müssen. Und weil es so dumm ist, gerade in diesen schwierigen politischen Zeiten, sich in Gruppen zerteilen zu lassen. Antisemitismus und Rassismus sind nicht das Gleiche, aber die Folgen können es sein. Und je geschlossener wir auftreten, desto besser. Weißt Du, wenn es in Deutschland zu Anschlägen oder Angriffen gegen Muslime kommt, dann verurteilt der Zentralrat der Juden das immer aufs Schärfste. Jossi Schuster war auch am Abend in Hanau sofort da, um seine Solidarität mit den Opfern zu bekunden. Auch der Zentralrat der Muslime erklärte sich mit den Juden nach dem Anschlag in Halle solidarisch. Aber Du weißt ja, dass der muslimische ZR nicht für alle Muslime in Deutschland spricht. Warum äußern sich andere Organisationen nicht? Oder zu wenig? Kann das überhaupt funktionieren? Oder sitzt der Hass so tief, dass man nicht begreifen will, dass wir in Deutschland eigentlich in einem Boot sitzen?

Ich merke ja auch in meinem Umfeld – im nichtjüdischen, deutschen Umfeld –, dass sie den Briefwechsel zwischen einer Muslima und einem Juden sehr »exotisch« und »spannend« finden, Worte, die man gerne benutzt, wenn man nicht weiß, wie man seine Unsicherheit und sein Befremden verstecken soll. Wenn ich meinen israelischen Freunden erzähle, dass ich mit Dir korrespondiere, dann werde ich nur gefragt, warum ich DIR, also der Person Özlem Topçu, schreibe. Dass Deine Familie türkisch ist, dass Du Muslima bist, ist für sie nichts Besonderes. Die Frage ist hier, was für ein Mensch diese Özlem ist, dass ich mit ihr in Briefkontakt bin.

Dass Atatürk genau so gedacht wird wie der Shoah-Opfer ist interessant. Aber gibt es nicht diese ›Legende‹, Atatürk sei Jude? Noch so ein Quatsch, der gerne verbreitet wird, nicht wahr?

Hibukim, yedida sheli

r.

HAMBURG, 17. FEBRUAR 2021

Ach Richard,

Du bist ja ein noch schlimmerer Verdrängungskünstler als ich. In meinem letzten Brief habe ich Dich gefragt, ob es Dir wirklich etwas bedeuten würde, wenn am Holocaustgedenktag in Deutschland die Sirenen heulen und alle stehen bleiben und gedenken würden. Und, vor allem: ob Du ihnen diese Andacht abnehmen würdest.

Aber anstatt mir darauf zu antworten, verlegst Du Dich in Deinem letzten Brief auf die Migranten, auf die Muslime, die ihren eigenen Antisemitismus oft nicht richtig wahrnehmen (was stimmt).

O. k., dann sag ich es noch einmal deutlicher: Ich glaube weder, dass Du den Deutschen jemals verzeihen, noch, ihnen über den Weg trauen wirst, noch, dass sie es Dir jemals werden recht machen können. Nicht die Politiker, die ihre ernsten Gesichter am 27. Januar rausholen. Nicht die Leute, die an dem Tag die Stolpersteine polieren (oder, wie ich es dieses Jahr in Hamburg wieder gesehen habe, Grabkerzen danebenstellen). Deine Wunden sind zu verkrustet. Wird das je verheilen?

Aber gut, Deutschland verlegt sich ja auch hin und wieder lieber auf den muslimischen oder migrantischen Antisemitismus, als gäb's keinen mehr in Deutschland, also machen wir das gern auch. Der ›importierte‹ Antisemitismus. Müssen die überhaupt ihren eigenen einführen? Als ob der, der bereits da ist, nicht für alle reichte!

Zurück zum Ernst, wir sind ja nicht zum Spaß hier, wie mein Freund Deniz Yücel manchmal zu sagen pflegt. Neulich hat mich ein Gesprächspartner über WhatsApp angeschrieben, ein Hamburger Kurde. Er hätte da mal eine Frage, aber ich müsse nicht darauf antworten. »Ist Antizionismus mit Antisemitismus gleichzusetzen? *DIE ZEIT* hat mich auf der Kommentarfunktion ausgesperrt. Weil ich gegen den Zionismus gewettert habe und immer wieder betont habe, dass ich gegen Antisemitismus bin und jegliche Form von Rassismus ablehne.«

Man hat ja in so einem Moment zwei Optionen: Ein Proseminar geben – oder rigoros ignorieren. Denn wenn du dich erst einmal auf eine Diskussion einlässt, dann lassen sie dich nicht mehr in Ruhe, schließlich hat man von sich selbst das Bild, solidarisch mit den Palästinensern und gleichzeitig ein Opfer von Rassismus und ein Antirassist zu sein, wie könnte man da als Antisemit durchgehen? Geht ja eigentlich gar nicht.

Ich habe einen Mittelweg eingeschlagen, zumindest war das meine Absicht. Ich schickte ihm einen Link zu einem Artikel auf der Seite der Bundeszentrale für politische Bildung mit der Überschrift: »Antizionistischer Antisemitismus«, und als besondere Dienstleistung suchte ich ihm auch noch eine Stelle in dem Text heraus, die auf ihn zugeschnitten war, wie ich fand. Es ging da um die »Israel-Feinde … im arabischen Raum: Hier wird vielfach die Auffassung propagiert, man sei kein Antisemit, sondern nur Antizionist. Unbeantwortet bleibt bei entsprechenden Positionierungen aber die Frage, wie die von diesen Kreisen geforderte Auflösung oder Zerschlagung des Staates Israel nicht mit einer Diskriminierung von Juden einhergehen sollte.«*

Der Stil der Bundeszentrale hat mich amüsiert. Ich meine, in dieser Textstelle auch einen Hauch von Ungeduld zu erkennen (… von diesen Kreisen … unbeantwortet bleibt …). Diese ergriff aber mich, weil der große Antirassist dann leider in einer Fülle von Nachrichten plötzlich anfing, mich davon überzeugen zu wollen, dass die beiden Phänomene ja wohl nichts miteinander zu tun hätten. Seine Zeugen waren dafür u. a. Orthodoxe, die den Zionismus ablehnen. Um dies zu belegen, schickte er mir einen Artikel von Henryk M. Broder. Auch das war amüsant. Ich schrieb dann aber ablamäßig, dass diese Sache für mich nicht verhandelbar sei und ich darüber nicht diskutieren werde. Er schrieb dann zurück, dass er immer besser verstehe, was los sei: Der Zionismus missbrauche den Antisemitismus für seine Zwecke.

Nun muss man sich in einer Einwanderungsgesellschaft darüber klar werden, dass man viel dafür tun muss, um alle bei der Erinnerung mitzunehmen. Oder meinetwegen mitzuschleifen. Man braucht bei Einwanderern und ihren Kindern andere Instrumente als vielleicht bei Alteingesessenen (und nicht einmal bei denen klappt das mit der Erinnerung immer super, wie wir wissen). Nicht alle teilen dieselbe Art der Erinnerung ans Geschehene; Kinder aus Familien wie der des Nachrichtenschreibers bringen andere Erinnerungen und Erfahrungen mit (und bitte, Richard: Mach Dir nichts vor – Antisemitismus höre und sehe ich auch bei Leuten mit einer Geschichte aus der Region, die säkular bis in die Knochen sind). Übrigens würde ich hier die neuen Deutschen aus dem Osten

* Armin Pfahl-Traughber (28.11.2006), »Antizionistischer Antisemitismus«, *bpb.* https://www.bpb.de/politik/extremismus/antisemitismus/37954/antizionistischer-antisemitismus (14. Oktober 2021).

mitzählen. Egal wie, am Ende muss trotz allem eine deutsche Erinnerung dabei rauskommen. Doch da sind wir noch lange nicht.

Die Vorstellung allerdings, diese Form des Antisemitismus sei importiert, aus dem Nahen Osten oder dem ganz Nahen Osten, trügt meines Erachtens. Wenn wir über die Nachkommen von Einwanderern sprechen, von den hier geborenen Kindern, dann sprechen wir von Deutschen. Das ist dann ein deutsches Problem, nicht allein einfach nur der Antisemitismus der anderen.

Übrigens gibt es in Deutschland ein Projekt, das so ähnlich funktioniert wie jenes in Holland, das Du erwähnst. Ich schrieb darüber einmal, das dürfte zehn Jahre her sein, es heißt Kreuzberger Initiative gegen Antisemitismus. Ein linker Türke, der erst im recht späten Alter nach Deutschland eingewandert ist, hat das Projekt ins Leben gerufen, weil ihn der Judenhass unter arabischen und türkischen Jugendlichen so geschockt hatte. Die KIgA macht Fortbildungsprogramme für Lehrer, geht an Schulen, wo beispielsweise junge Muslime Altersgenossen über antisemitische Vorurteile informieren. Früher sind die Macher auch mit einer Gruppe von Schülern aus Berlin nach Israel gereist und haben Holocaustüberlebende getroffen. Darunter palästinensischstämmige Jugendliche, die noch nie in der Region waren, noch nie in der Heimat ihrer Eltern, aber meinten, alles zu wissen. Und dann in Tränen ausgebrochen sind, als die Überlebenden erzählten. Es gibt einen Film über eine dieser Reisen.

Mir sind Schocktherapien ja manchmal sympathisch. Hält der Schock an? Bringen Begegnungen etwas? Ich weiß es nicht. Aber zumindest wird so eine Chance dafür geschaffen.

Doch für so etwas interessiert sich wieder kaum jemand. Jene, die nichts sagen, nicht klar genug verurteilen, werden in der Öffentlichkeit intensiv wahrgenommen, während jene, die sich den Hintern aufreißen dafür, dass dieser Laden hier nicht auseinanderkracht, nicht gehört werden. Wie kann das sein?

Kürzlich traf ich einen Bekannten, der hier in Hamburg im Moscheeverein aktiv ist, er erinnerte mich behutsam an ein Versprechen, das ich ihm vor langer Zeit (also vor Corona) gegeben hatte, nämlich, ihm für eine Veranstaltung zur Verfügung zu stehen. Es gibt ein Netzwerk von muslimischen Akademikern, das zu Diskussionen und Lesungen zusammenkommt, Max Czollek (schon wieder!) war da etwa schon einmal und hat im Gebetsraum einer großen Moschee aus seinem Buch *Desintegriert euch!* gelesen. Wegen Corona könne ich doch bald einmal per Video vorbeikommen, sagte der Bekannte. Ich schlug ihm vor, dass er uns doch beide einladen könnte, Dich und mich. Das sei doch viel interessanter als ich allein, habe ich behauptet. Schau, der Czollek ist da auch heil wieder rausgekommen. Mein Bekannter sagte, er werde bald auf mich zukommen.

Kommste mit? Kannst auch ein paar Adolfwitze erzählen.

Sei umarmt, Özlem

TEL AVIV, 22. FEBRUAR 2021

Hey, Özlem,

bist Du jetzt meine Psychotherapeutin geworden? Aber wahrscheinlich sind wir das beide füreinander in diesem Austausch, sozusagen Patient und Therapeut, beziehungsweise Patientin und Therapeutin in einem (bist Du stolz auf mich, dass ich so schön gendere?).

Habe ich Deine Frage verdrängt? Nein, habe ich nicht. Ich halte es nur nicht für entscheidend, ob es mir etwas bedeuten, ob ich es ›den Deutschen‹ abnehmen würde. Meine eigenen Gefühle sind da wirklich unerheblich. Denn meine Wunden sind nicht verkrustet, wie Du schreibst: Sie, diese *eine* Wunde, sie ist offen. Die wird nie heilen.

Es ist nicht entscheidend, was ich dabei empfinden würde. Es ist nicht einmal wichtig, was Juden dabei empfinden würden. Es geht nicht um die Juden. Es geht um Deutschland und wie es mit seiner Geschichte umgeht. Zwei Minuten Stillstehen im ganzen Land, im Gedenken an die Opfer des Holocaust. Was die meisten dabei denken werden? Na … bei vielen kann man sich das vorstellen. Und es wird welche geben, die das boykottieren werden. Aber die sind dann erkennbar. Das wäre doch was. Einfach zwei Minuten stillstehen. Das ganze Land. Am 27. Januar. Von 10.00 Uhr bis 10.02 Uhr.

Ich fände das großartig. Noch großartiger fände ich, den ganzen Prozess bis dahin zu sehen. Die Diskussionen im Bundestag, in den Talkshowrunden, in den Feuilletons, den Op-Ed-Seiten der einschlägigen Blätter. Und ich sage Dir: Es würde wahrscheinlich nicht durchgesetzt werden können. Ich höre schon die Argumente: Ja, dann müsste man doch auch eine Gedenkminute für Sinti und Roma und LGBTQ und wen auch immer machen … Und wo kämen wir da hin, wir sind ja heute nicht mehr schuld. Und, und, und …

Ich hätte mein diebisches Vergnügen daran, das alles filmisch zu dokumentieren. Und der Film würde dann enden mit Straßenszenen vom nächsten 27. Januar, 10.00 Uhr – da würde es dann in der einen oder anderen Stadt, wenn das nicht per Gesetz festgelegt wäre (und so würde es wohl kommen), ein paar Bürgerinitiativen geben, die das trotzdem machen. Und in anderen Städten würden die nationalpatriotischen Kräfte aufmarschieren oder was auch immer. Da wäre was los …

Ach … und gleichzeitig bin ich dieser Gedenkkultur so müde. Denn ich glaube nicht mehr an sie. Und jetzt kommt auch noch dieses Festjahr »1700 Jahre jüdisches Leben in Deutschland« auf uns zu. Gestern gab es die ersten TV-Sendungen dazu. Komm, lass uns eine Wette abschließen: Wie oft werden wir bei solchen Filmen in diesem Jahr dieses verdammte Klezmer-Gedöns hören, das nichtjüdische Deutsche so lieben, das aber mit uns Juden in Deutschland so gar nichts zu tun hat?

Niemand wird jemals John Zorn/Marc Ribot als Musik unterlegen, mit ihrem wunderbaren Konzeptalbum *Yo! I Killed Your God*, Avantgarde-Jazz aus den 90er-Jahren. Kennt in Deutschland keine Sau, klaro. Wieso auch? Wir lieben doch KLEZZZZZZZZZMER. Uff …

Ich habe heute keinen guten Tag. In Israel sind alle Strände seit gestern gesperrt worden. Eine entsetzliche Umweltkatastrophe ist über das Meer hereingebrochen. Irgendwo draußen, etwa 170 km vor Israel, muss irgendeinem Tanker Öl ausgelaufen sein. Man weiß bislang nicht, um welches Schiff es sich handelt. Das Ergebnis: Die gesamte Fauna und Flora an der Küste droht zu sterben. Überall liegen bereits tote Fische, tote Schildkröten herum, alle voller Teer. Auch die Strände sind voller Teer. Es wird Jahre dauern, bis das alles wieder sauber sein wird. Ob und wie Fauna und Flora an diesem Mittelmeerstreifen hier wiedererstehen werden, weiß im Augenblick kein Mensch. Ich kann Dir nicht genau sagen, warum, aber mich hat das gestern wirklich umgeworfen. Die ewigen Lockdowns, dieses Leben mit dem Virus, selbst wenn ich das Glück habe, hier in Israel bereits mit Pfizer/BioNTech geimpft zu sein … jetzt auch noch das. Man kann nichts mehr am Strand machen. Eine Küstenstadt wie Tel Aviv ohne Strand … Wahnsinn. Es geht nicht um das touristische ›Sonnenbaden‹. Es ist ein Lebensgefühl. Man trifft sich da, man macht Sport, man isst und trinkt da. Guckt manchmal auch nur aufs Meer hinaus. Aus. Das jetzt auch noch.

Heute macht mich das fertig.

In den Moscheeverein komme ich gerne mit – auch wenn ich nicht Max Czollek heiße (sind die Czolleks die ›Lieblingsjuden‹ der deutschen Muslime, oder was?). Mal sehen, ob die mich einladen. Das wäre ja lustig. Per Zoom von Tel Aviv … wie sie das ihren Leuten erklären würden? Eigentlich ist das doch auch nur traurig-lustig, nein?

Über den muslimischen Antisemitismus müssen wir noch reden. Werden wir auch. Ich kann nur heute nicht. Du kannst mir aber auch gern mal darüber schreiben, wie Du die Vorurteile von Juden gegenüber Muslimen erlebst – falls Du sie erlebst. Bin da nicht zimperlich ›im Nehmen‹ …

Sei umarmt.

r.

HAMBURG, 24. FEBRUAR 2021

Jessas, Dir kann man es aber auch nicht recht machen. Du bist total gelangweilt von der ewigen Gedenkroutine in Deutschland (was ich aus Deiner Sicht verstehen kann), aber gleichzeitig wünschst Du Dir eine weitaus höhere Form des Gedenkens: Ein ganzes Land soll still halten. Aber diesen Wunsch hegst Du auch nur, weil Du sehen willst, wie sich die Deutschen dagegen sträuben, wer aus welchen Gründen nicht mitmacht. Du gehst bereits davon aus, dass allein die Debatte um eine solche Gedenkform eine abwehrende sein würde. Es gibt Feierlichkeiten und Sendungen zu den 1700 Jahren jüdischen Lebens in Deutschland – Richard wieder nicht zufrieden. Alter, ihr Juden habt die Hall of Fame in der Frage des schlechten deutschen Gewissens erreicht (zu Recht). Ich möchte sagen, das ist ein Wert an sich.

Ich darf das. Ich bin Deine Lieblingstürkin.

Gut, Deinen Ärger über das »Klezmer-Gedöns«, wie Du es nennst, verstehe ich. Ich bekomme auch Beklemmungen und schäme mich ein wenig fremd, wenn mir von den Gerüchen und Farben des Orients vorgeschwärmt wird … wann nur hört das auf? In der Gegend duftet nicht mehr viel, es stinkt in weiten Teilen.

Die vergangene Woche war seltsam. Am Freitag hat sich das Attentat von Hanau gejährt, und irgendwie war der Tag doch mehr davon bestimmt, als ich erwartet hätte, auch für mich persönlich. Vielleicht auch mehr, als ich wollte. Es war gar nicht möglich, sich dem zu entziehen. Ich weiß nicht, wie sehr Du das in Tel Aviv mitbekommen und verfolgt hast, aber die Berichterstattung über den Jahrestag war überraschend intensiv. Auch anders. Bei *ZDF heute* beispielsweise zeigten sie Bilder von Kirchen in Hanau, deren Glocken gleichzeitig läuteten. Der Moderator sagte dann plötzlich: »Wir lassen diese Bilder einen Moment so stehen.« Am Ende sah man eine Kerze im Bild. Mich hat das irritiert. Und berührt.

Angela Merkel hatte bereits Tage zuvor ihren Videopodcast Hanau gewidmet. Sie sagte Dinge wie: »Der Mörder kannte sie nicht, er hasste sie nur«, über den Täter und seine Opfer. Sie wiederholte ihren Satz von vor einem Jahr nach dem Anschlag, dass Rassismus ein Gift ist. So viele richtige Sätze. Und sie sprach die Namen aller Opfer aus, sie brach sich total einen ab, wer weiß, wie lange sie die Aussprache geübt hat – aber sie tat es. Frank-Walter Steinmeier reiste, Corona hin oder her, nach Hanau und sprach bei der Gedenkfeier.

Es ist nicht so, dass ich Dankbarkeit dafür empfinde, aber ich bin erstaunt über die Entwicklung, die Staat und Regierung machen, sie erweisen sich als lernende Systeme, auch wenn einzelne Institutionen und Behörden ihre Bürger nicht zu schützen vermochten. Das bedeutet nicht, dass alles gut ist. Den Opfern und Hinterbliebenen wurde auch versprochen, dass der deutsche Staat alles dafür tun wird, um die Morde vollständig aufzuklären. Dieses Versprechen ist nicht eingehalten worden. Und dennoch, vieles ist anders heute.

Erinnerst Du Dich noch daran, dass Helmut Kohl nach dem Brandanschlag in Mölln 1992 nicht an der Trauerfeier teilnahm? Du hattest in einem Deiner vorherigen Briefe einmal gemutmaßt, dass ich wahrscheinlich zu jung sei, um mich an Mölln zu erinnern. Nun, ich bin (leider) alt genug, aber auch wenn ich das nicht wäre: Mölln, Solingen, Rostock, Hoyerswerda – die Namen dieser Städte haben sich ins kollektive Kanakengedächtnis reingefressen wie ein Brandzeichen in das Fell eines Bullen.

Es ist überliefert, dass Kohls Sprecher damals sagte, die Bundesregierung wolle nicht in einen »Beileidstourismus« verfallen. Das ist gerade einmal 30 Jahre her. Die Worte »Rassismus« oder »Rechtsextremismus« nahm damals niemand in den Mund. Was passierte, war, dass das Asylrecht verschärft wurde.

Aber weißt Du was? Das ist mir neulich ganz plötzlich klar geworden: Heute nimmt dagegen niemand mehr das Wort »Ausländer« in den Mund. Klar, viele furchtbare Menschen nehmen ganz andere Wörter in den Mund. Aber es hat sich bis weit in die Mitte durchgesetzt, dass hier geborene Menschen nicht mehr so bezeichnet werden.

Überhaupt, die Zeit unter Kohl. Ich war Kind unter Kohl. Mein erstes Deutschlandbild stammt aus dieser Zeit, meine deutsche Prägung. Ich würde so gern etwas Nettes über Kohl sagen. Aber wenn ich an ihn und seine Regierungszeit denke, fallen mir nun einmal nicht als Erstes die Wiedervereinigung und ein zusammenwachsendes Europa ein, sondern eben der Beileidstourismus oder die Rückkehrprämie für türkische Gastarbeiter, eine Belohnung dafür, dass sie wieder abhauen nach Heimat. Hat nicht so richtig geklappt, der Plan. Und? Was war das Ergebnis dieser Kälte? Sohn Peter heiratete später eine Türkin, Sohn Walter eine Koreanerin. Geschah ihm recht, fand ich.

Früher dachte ich, dass die Gesellschaft weiter wäre als die Politik, weil das, was man »Integration« nannte (klingt heute etwas oldschool und paternalistisch), eher ›unten‹ passierte, also am Arbeitsplatz, in der Schule, im Verein. Heute frage ich mich, ob nicht eher das Gegenteil richtiger ist, vielleicht wechselt das auch oder läuft parallel, ich weiß es nicht genau. Es gibt so einen seltsamen Backlash derzeit, einen Rückfall in alte Muster, während die Debatte über Rassismus und Identität, die Frage, wer wohin gehört, offener, aber auch aggressiver geführt wird. Manchmal denke ich, wir sind ziemlich weit (nur noch Nachrichtensprecher mit nichtdeutschen Namen! Gibt es denn bei euch im Fernsehen keinen Felix und keine Annette mehr, die den Job machen wollen?). Aber wenn es wirklich etwas zu verteilen gibt, sind ›wir‹ immer noch nicht dabei. ›Wir‹ schmücken. Wenn ›wir‹ irgendwo eingestellt werden, dann gilt der Betrieb als progressiv und divers. ›Wir‹ sind selbstverständlicher geworden, sind aber selten Entscheider.

Am Freitag habe ich eine Sendung gesehen, in der Serpil Unvar aus Hanau, die Mutter des ermordeten Ferhat, von ihrem Sohn erzählte. Ein halbes Kind noch. Sein Fehler war, dass er halt gern in der Shishabar abhing. Und dass er so aussah, wie er aussah. Es brachte ihm den Tod. Ich bin froh, dass meine Tochter nicht so aussieht.

Ich war froh, als dieser Tag vorbei war.

O. k., nächster Brief wird lustiger. Muss. Richard, wir können uns nicht ständig gegenseitig vollheulen. Ich kram mal ein paar Türkenwitze raus, aber die sind ja auch nicht mehr das, was sie mal waren. Wenn das hier jemand lesen würde, das gäbe einen ordentlichen Bokstorm (bok, Türkisch für Shit)!

Deine Özlem

TEL AVIV, 27. FEBRUAR 2021

Servus Lieblingstürkin,

Du fragst mich, ob ich mich an Helmut Kohl erinnere? Ha! Da kann ich ja nur lachen … Mir geht's genauso wie Dir. Wie schreibst Du: Mölln, Solingen etc. haben sich ins »kollektive Kanakengedächtnis« eingefressen? Glaub mir, ähnlich ist es bei uns Juden: Kohls Kranzniederlegung mit Ronald Reagan vor SS-Gräbern. Regierungssprecher Boenisch im langen Ledermantel (Gestapo!) in Israel. Kohl in Yad Vashem zu einem Führer, der ihm die Ausstellung erklärt: »Ich kenne die deutsche Geschichte, ich kenne die deutsche Geschichte!«, und macht eine abfällige Handbewegung. »Die Gnade der späten Geburt« (ja, war anders gemeint, und doch ganz falsch). Ja. Auch ich sehe in Kohl nicht zuerst den großen Europäer und geschickten Strippenzieher für die deutsche Wiedervereinigung. Und er ging nirgendshin, ja genau.

Aber Du bist ja schon sehr kulant, wenn Du von einem lernenden System sprichst in Bezug auf Staat und Regierung.

Und guckst halt mal so ein bisschen weg: Zum Beispiel Untersuchungen zum Rechtsextremismus in deutschen Sicherheitsorganen – zunächst von Seehofer abgelehnt: Es gebe kein strukturelles Problem. Soll ich weitermachen? Was ist das? Siehst Du einfach nur, dass das Glas halb voll ist, wohingegen ich halb leer?

Gibt es Eindrucksvolles? Ja, sicherlich. Steinmeier hat die richtige Rede gehalten (ich mag nur seine Kunstpausen mitten im Satz nicht), Merkel ist bei diesem Thema sowieso sehr klar. Und die *ZDF-heute*-Sendung habe ich hier in Tel Aviv auch gesehen und fand diese Stille über den Bildern gut und richtig und schön.

Und nein, es wird nicht mehr von Ausländern gesprochen, sondern von Menschen mit ›ausländischen Wurzeln‹, wie ich kürzlich in einem Artikel im *Tagesspiegel* gelesen habe. Das kenne ich schon: Ich bin ›jüdischer Herkunft‹. Neue deutsche Formel, um nicht ›Jude‹ sagen zu müssen. Lächerlich.

Was ich komplett nachvollziehen kann: dass Du froh bist, dass Deine Tochter nicht ›türkisch‹ aussieht. Meine Eltern waren auch froh, dass ich nicht ›jüdisch‹ aussehe, whatever it means. Aber Du hast Deiner Tochter einen türkischen Namen gegeben. Das haben sich meine Eltern nicht getraut, ich meine: offiziell, im Pass, bei mir – hab Dir das mit meinem Namen ja schon erzählt.

Man kann es drehen und wenden, wie man will, Glas halb voll oder leer: Wir sind immer auf der Hut als Minderheiten, immer so ein bisschen in Habachtstellung. Ist eine zweite Haut, man nimmt das oftmals gar nicht mehr wahr im Alltag. Ich merke das in den letzten Jahren allerdings sehr, da ich pendele. In Israel verliere ich dieses ›Stets-auf-der-Hut-Sein‹, zumindest als Jude. Hier ist man ständig in Habachtstellung, ob irgendwo eine Bombe hochgeht. Auch nicht lustig, wahrlich nicht. Aber es ist etwas anderes. Objektiv gefährlicher, aber das andere Gefühl ist irgendwie schlimmer. Deutschland ist doch das Zuhause, egal wie. Und dort immerzu befürchten zu müssen, ›nicht zu Hause‹ zu sein … Wird das irgendwann mal aufhören? Und auch bei Dir ist das doch immer noch so. Werden ›die Deutschen‹ Deine kleine Tochter eines Tages als eine der Ihren akzeptieren? Was meinst Du?

Hier sind's gerade mal noch knapp vier Wochen bis zur Wahl. Netanyahu hat gute Chancen, wieder Premier zu werden. Ist noch nicht ganz sicher, denn die No-Bibi-Opposition hat im Augenblick eine Mehrheit, doch sie wird sich wohl kaum in einer Koalition wiederfinden, die ideologischen Unterschiede zwischen, let's say, den Parteien Meretz und New Hope sind einfach zu groß. Und Bibi, der schlaue Fuchs, wird wohl irgendwie schon eine Möglichkeit finden, eine Oppositionspartei zu sich hinüberzuziehen. Und wenn nicht – nun, dann gibt es im Herbst wieder Wahlen, ihm kann das egal sein, solange er an der Macht bleibt …

Aber wenn er an der Macht bleibt, dann wird sich etwas sehr Grundsätzliches in Israel verändern. Etwas, was man nicht mehr rückgängig machen kann. Dann wird es hier nicht mehr besonders lebenswert sein. Ich sage nur: Ungarn rückt immer näher. Und lache dabei. Das Land, aus dem meine Eltern stammen. In dem ich nie gelebt habe. Und nun könnte es mich einholen. Politisch. Ist doch irgendwie die Ironie der Geschichte. Und zugleich zutiefst deprimierend. Manchmal so sehr, dass ich gar nicht mehr atmen kann.

So, es ist jetzt 7.07 Uhr morgens. Ich werde mich allmählich fertig machen. Denn um 9.52 Uhr, genau um diese Uhrzeit, bekomme ich meinen zweiten Shot. BioNTech/Pfizer und Bibi (!!) sei Dank. Höre nebenher *Goldberg-Variationen* und habe so Sehnsucht, endlich mal wieder ins Konzert zu gehen. Nicht nur via Streaming Musik zu hören. Wie sagte ein Freund zu mir vorgestern: Wir haben eine neue Zeitrechnung. Nicht mehr: v. Chr./n. Chr., sondern: v. Cor./n. Cor. – autsch!!!!

Happy Weekend,

Richard

PS: Und über den muslimischen Antisemitismus müssen wir noch reden.

PPS: Komme gerade von der Impfung. War sehr lustig. Ich bat, die beiden Impfungen in meinen gelben internationalen Impfpass einzutragen. Die Frau (ursprünglich aus Frankreich) sagte: »Aber du bekommst doch morgen von der Krankenkasse die offizielle Bestätigung und dann in einer Woche den Grünen Pass.« Ich: »Ja, aber das erkennen die Deutschen alles nicht an. Nur wenn's im Impfpass drin ist, dann hab ich eine Chance, dass es o. k. ist.« Sie lachte: »So wirklich flexibel sind die Deutschen noch immer nicht, nicht wahr?« Ich: »Und die Franzosen?« Sie: »Ach, die sind ja noch schlimmer!« Wir lachten, ich bekam meinen Eintrag und das war's. Bin jetzt ein Privilegierter. Geimpft. Was für ein Gefühl. Wow. Ja, weiter aufpassen und so, klar. Aber dennoch: in einer Woche bis zehn Tagen habe ich einen Schutz von 95 Prozent, auch gegen die britische Mutation, und einen hohen Schutz gegen die südafrikanische Mutante. Ein Freund hat mir übrigens vor zwei Tagen via WhatsApp einen dieser Witze geschickt, die überall kursieren. Der geht so: »Nach der englischen und der südafrikanischen Mutation des Coronavirus ist nun auch eine brasilianische entdeckt worden. Auf eine deutsche Variante muss noch ein wenig gewartet werden, es fehlen noch wichtige Formulare, Anträge und Genehmigungen …«

Ciao, r.

Endlich wieder reisen, lieber Richard!

O. k., nicht so richtig in meinem Fall, nur nach Frankfurt, wo ich gestern hingefahren bin (in einem echten ICE!). Jetzt sitze ich wieder im Zug Richtung Berlin und anschließend zurück nach Hamburg. Ich habe einen Coronatest vor der Reise gemacht, und werde nach Ankunft wieder einen machen. Der Aufwand ist riesig, aber es fühlt sich toll an, wieder Journalismus, mit echten Terminen da draußen!

Und der Test war unumgänglich, ich habe in Frankfurt nämlich eine 85-jährige Frau besucht, die ich interviewen, aber dabei natürlich nicht in Gefahr bringen wollte. Richard, eine so unglaubliche Biografie hat diese Frau, ein so volles Leben: Ülkü Schneider-Gürkan ist eine der ersten türkischen Einwanderinnen nach Deutschland des 20. Jahrhunderts, 1956 schickte sie ihr Vater, ein glühender Anhänger der Modernisierungsideen von Staatsgründer Atatürk, nach München, da war sie gerade 20 Jahre alt. Sie sollte Deutsch lernen, Zahnmedizin studieren und im Anschluss zurückkehren, um ihrem Land zu dienen. So wie es sich für Patriotinnen gehört. Der Vater vertrat wohl die Ansicht, dass Mädchen (er hatte zwei Töchter) alles machen können, was Jungs auch machen. Diese für damalige Verhältnisse äußerst progressive Haltung hinderte ihn nicht daran, seine Tochter nicht nach ihrer Meinung zu dem Vorhaben zu befragen. Er entschied: Es geht nach Almanya! Ein gutes Land, die Almans sind genauso diszipliniert und vernünftig wie wir! (Bei dem Vergleich dürften einige AfDler wohl Pickel bekommen.) Aber was tat die Tochter? Sie schmiss die Zahnmedizin, ging nach Frankfurt, um Politikwissenschaft zu studieren, fühlte sich von den Studentengruppen angezogen, studierte bei Adorno, unter anderem, verliebte sich in einen linken Kommilitonen und blieb hier. Sie wurde dann *die* Gewerkschafterin, die sich um die Rechte der türkischen Arbeitnehmer kümmerte, jeder kannte »Ülkü abla«, große Schwester Ülkü. Die Türken erkannten ihr Anfang der 70er-Jahre die Staatsbürgerschaft ab, wegen ›linker Umtriebe‹, 20 Jahre lang konnte sie nicht einreisen. Ich habe ihr so gern zugehört gestern Abend. Später zeigte sie mir Fotos aus ihrer Kindheit, von ihren Eltern, die so aussahen, als wären sie dem Berlin der 20er-Jahre entsprungen. Oder dem Prenzlauer Berg von heute. Irre, der Vater mit einer dieser kleinen runden Brillen, die heute im Trend liegen.

Und ich dachte die ganze Zeit: Was für Leben die Migration geschaffen hat. Natürlich ist nicht jede Einwandererbiografie so voll (höchstens voller Arbeit, Entbehrungen, Sichdurchwurschteln), aber die weniger vollen, vielleicht jene, die man als ›gescheitert‹ bezeichnen würde, kennt man. Über die sprechen wir in Deutschland ja auch am liebsten. Und wie, zum Teufel, kommt man eigentlich als Vater auf die Idee, seine Tochter gerade einmal elf Jahre nach dem Ende des Krieges und dem größten Menschheitsverbrechen überhaupt in das Land der Täter zu schicken? Ihnen sei bewusst gewesen, dass hier etwas sehr Schlimmes passiert war, wenn auch nicht in allen Details; es habe einige Deutsche in ihrer Heimatstadt Çorum gegeben, erzählte Ülkü abla. Juden, Antifaschisten, Professoren, Wissenschaftler. Überhaupt gab es einige bekannte deutsche Exilanten in der Türkei, wie etwa den späteren Berliner Bürgermeister Ernst Reuter.

Çorum war unter den Osmanen eine Stadt, in die sie gern Menschen, die ihnen nicht passten, ins Exil schickten. Linke, Kommunisten. Nachdem, so Ülkü abla, die Deutschen 1943 in Stalingrad untergingen, verschlechterten sich auch die diplomatischen Beziehungen zwischen Deutschland und der Türkei. Für die deutschen Flüchtlinge hieß das: Ab nach Çorum!

Natürlich nur, um sie zu ›schützen‹, wie es wohl hieß. Es gab da 40 bis 50 solcher Familien in ihrer Kindheit. Die Deutschen, sagte Ülkü abla, und da musste ich wirklich schmunzeln, mieteten zwei Gebäude in der Stadt. Das eine machten sie zu einer protestantischen, das andere zu einer katholischen Kirche.

Was ich besonders bemerkenswert fand, war, dass Ülkü abla erzählte, dass sie eigentlich keine Erfahrung mit Rassismus oder Diskriminierung in Deutschland gemacht habe – vielleicht hätten die blauen Augen da auch ein wenig geholfen. »Immer wenn ich erzählte, dass ich aus der Türkei bin, freuten sich die Menschen regelrecht und riefen: Waffenbruderschaft!« Von türkischer Seite hört man das übrigens heute immer noch ab und zu. Immer ein wenig mit dem vorwurfsvollen Unterton: Wie können die uns so enttäuschen? Wir gehören doch zusammen! Wir waren füreinander da!

Ülkü abla zuzuhören, war wie eine Zeitreise zurück in eine Welt, die hier kaum jemand kennt. Weg von dem Überlegenheitsgefühl hier. Es ist ein bisschen peinlich, so ähnlich wie bei dem Stolz für die BioNTech-Leute, aber vielleicht kennst Du das Gefühl auch: Nach dem Gespräch hatte ich den Drang zu sagen: Seht ihr? Was *wir* für Leute bei uns haben? Wie unfassbar albern dieser Gedanke auf so vielen Ebenen ist.

Vielleicht hat dieser peinliche Stolz (schon der zweite Fall davon bei mir innerhalb kürzester Zeit!) auch etwas mit der Habachtstellung zu tun, von der Du in Deinem letzten Brief geschrieben hast. Als wollte man irgendwas in der Hand haben, mit dem man aufwarten kann, falls mal wieder einer auf die Idee kommt, dich ›nach Hause‹ schicken zu wollen. Und nein, Richard, ich schaue nicht weg und auch nicht ›nicht so genau‹ hin. Seehofer überhaupt als Kronzeugen für ein Versagen heranzuziehen, ist meines Erachtens mühselig, dafür sind mir seine Slaloms zu krass. Vollkommen unverständlich, dass er keine Untersuchung zum Rassismus bei der Polizei in Auftrag geben will – oder wollte, mittlerweile wurde ja eine Studie beschlossen. Dann wiederum identifiziert er den Rechtsextremismus als »die größte Bedrohung in unserem Land«. Noch vor einiger Zeit war die Migration »die Mutter aller Probleme« und er freute sich, dass an seinem 69. Geburtstag 69 Geflüchtete abgeschoben werden sollten. Ich denke, die Liste könnte noch ein wenig erweitert werden. Mir ist das zu instabil. Aber die große Linie zeigt in eine andere Richtung – das heißt aber nicht, dass wir uns in unsere Ohrensessel zurücklehnen und uns über das Ende der Geschichte freuen könnten. Daran glaube ich nicht. Aber gerade deshalb schreie ich nicht bei jedem Furz: »Rassismus!«

Und, ja mei, wie ihr aus Bayern sagen würdet, dass nun der eine oder andere immer noch von Ausländern spricht oder von ›Wurzeln‹ (bin ich ein Baum oder was? Wird denn da nicht redigiert?) – geschenkt. Dafür muss man nun auch niemanden fertigmachen.

Als ich diesen Satz über meine Tochter sagte, war ich selbst erschrocken.

Diese Morde, dieser Anschlag gehen einem so nahe, nicht nur, weil sie rassenwahnsinniger Terror sind, sondern auch deshalb, weil die Opfer Söhne und eine Tochter von anderen Müttern und Vätern sind. Ihnen wurden die Kinder geraubt. Dieser Gedanke macht mich rasend. Ob meine Tochter eines Tages als ›eine der Ihren‹ akzeptiert wird? Das ist nicht die Frage, die ich mir stelle. Mein Ziel wäre eher, dass es irgendwann kein oder wenigstens ein weniger toxisches Ihr und Wir gibt, als es heute so oft der Fall ist.

Du und ich machen ja auch dieses alte Ding wieder auf, vom ›Wir‹ und ›Ihr‹.

Früher wollte ich immer den deutschen Pass, jetzt hätte ich

lieber euren israelischen Grünen, mit dem man zeigt, dass man geimpft ist – Glückwunsch, Du Glücklicher, dass Du ihn hast! Almanya redet gerade mal wieder darüber, dass es mehr Coronainfizierte unter Menschen mit Migrationshintergrund gäbe. Der Chef des fucking Robert-Koch-Instituts soll laut *Bild*-Zeitung gesagt haben, dieser Umstand würde aus Angst vor Rassismus tabuisiert werden. Da seien Parallelgesellschaften in Deutschland, Moscheen und so, und da käme man nicht rein. Später relativierte das RKI nachträglich etwas, aber wer interessiert sich noch dafür, wenn die Kombination »Corona« und »Migranten« in der Welt ist?

Am Anfang der Pandemie waren es die türkischen Hochzeiten. Jetzt kommt man nicht in die Moscheen, deshalb erreicht man die dummen Kanaken nicht, klar.

Mir fallen dazu spontan einige Gedanken ein: Zwar unterlegt Herr Wieler seine Überlegungen mit unzureichenden empirischen Daten, was natürlich überrascht, da Herr Wieler ja Wissenschaftler ist. Aber gehen wir davon aus, dass die Überlegung richtig ist: Die Debatte um bestimmte Gruppen, die anfälliger sind, gibt es auch in der Türkei. In Israel, soweit ich weiß, ebenfalls. Es ist doch sehr interessant zu sehen, dass Herr Wieler als Erstes auf den Migrationshintergrund schaut, und nicht auf die sozialen Hintergründe von Patienten. Das könnte ja wichtig sein. Wie leben die Menschen? Was für einer Arbeit gehen sie nach? Einen großen Ausbruch gab es beim Fleischfabrikanten Tönnies. Gibt es ein Bildungsproblem? Sind die gefährdeteren Menschen arm? Liegt hier wirklich ein Sprachproblem vor, wie Herr Wieler angedeutet hat? Und wenn ja: Wie wird die Sprachkompetenz von Patienten erhoben?

Womöglich gibt es da ein Problem, aber wo sollte das Tabu sein? Warum markiert Herr Wieler seine Überlegungen selbst als Tabu? Und wie stellt Herr Wieler den Migrationshintergrund bei Patienten fest? Wird er seit Neuestem erhoben? Wäre mir neu.

Und die spannendste Frage: Warum um Himmels willen kommt der arme Herr Wieler nicht in die Moscheen rein, wenn ich da reinkomme? Meine Güte, als wäre das so exklusiv schwer. Vielleicht sollte ich Herrn Wieler mal mitnehmen, damit ihn kein Moslem beißt.

Die Debatte dreht sich gerade nicht um die Frage: Wen trifft es härter?, sondern: Wer hat mehr Schuld?

Genieß Deinen Grünen Pass, Habibi.

Ö.

TEL AVIV, 11. MÄRZ 2021

Hallo!

Ach, der Herr Wieler … Der ganz normale Alltagsirrsinn. Wahrscheinlich ist ihm das nicht mal bewusst. Wenn er nur unzulängliche Zahlen vorlegen kann, dann ist klar, wes Geistes Kind dieser Gedanke ist. In Israel ist das anders. Da gibt es genaue Zahlen über die Infizierungsrate bei ultraorthodoxen Juden oder bei israelischen Arabern. Wenn das dann so genannt wird, ist es kein Rassismus, sondern eine faktenbasierte Feststellung. Und Du hast völlig recht: Soziale Fragen gehören da mit rein. Bei den Frommen hier wäre das Infektionsgeschehen nicht wesentlich besser, wenn sie ihre Synagogen und Talmudschulen (endlich mal) schließen würden. Denn sie wohnen auf 70 Quadratmetern oft zu zehnt oder zwölft, sie sind arm und haben endlos viele Kinder, die Großeltern sind auch mit dabei. Bei den Arabern ist das häufig nicht anders. Und: Beide Gruppen sind sehr ›zurückhaltend‹ in Sachen Impfung, to say the least!

Apropos ›Deutscher mit Migrationshintergrund‹ (Du erwähnst das ja bei Wieler). Ich habe eine wunderbare neue, ironische ›Gegenformulierung‹ gehört: »Deutsche mit Nazihintergrund«. Sollten wir unbedingt in unseren Sprachgebrauch aufnehmen. Dann würden ebendiese Deutschen eventuell begreifen, wie verletzend ›Migrationshintergrund‹ oder ›jüdische Wurzeln‹ ist. DEUTSCHE MIT NAZIHINTERGRUND… Dass da noch niemand früher drauf gekommen ist …

Ach, das fiel mir auch noch auf: Du hattest es mir ja schon bei den beiden BioNTech-Chefs gesagt und jetzt bei der Gewerkschafterin wieder: Dass Du dann jedem Deutschen sagen willst: seht ihr, was wir für Leute bei uns haben – da wünsche ich Dir, dass Du irgendwann an den Punkt kommst, an dem Dir das am A**** vorbeigeht, was jene Deutschen denken oder nicht. Diese innere Arbeit, sich wirklich unabhängig von der Mehrheitsgesellschaft zu machen, ist wahnsinnig schwer, ich weiß. Aber darauf muss es hinauslaufen.

Ich habe hier in Israel in den letzten Jahren diese Unabhängigkeit ein wenig geschenkt bekommen, ich habe Dir das schon mehrfach gesagt. So ging's mir gerade auch wieder, als ich diesen für mich unsäglichen Kommentar in der *Frankfurter Rundschau* gelesen habe mit dem Titel: »Höchstpreis Apartheid«, in dem sich der Autor darüber empörte, dass die dänische Ministerpräsidentin und der österreichische Bundeskanzler nach Israel geflogen sind und mit diesem schrecklichen »Apartheidstaat« nun gemeinsam ›ein großes Business‹ aufziehen werden, die Herstellung von Impfstoff. Ach, wie unethisch. Und da muss natürlich Israel gebasht werden, was das Zeug hält.

Und dann merkte ich, wie ich einen Moment empört war, aber schon im nächsten mit den Achseln zuckte und mir dachte: Go f*** yourself. So nicht. Kritik ja, immer. Aber so nicht. Und vor allem: Wen interessiert's? Zumindest niemanden in Israel.

Migrationshintergrund … da muss ich Dich etwas fragen. Ich bin gerade in dieses ganze Minderheitenthema einigermaßen eingetaucht, weil ich für meine Serie über Antisemitismus, die ich gerade für die ARD vorbereite, auch über den muslimischen Antisemitismus recherchiere. Und so lese ich, was die neuen Promis in der deutschen Medienlandschaft so von sich geben, ich folge vielen auf Twitter, bin auf Clubhouse und höre zu. Und merke: Hier ist etwas ganz schräg. Ich kann den Finger nicht genau auf die Wunde legen, aber ich will Dir mal meine Beobachtungen und mein Gefühl beschreiben.

Mal abgesehen davon, dass mich als ›weißen alten Mann‹ der ganze neue Sprachduktus anstrengt – und ich meine nicht nur die diversen Formen des Genderns mit »*« oder »I« oder sonst wie, sondern auch die vielen neuen Begrifflichkeiten wie PoC oder BPoC oder BIPoC und so weiter und so fort. Besonders lustig finde ich diese neue Formulierung: Ich werde soundso ›gelesen‹. Demzufolge werde ich erst einmal als Deutsch ›gelesen‹, weil ich ja nicht wie ein Jude aussehe (wobei wir da bereits beim Klischee gelandet sind). Und dann, wenn ich als Jude identifiziert bin, werde ich aber von den BPoC-Leuten als ›weiß‹ gelesen und damit als Privilegierter, der keine Minderheit ist, und wenn, dann eine, die nicht genauso verfolgt wird wie die BPoC. Das sieht man bereits vor allem in der Black-Lives-Matter-Bewegung in den USA, was da für antisemitische Slogans abgelassen werden. Schwappt auch nach Deutschland rüber, klar.

Und so merke ich, wie PoCs häufig sektiererisch sind. Abgekapselt. Man ist ein eigener exklusiver Verein, siehe »Neue deutsche Medienmacher*innen«. Ich versteh schon, dass man sich organisiert gegen die Mehrheitsgesellschaft und die realen Widerstände, die man in Deutschland erleben muss. Aber so manchmal habe ich das Gefühl, dass es dann gar nicht mehr um Qualität (zum Beispiel als Journalist) geht, sondern nur noch um die richtige Zugehörigkeit zu einer Gruppe, um dann in der deutschen Gesellschaft ›aufsteigen‹ zu können. Ich weiß, dass das sehr komplex ist. Ich habe das als Jude ja selbst erlebt, diese Mischung aus eklatanter Benachteiligung, weil eben Jude und kein ›echter Deutscher‹, aber dann auch wieder eine gewisse Bevorzugung, weil Jude und alle drum herum haben ein schlechtes Gewissen wegen Auschwitz und so weiter. Doch ich habe zugleich immer gewusst, dass mir als Juden bestimmte Positionen ganz oben niemals zugänglich sein werden. Ist in Deutschland einfach so. Bleibt auch so.

Es ist eine komplizierte Gemengelage, ich weiß das aus eigener Erfahrung. Darum verstehe ich auch den Eiertanz, den die PoCs heute machen (müssen?). Aber zugleich spüre ich da eine Selbstgefälligkeit bei einigen, die ich schwierig finde. Wie ich überhaupt ein riesiges Problem mit dieser gesamten Identitätspolitik habe, weil sie das Gegenteil erreicht von dem, was man eigentlich will. Das Zerlegen der Gesellschaft in einzelne Teile lässt das Gemeinsame in den Hintergrund rücken. Und natürlich spüre ich bei vielen auch eine Art von ›Wettkampf‹, wer das größere ›Opfer‹ ist. Und da haben all diese PoCs in Deutschland immer die Arschkarte gegenüber uns Juden gezogen. Mit sechs Millionen Ermordeter können sie nicht ›konkurrieren‹. Was ich eine wirklich abstruse und bescheuerte Auseinandersetzung finde.

Schreibe ich mich gerade um Kopf und Kragen, liebe Özlem? Bin ich als ›binärer Cis-Mann‹ (da staunste, wat? Habe ich gerade gelernt, wie ich mich politically correct zu bezeichnen und zu verorten habe) nur voller Vorurteile? Oder ist da was dran, an dem, was ich da spüre, beobachte? Wie gesagt, ich habe nur wenige ›Belege‹, so wie etwa bei einem ›Journalisten‹, der BPoC ist, eindeutig antisemitisches Zeug von sich gegeben hat, und dennoch hofiert und gefördert wird, weil man zeigen will, wie ›offen‹ man ist. (Hey – ein Antisemit ist ein Antisemit, egal, welche Hautfarbe oder Religion er/sie auch immer haben mag.)

Und: ist dieses ganze Thema in der deutschen Öffentlichkeit tatsächlich so präsent, wie ich das empfinde? Jetzt hat *DER SPIEGEL* gerade einen Titel zum Gendern gebracht, er ist also irgendwie schon im Gespräch, dieser neue Umgang. In den Talkshows werden allmählich mehr PoCs eingeladen oder, wie sagt man so schön neudeutsch: »Wir bringen mehr Diversität in unser Programm.« Oder ist das nicht einfach nur eine Art ›Autoreferenz‹ einer Blase? Weil es die Mehrheit in Deutschland nicht interessiert, weil dieser Diskurs für viele einfach zu ›abgehoben‹ ist?

Wie so vieles in Deutschland ist auch das wieder so überbeflissen gut oder auch ekelhaft schlecht gehandelt. Anbiedernde Liebedienerei und aggressive Ablehnung wechseln sich da in solcher Intensität ab, dass man einfach nur denkt: Ah, alles muss wieder 150 Prozent gemacht werden (nur das Organisieren des Impfstoffes nicht …).

Und viele dieser neuen deutschen ›Journalisten‹ sind meines Erachtens gar keine, sondern eher Aktivisten, die in die Medien und Redaktionen drängen, um sich eine Plattform für ihre Message zu erobern.

So … vielleicht lynchst Du mich jetzt für all das, was ich da geschrieben habe. Es ist Ausdruck meines Unbehagens. Und ich muss zugeben, dass ich einige PoC-Journalisten und auch Aktivisten inzwischen kennengelernt habe, die das ähnlich sehen. Aber vielleicht irre ich mich dennoch gewaltig? Und vielleicht ist mein Gefühl nichts als klassischer Widerstand gegenüber Veränderung, die über einen hinwegschwappt? Kann das sein?

Ich bin wirklich sehr, sehr neugierig, was Du dazu sagst. Und ganz Ohr … ich versuche, zu verstehen und zu lernen. Natürlich auch einiges über mich und meinen Erfahrungshorizont.

Am Wochenende gehe ich ins Konzert … Ins KONZERT!!!!! Zu den Israel Philharmonics im Mann-Auditorium. In Israel geht das wieder: Geimpfte mit Grünem Pass, wir gehen einfach so ins Konzert. Wow. Wahnsinn wird das! Egal ob cis oder trans, binär oder non-binär, wir werden alle zusammensitzen und klassischer Musik lauschen dürfen. Live! Unfassbar, nach über einem Jahr das erste Mal wieder …

Tschüssssss
Richard

HAMBURG, 15. MÄRZ 2021

Mein lieber, geimpfter Freund mit dem Grünen Pass,

wir beide haben nur vier Monate gebraucht, bis wir bei der sogenannten Identitätspolitik angekommen sind!

Ich hatte vor einigen Wochen ein sehr lustiges Erlebnis, zumindest fände ich dieses Erlebnis lustig, wenn ich nicht selbst diejenige gewesen wäre, die sich peinlich benommen hätte. Es war ein, wenn man so will, identitätspolitischer Moment, der vollkommen schiefgegangen ist.

Ich musste mit einer Frau aus der Buchhaltung eines Radiosenders telefonieren, ich hatte eine Abrechnung für die Teilnahme an einer Sendung erhalten und dazu eine Nachfrage. Ich wählte die Nummer in der Signatur ihrer Mail, eine tiefe Stimme meldete sich. Ich quatschte drauflos und merkte, dass ich total irritiert war, weil sich die Stimme mit dem Namen in der Mail gemeldet hatte, aber Stimme (tief) und Name (weiblich) passten nicht zusammen. Ich versuchte, es zu vermeiden, die Person mit Namen anzusprechen, weil ich dann doch nicht mehr so sicher war, ob sie sich wirklich mit dem Namen aus der Mail gemeldet hatte. Also, ich quatschte und fing an zu stammeln, weil ich nicht drum herumkam, die Person mit Namen anzusprechen.

»Ähm, also, sorry, ich dachte, ich hätte … ich wollte eigentlich mit Frau XY sprechen, jetzt war ich ganz irritiert. Entschuldigen Sie mein Gestammel. Bin ich da richtig?«

– »Sie sind richtig, ich bin es, ja, Frau XY.«

»Ach so, entschuldigen Sie, ich habe mit einer Frau gerechnet, da ist ja ein weiblicher Vorname.« Stammel, stammel. Topçu, stell doch einfach deine Frage, dachte ich innerlich. Kennst Du das: Du weißt ganz genau, es wird jetzt peinlich, aber reitest Dich dabei immer noch weiter rein? Es wurde schlimmer.

– »Ich bin eine Transperson, da kann es schon mal vorkommen, dass wir tiefe Stimmen haben.«

»Oh, oh, bitte entschuldigen Sie, ja, natürlich kann das vorkommen! Haha, wie, ähm, dumm von mir, sorry, sorry!«

»Alles gut, kein Problem.« Ich merkte, wie sie sich amüsierte.

Dann habe ich versucht, ganz normal weiterzusprechen, als ob gar nichts sei, es wollte mir nicht so richtig gelingen und ich schickte noch ein »Ich mache gerade alles falsch, was man falsch machen kann, oder?« hinterher, und wir lachten beide.

Nach dem Lachen ging es. In meiner Welt bin ich doch diejenige, die man falsch anspricht, bei deren Namen man sich einen abbricht – und dann das. Eine neue Erfahrung. Plötzlich war ich der alte weiße Mann.

Du schreibst, dass Du den Finger nicht genau auf die Wunde legen kannst. Ich glaube, ich kann das nachempfinden, weil es mir ähnlich geht. Die Debatte um Identitäten, um Anerkennung, Respekt und die richtige Ansprache, deren Teil ich journalistisch jahrelang war, nimmt gerade eine Gestalt an, in der ich nicht mehr so richtig einen Platz für mich finde.

Die einen wollen, wie immer, dass die Minderheiten nicht zu viele Ansprüche stellen, sie sollen sich nicht immer als Opfer darstellen, überhaupt, was soll das eigentlich immer mit dieser Opferhaltung? Mit diesem ›Beleidigtsein‹? Warum wollen die immer gesehen werden?

Die anderen – ja, gibt es die überhaupt, ist das eine Gruppe? Zumindest sind da seit geraumer Zeit neue Stimmen in Deutschland, Du sagtest es schon, vor allem in unserer Branche, neue Autoren, jüngere, vielleicht im Schnitt um die zehn Jahre jünger als ich, die lauter, sichtbarer und aggressiver sind, als ›wir‹ es waren. Oder als jene, die zehn Jahre älter sind als ich. Man würde sie auf Neudeutsch »woke« nennen, oder sie würden sich selbst vielleicht so nennen, vielleicht aber auch nicht, vielleicht ist auch das wieder eine unzulässige Fremdbestimmung, ich weiß es nicht. Woke, sofern ich es in dieser Debatte verstehe, sind Menschen, die supersensibel gegenüber jeder Form von Diskriminierung, Abwertung und Rassismus sind, aber auch gegenüber etwa der Zerstörung der Umwelt oder sozialen Benachteiligungen. Viele ihrer Forderungen leiten sie aus ihrer eigenen Erfahrung mit Rassismus ab, auch das wird ihnen teilweise vorgeworfen: Sie seien zu narzisstisch. Denken nur an sich, bewegen sich nur in ihrer eigenen Twitterblase, wo sie arme weiße alte Männer (oder andere Kanaks) mit Shitstorms überziehen, die nicht ihrer Meinung sind. Oder irgendwelche Stefans, die immer noch das N- oder Z-Wort benutzen wollen (die kriegen's dann allerdings zu Recht ab, wenn Du mich fragst, aber pst).

Mir sind derzeit beide Richtungen zu starr. Ich habe das Gefühl, dass sich die Gegner der Identitätspolitik nicht eine Sekunde auf den Gedanken einlassen wollen, dass Minderheiten legitime Bedürfnisse und Ansprüche haben. Es ist keine neue oder besonders abwegige Vorstellung, dass sich politische Ansprüche aus dem privaten Erleben heraus entwickeln. Warum sollte das falsch, gar ›narzisstisch‹ sein, wenn man auf seinen Schmerz oder seine Ungleichbehandlung hinweist? Wenn man darauf beharrt, auf eine bestimmte Art angesprochen werden zu wollen, und nicht auf die Art, zu der sich die Gegenseite, die Vertreter der Mehrheitsgesellschaft, veranlasst sieht? Aus individuellen können kollektive Forderungen werden, das ist in der Geschichte immer wieder passiert. Wenn also eine Transperson möchte, dass ich sie Frau XY nenne, dann habe ich das zu respektieren und umzusetzen, und es kostet mich nichts, am wenigsten Überwindung. Es kostet einen nur etwas, wenn man meint, man habe einfach das Recht und die Macht dazu, diese Person so zu nennen oder zu sehen, wie man es selbst für richtig hält.

Womit ich ein Problem habe, ist die Vorstellung, morgens aufzuwachen, und das Erste, was mir in den Sinn kommt, ist es, meine Welt in weiße Privilegierte (die anderen) und ihre Opfer (mich) einzuteilen. Ich sehe es so ähnlich wie Du: Wir stecken mitten in einem Kampf, in dem die Gruppen der Kombattanten in immer kleinere Gruppen zerfallen und zu wütend sind, um Allianzen zu bilden, die sie eigentlich bräuchten. Mit denen sie eigentlich Prinzipien teilen. Denn am Ende geht es darum: Identitätspolitisch Engagierte fordern die Einhaltung von Prinzipien.

Nur – wie das teilweise geschieht, kann ich nicht nachvollziehen. Und will auch nicht Teil davon sein. Alle sind so aufgeregt und laut und wütend, und das nicht immer gegen die Richtigen. Ich habe gerade einen Text über dieses Thema gelesen, in dem auf Hannah Arendt verwiesen wurde, darin stand: »Schmerz ist … primär eine private, nicht kommunizierbare Sache. Politisch wird er, wenn man mit Bezug auf politische Prinzipien gemeinsam über ihn redet.«* So wie ich die Debatte gerade erlebe, will da niemand mit niemandem reden. Nicht wirklich jedenfalls. Oder nur seinen Schmerz in die Welt schreien, überhaupt Leute anschreien. Sollen wir jetzt anfangen, unsere Alman-Schwiegerväter anzuschreien, wenn sie es vielleicht nicht schaffen, in alle Feinheiten und Tiefen der unterschiedlichen Identitäten und ihrer Bezeichnungen einzutauchen? Wenn ihnen die Unterschiede zwischen cis, nonbinär, trans oder queer nicht geläufig sind (so wie Dir seit Neuestem)? Auch wenn sie sich vielleicht bemühen? Und wenn es sie einfach nicht interessiert?

Gut, die Minderheiten sollen in den Augen der Gegner von identitätspolitischen Forderungen die Klappe halten, so weit, so bekannt. Für einige wird das Verächtlichmachen dieser Forderungen wiederum zum Fetisch, immerzu heißt es »linke Identitätspolitik«, als würde »links« das Ganze schon diskreditieren. Auf der anderen Seite sieht es oft so aus: Die ›Weißen‹ sollen büßen und sich gefälligst ihrer Privilegien schämen (um mal wieder in der Sprache zu sprechen, die wir Nahöstler verstehen: sich mindestens wie die Schiiten die Rücken blutig peitschen). Was daran ist links, Schwiegerväter anzuschreien?

Das ist in etwa die Gefechtslage, glaube ich zumindest. Es ist sicher nicht die schlechteste Eigenschaft, sich seiner Stel-

* Jan-Werner Müller, »Identitätspolitik«, In: *Internationale Politik 2,* März/April 2021, S. 104–109.

lung (vor allem, wenn sie auf Kosten anderer geht) und seiner Privilegien bewusst zu sein, auch seiner ›historischen Verantwortung‹ (jetzt spreche ich schon wie Dein Steinmeier, ich mutiere wirklich zum alten weißen Mann), aber ich finde nicht, dass jemand gleich ›schuld‹ ist, nur, weil er ›weiß‹ ist. Individuen machen sich schuldig, Menschen mit einem freien Willen. Mein Gefühl ist, dass viele aus dieser Ecke die Dinge absolut sehen, und wenn es so weit geht, dass Weiße quasi beim Thema Rassismus nicht mitreden dürfen, dann kann ich da nicht mitgehen. Außerdem, wie Du schon geschrieben hast, für den einen oder anderen bin ich, bist Du weiß.

Es ist eine laute Debatte, auch wenn ich nicht ganz sicher bin, ob Oma Kasupke in Pinneberg, die ihr Gemüse immer beim netten Ali kauft, nie bei Edeka (oder dieses von dem netten Ali nach Hause gebracht bekommt, ist ja Corona gerade), jemals von der Identitätspolitik gehört hat. Oder es ihr Leben irgendwie berührt. Aber wir brauchen Oma Kasupke als Bündnispartnerin. Es ist laut und es wird hässlicher. Die Konfliktlinien verlaufen derzeit nicht zwischen ›den Deutschen‹ und ›den Ausländern‹, die ›unsere Sprache‹ nicht sprechen oder sich ›nicht integrieren wollen‹. Es ist viel komplizierter geworden, ich weiß nicht, ob das schon allen klar ist, die professionell Politik machen. Diese Jüngeren sind nicht mehr so verhandlungsbereit, wie ›wir‹ es vielleicht waren. Sie sprechen ›unsere Sprache‹ besser als viele alte Schwiegerväter und haben das nötige Sendungsbewusstsein. Sie hatten nie die Geduld, während unsereins gesagt hat: Diese Kiste mit dem gesellschaftlichen Zusammenhalt ist ein Prozess. Es dauert eben.

Ich weiß nicht, ob es bis zu euch nach Tel Aviv vorgedrungen ist (ich wünsche es euch nicht), aber zuletzt gerieten Wolfgang Thierse und auch Gesine Schwan – of all people – in den Fokus der neuesten Hysterie, bei der Thierse seinen Rücktritt aus der SPD anbot – Thierse! In einem Gastbeitrag für die *FAZ* hatte er, sagen wir, die identitätspolitischen Forderungen nicht direkt umarmt. Es war, typisch Bundestagspräsident, ein warnender Text, auf dass der Laden uns aufgrund der spalterischen Tendenzen, die diese Debatte hervorrufe, nicht um die Ohren fliege. Ich hab's grad noch einmal nachgeschaut, ein zentraler Satz war dieser hier: »In ihrer Entschiedenheit ist sie in der Gefahr, nicht akzeptieren zu können, dass nicht nur Minderheiten, sondern auch Mehrheiten berechtigte kulturelle Ansprüche haben und diese nicht als bloß konservativ oder reaktionär oder gar als rassistisch denunziert werden sollten.«* Man müsse miteinander reden und nicht Cancel Culture betreiben.

Ich könnte weiß Gott nicht alles unterschreiben, was in diesem Beitrag steht. Etwa Sätze wie: »Es sind Vernunftgründe, die entscheiden sollen, und nicht Herkunft oder soziale Stellung.« Da frage ich mich schon: Wo lebt der Mann? Aber alles in allem steht da nichts, was nicht im Spektrum der freiheitlich-demokratischen Grundordnung o. k. wäre. Er hat ja keinen ekligen Witz über Toiletten für das dritte Geschlecht gemacht (und sogar das wäre ja im Rahmen der FDGO ...).

Doch dann haben Parteichefin Saskia Esken und Vize Kevin Kühnert gesagt, dass sie sich für ein solches rückwärtsgewandtes Bild von der SPD schämten. Auch auf den sozialen Netzwerken hat Thierse einiges abbekommen. Thierse! Der ›Thierse blockierse‹, der sich bei Sitzblockaden gegen Neonazis den Arsch plattgesessen hat, als die meisten der Identitätsbewegten noch in Windeln steckten.

Das ist doch Wahnsinn. Andererseits habe ich das Gefühl, dass den Identitätspolitikern mittlerweile eine Macht zuge-

* Wolfgang Thierse, »Wie viel Identität verträgt die Gesellschaft?«, In: *FAZ*, 22. Februar 2021.

schrieben wird, die sie in Wirklichkeit – natürlich – nicht haben; als wären sie eine Gefahr für Demokratie und Meinungsfreiheit. Und das wiederum zahlt ein auf das Konto derer, die meinen, man dürfe in Deutschland ja überhaupt gar nichts mehr sagen, nicht einmal ›Zigeunerschnitzel‹! Aber dass sie ja gar nichts mehr sagen dürfen, sagen sie in schöner Regelmäßigkeit in allen möglichen Talkshows.

In diesem Aufsatz, der auf Hannah Arendt verwies, stand noch ein anderer Satz, der mir nicht mehr aus dem Kopf geht, er stamme vom Philosophen Thomas McCarthy. Demnach müssten die Opfer immer das erste Wort haben – aber nicht unbedingt das letzte.

In diesem Sinne freue ich mich von Dir zu hören, Habibi.

Ö.

TEL AVIV, 17. MÄRZ 2021

Liebste Ö. (… von der mir gerade eine bekannte Schauspielerin mit ›Migrationshintergrund‹ vorgeschwärmt hat, dass es nur wenige gibt, »die das können, was sie kann«! Yeah!!! Agreed!!),

Dein letzter Brief hat mich sehr nachdenklich gemacht. Gelacht habe ich nur an einer einzigen Stelle: bei dem Schiiten-Bild. Denn erst vor wenigen Tagen saß ich mit meiner früheren Lebensgefährtin Anna, einer Französin, im Café. Wir kennen uns seit 34 Jahren und sind nach wie vor eng befreundet. Auch sie hat viele, viele Jahre in Nahost gelebt, war in Israel, Libanon, Irak und anderswo als Journalistin unterwegs. Ich erzählte ihr etwas über mich, über einen Moment in meinem Leben, den ich bitter bereue. Sie hörte mir zu und sagte dann nur trocken: »Kannst du endlich mal aufhören, den Schiiten zu spielen?« Ich verschluckte mich fast an meinem Kaffee, so sehr musste ich lachen. Und jetzt auch wieder, weil Du dasselbe Bild bringst.

Auch wenn ich derzeit 3500 km vom impflosen Deutschland entfernt bin – natürlich habe ich diese ›Diskussion‹ um Thierse und Gesine Schwan mitverfolgt, die ja mal wieder eher eine ›Empörungswelle‹ war denn eine Diskussion. Das hat mich alles nicht gewundert. Schon vor vielen Jahren hatte ich mich innerlich mehr und mehr von der SPD zu entfernen begonnen und denselben Prozess durchgemacht wie viele Juden meiner Generation und der Generation davor (also Leute wie Dan Diner etc.). Wir waren quasi ›natürlich‹ links. Wo sollte man als Jude, als Kind von Holocaustüberlebenden in Deutschland sonst sein? Rechts etwa? In der Sozialdemokratie fühlte man sich aufgehoben, Stichwort Ermächtigungsgesetz, Stichwort Universalismus. Das kam der jüdischen Lebenswelt scheinbar entgegen, entpuppte sich jedoch als tragischer Irrtum. Der linke Antisemitismus, die problematische Positionierung gegenüber Israel, die es bereits bei Willy Brandt gegeben hatte, all das hat Henryk M. Broder, als er noch ein wirklich guter und brillanter Provokateur und Analytiker war, mit großer Verve beschrieben: »Ihr bleibt die Kinder Eurer Eltern«, hieß ja mal in den 1980er-Jahren ein großes Dossier von ihm in der *ZEIT*. Da rechnete er mit der deutschen Linken ab und zeigte, wie sie in der Tradition ihrer Nazi Eltern steht. Und wie viele Linke fälschlicherweise meinen, auf der richtigen Seite der Geschichte zu stehen, weil sie ja ›links‹ seien und damit gar keine Antisemiten sein können. Das verändert nicht unbedingt das Wahlverhalten, aber politisch ›beheimatet‹ fühlt man sich nirgends mehr. Dieser Abnabelungsprozess war ein schmerzlicher Prozess für mich. Ich wuchs ja auf in ›Feindesland‹ und haderte wie fast alle meiner Generation damit, dass unsere Eltern ausgerechnet in Deutschland hängen geblieben waren und wir hier aufwachsen mussten. Irgendwann aber wollten wir ›dazugehören‹. Willy Brandts Kniefall von Warschau war für mich und viele andere Juden sehr bedeutsam. Es gab einem das Gefühl, dass sich atmosphärisch tatsächlich etwas zu verändern begann im restaurativen Post-Adenauer-Deutschland, das sich vor Brandt allerdings tatsächlich mit einem Kurt Georg Kiesinger sogar noch geleistet hatte, ein ehemaliges NSDAP-Mitglied zum Bundeskanzler zu küren! Kiesinger war seit 1933 Parteimitglied gewesen, my ass!

Die Heimatlosigkeit, die ich anfänglich als ›void‹, als eine große Leere betrachtete und die mich hilflos machte in Deutschland, entwickelte sich schließlich zu einem Vorteil. Wenn man erst mal weiß, dass es keine Zugehörigkeit gibt, dann ist man auch gewissermaßen frei. Und sucht sich seine Verbündeten, die dann aber auch wirklich zu einem gehören. Zugegeben, das sind in Deutschland nicht viele. Aber es gibt sie. Und ich meine das hier auf der politischen Ebene, nicht auf der privaten.

All diese Gedanken und noch viele mehr kamen mir, als ich jetzt Deinen Brief las.

Xxxxxx

So … nachdem ich die Zeilen oben geschrieben hatte, wollte ich eigentlich am Abend weiterschreiben. Doch dann kam einiges dazwischen, ich verschob es – und schwups, war ich in dem ganzen Irrsinn um die israelischen Wahlen verfangen. Und vor allem in dem grauenvollen Wahlergebnis, das das Land einmal mehr lähmt und Netanyahu möglicherweise doch noch mal überleben lässt. Im absurdesten Fall wird Netanyahu Premier bleiben, weil er mit jüdischen Rechtsextremisten – zutiefst homophob, zutiefst antiarabisch, zutiefst antidemokratisch – koaliert und sich gleichzeitig von Ra'am, der Partei der Muslimbruderschaft, unterstützen lässt, um regieren zu können. Ich sag's Dir, wenn man meint, es könnte in der israelischen Politik nicht mehr verrückter werden, dann muss man feststellen: Doch, es geht immer noch eine Drehung mehr. Und wie! Aber darauf will ich jetzt nicht weiter eingehen, sondern auf unsere identitätspolitische Debatte. Die mir aber im Augenblick aufgrund der Entwicklung hier in Nahost, aber auch in Europa, vor allem in Deutschland, so ›klein‹ erscheint. Merkel hat sich gerade für die gestoppte Osterruhe entschuldigt, die Zahl der Covid-Infizierten steigt, die deutsche Politik ist ein Chaotenhaufen, der es nun bald mit der israelischen Politik in Sachen Irrsinn aufnehmen kann, AstraZeneca wird nicht an jüngere Menschen verimpft, in Israel hat Benny Gantz eine Kabinettsitzung mit Netanyahu platzen lassen, in der es darum ging, das Geld für den Kauf von 30 Millionen weiteren Impfdosen zu verabschieden. Pfizer ist irritiert, niemand weiß, was geschehen wird, möglicherweise verspielt Israel gerade sein ›Impfwunder‹, wie man das so doof in Deutschland nennt. Und ich, den Du gerade für seinen Grünen Pass beneidest, könnte in einem halben Jahr wiederum euch beneiden, weil ihr dann hoffentlich endlich geimpft seid und ich nicht weiß, wie ich zur nächsten Impfung komme, wenn es hier in Israel keine mehr geben sollte. Denn, obwohl ich Deutscher bin, bekäme ich in Deutschland keine Impfung, da ich keinen Wohnsitz in der ›Heimat‹ habe. Alles absurd. Absurd. Absurd. Man wird sehen. Wir haben ja gelernt, dass in diesen Pandemiezeiten alles sowieso immer anders kommt als geplant.

Also Identitätspolitik. Angesichts der riesigen globalen Probleme, denen wir gegenüberstehen, mag man die Frage um Gendersternchen und anderes für banal halten. Mich nervt auch das unbedachte Gendern, so etwa in einem Artikel von mir zum Thema Antisemitismus in den Medien. Da hat der Redakteur ständig »Jüdinnen und Juden« hineinredigiert und ich musste ihm erklären, dass das Gendern in diesem Fall falsch ist, weil »Jude« ein Topos ist. Das sah er dann ein, aber Himmel … was war das wieder für ein Aufwand, bis diese neue »political correctness« sich mal wieder mit Fakten auseinandersetzte und nicht mit Prinzipien …

Ich merke allerdings, dass meine Geduld mit den anderen Minoritäten-Gruppierungen ziemlich am Ende ist, wenn ich niedergemacht werde, nur weil ich ›weiß‹ oder gar Jude bin – und außerdem ein Mann. Und als solcher kapier ich ja grundsätzlich eh nichts. Das ist, sorry to say, so unendlich dumm und langweilig.

Es ist etwas ganz anderes, wenn Leute sich einander zuhören. Jene Schauspielerin mit Migrationshintergrund, die so für Dich schwärmt, hat einen kleinen Kreis auf Clubhouse gegründet, in dem wir im Augenblick sechs Teilnehmer sind, die über alles Mögliche reden. Einzige Grundregel: Man hört sich zu, lässt den anderen ausreden. Wir sind da eine illustre Truppe, alle gehören wir irgendwelchen Minderheiten an, haben sehr unterschiedliche Berufe, aber das ist genau das Spannende, weil wir sehr unterschiedliche Erfahrungen einbringen. Neulich sprachen wir über die Darstellung von Muslimen und Türken in deutschen Serien und Filmen. Natürlich gab es da Kritik, wenngleich auch in so manchen Fällen Lob. Ich hörte erst lange zu, da über Filme geredet wurde, die ich nicht kenne. Da ich nun schon 17 Jahre im Ausland lebe, habe ich viele Filme, die nur in deutschen Kinos gezeigt und nie gestreamt wurden, einfach verpasst. Leider. Irgendwann wurde ich gefragt, was ich denn von der Diskussion halte. Und ich erzählte, dass mein Gefühl – soweit ich das beurteilen kann – doch so ist, dass es inzwischen so viele Regisseure, Drehbuchautoren und Schauspieler aus der muslimischen Community gibt, dass die Darstellung des ›Muslim‹ oder des/der ›Türken/Türkin‹ authentischer und subtiler geworden ist. Wohingegen die Darstellung von Juden immer ein einziger klischeehafter Albtraum ist im deutschen Fernsehen und Kino. Eine aus der Runde erklärte mir dann, dass das aber doch so gar nicht mehr stimmen könne, die Serie *Unorthodox* sei doch einfach nur fantastisch. Und dann waren alle ziemlich platt und geschockt, weil ich lange ausholte und erklärte, warum dies eine der antisemitischsten Serien der vergangenen Jahre ist. Ich erklärte sehr ausführlich und detailliert, und alle waren einigermaßen überrascht, dass sie – durchaus kritische Menschen – nicht selbst darauf gekommen sind.

Was dann allerdings interessant war: Einer aus der Runde, der nun nicht Hans, Stefan oder Peter heißt, versuchte, mir klarzumachen, dass ich vielleicht einfach nur etwas zu empfindlich sei und das nicht so streng sehen solle. Da war nun wiederum ich geschockt. Und fragte ihn, was das eigentlich sei, was er da mache. Er würde da eine Haltung der Mehrheitsgesellschaft übernehmen, die wir Minderheiten doch alle kennen: dass wir über Antisemitismus oder Rassismus als ›Betroffene‹ doch gar nicht richtig reden könnten, weil wir ›zu emotional‹ oder ›zu betroffen‹ seien, um ›objektiv‹ (whatever this is!) urteilen zu können. Und dass wir das doch alle aus den Diskursen kennen, dass man unsere Minderheitenpositionen nicht für voll nimmt, dass also stattdessen die nicht betroffene Mehrheitsgesellschaft (selbst unter Wissenschaftlern!) jeweils definiert, was Rassismus oder Antisemitismus ist. Was mich seit jeher schon immer wütend gemacht hat. (Ebenso wie die bescheuerten Definitionen von Antisemitismus. Ich brauche keine. Ich weiß, wann jemand oder etwas antisemitisch ist. Und Antisemiten wussten das früher auch immer. Nur jetzt will ja niemand mehr antisemitisch sein, selbst wenn er es ist, also braucht's eine Definition, um dann jenseits oder trotz der Definition schön antisemitisch sein zu können … oh Mann!)

Wir gerieten in eine extrem intensive, aber sehr, sehr gute Auseinandersetzung und Diskussion. Und jener ›Nicht-Peter‹ begriff natürlich gleich, in welche Falle er da getappt ist. Was mich daran vor allem faszinierte: wie wir offensichtlich unbewusst die Positionen der Mehrheitsgesellschaft adaptieren. Wie wir das Bild, das die anderen von uns haben, zu unserem eigenen machen, obwohl es nichts mit unserem Eigenbild als Juden, Muslime, Schwarze, Schwule zu tun hat.

Was geschieht da? Warum machen wir das? Ist es Duckmäusertum, weil wir endlich akzeptiert werden wollen? Ist es der verzweifelte Versuch zu rufen: »Habt uns doch lieb!«? Oder ist es eine Form des Selbsthasses? Das Gefühl, man sei doch weniger wert als die anderen, einfach nur darum, weil man dies in Deutschland ein Leben lang so gehört und erfahren hat?

Noch einmal: Ich bin mir dieses Defektes so richtig bewusst geworden, seitdem ich die meiste Zeit in Israel lebe. Es gibt so viel Ungutes in Israel, über das ich mich täglich vielleicht noch mehr aufrege als über das, was in Deutschland passiert, einfach weil derzeit mein Lebensmittelpunkt hier ist. Aber dieses

›Leck-mich-Gefühl‹ gegenüber der nichtjüdischen ›Meinung‹ ist wunderbar. Was ich meine, ist natürlich das ›Patronizing‹, nicht die ernsthafte Auseinandersetzung mit Nichtjuden um egal welches Thema. Aber wie ich als Jude zu sein oder nicht zu sein habe, ob man mich nett findet oder nicht, ob ich ein ›guter Jude‹ oder ein ›schlechter Jude‹ bin – das alles ist mir inzwischen so herzlich egal geworden, dass es eine einzige Freude ist. Im Ernst. Es ist wie eine Häutung. Einen Teil meiner Haut als Diaspora-, als Ghetto-Jude bin ich losgeworden, wenngleich eben nur: einen Teil. Aber immerhin. Hab ja noch ein paar Jahre, hoffentlich, um die Häutung gänzlich zu vollziehen. Und da ist es inzwischen egal, wo ich tatsächlich bin und arbeite.

Und so bin ich auch bei der identitätspolitischen Diskussion mit anderen Minderheiten nicht mehr bereit, ihren Quatsch gegenüber Juden zu akzeptieren. Bin nicht bereit, den ›Weißen‹ zu geben, nur weil ich so ›gelesen‹ werde. Denn ich bin keiner. Und ich bin auch nicht bereit, zum ›Zionistenschwein‹ abgestempelt zu werden, da auch das nicht stimmt, nur weil ich in Tel Aviv lebe (übrigens habe ich mit Palästinensern hierzulande ganz andere, viel klügere Diskussionen, einfach deshalb, weil die so viel besser wissen, was sich hier abspielt, als die Menschen in Berlin oder Köln oder Frankfurt …).

Ich habe mir ein Stück nahöstlicher Aggressivität angeeignet. Finde ich das gut? Nicht wirklich. Aber ich merke: Sie wird immer nötiger. Denn auch die deutsche Gesellschaft wird immer aggressiver. Und meine ›Toleranz‹-Fähigkeit lässt mit zunehmendem Alter nach. Ich habe auf so vieles keinen Bock mehr, nur weil es im deutschen Diskurs ist, wie es ist. Insofern kann ich die Aggressivität einer jüngeren Generation von ›Minderheiten‹ durchaus nachvollziehen. Nur, man muss seine Kämpfe sehr genau wählen. Und eben nicht die Gießkanne über alle ausschütten. Und überprüfen, wo man selbst eigentlich steht und welche Fehler man übernimmt, wo man also vielleicht auch selbst … so richtig ›deutsch‹ ist …?

Sind wir beide, Özlem, deutsch? Ich kann das für mich nur bejahen. So ›nahöstlich‹ ich hier geworden bin, so merke ich doch, wie ›deutsch‹ ich auch bin. Doch mein Vorteil ist inzwischen, dass ich durch die kulturellen Vermischungen (auch die meiner Kindheit) zumindest alles zu relativieren versuche. Alles ist fragwürdig, alles angreifbar. Auch die eigene Position. Und so bin ich deutsch und jüdisch und israelisch und ungarisch und österreichisch und slowakisch und bayerisch und was weiß ich noch was … Dazu fällt mir übrigens eine total absurde Geschichte vom letzten Sommer ein:

Da lernte ich in einem Café in München per Zufall eine Dame so in meinem Alter kennen. Sie saß am Nebentisch, wir kamen ins Gespräch. Sie arbeitet an der Universität in München. Hochgebildet, eloquent. Wir switchten von einem Thema zum nächsten. Sie fragte mich, wo ich lebe. Und als ich ihr sagte, ich lebe in Tel Aviv, begann sie, mir sofort vorzuschwärmen, wie cool und toll die Israelis seien und wie fasziniert sie auch von der medizinischen Forschung dort sei. Doch irgendwann fing sie an, nur noch von »ihr« (also wir Juden) und »wir« (also die Deutschen) zu reden. Als ich sie darauf aufmerksam machte, dass ich ebenfalls Deutscher sei, lachte sie und meinte, das könne ja sein, aber ich gehöre doch zum jüdischen Volk und nicht zum deutschen. Sie sagte das ganz freundlich, es war keinerlei Aggression in ihrem Ton, nichts ›Antisemitisches‹, selbst wenn diese eigenartige Behauptung natürlich ein einziges großes Klischee ist.

Ich überlegte mir zunächst, ob ich sauer werden oder ihr erklären soll, warum das Unsinn ist, was sie sagt. Ich entschied mich für Letzteres. Erzählte ihr etwas über multikulturelle Identität in einer einzigen Person, dass das heutzutage nun wahrlich auf immer mehr Menschen zutrifft. Und so weiter. Du kannst Dir das sicher vorstellen. Was mich freute: Sie hörte mir tatsächlich aufmerksam zu, verstand plötzlich ihre Vereinfachung, sagte: »Wow, das hat mir noch nie jemand so erklärt …«, war auch ein wenig erschrocken, dass sie so unreflektiert war, über so etwas Fundamentales nicht ausführlich nachgedacht zu haben.

Ich freute mich, dass ich mich gegen die Aggression entschieden hatte. Manchmal macht es ja doch Sinn, den Menschen etwas erklären zu wollen. Dachte ich. Wir verabredeten uns für den nächsten Abend zum Essen. Wollten weiterreden über das Thema. Sie wollte vor allem noch mehr über Israel wissen, wo sie nur ein Mal vor 20 Jahren war und so gern mal wieder hinfahren wollte, aber wegen Corona ginge das ja im Moment nicht. Sie erzählte mir von ihrem Vater, der in der Wehrmacht war. Und so saßen wir, tranken Wein, diskutierten wieder ausführlich. Es war sehr nett, sie stellte kluge Fragen, hatte auch kein Problem zuzugeben, wenn sie Wissenslücken hatte. Doch dann, ich schenkte ihr gerade ein neues Glas Wein ein, schaute sie auf meine Hände und sagte: »Sie haben so wunderbar jüdische Hände!« Und das war der Moment, als ich mich total überrumpelt fühlte. Total. Ich war so verblüfft über diese Banalität, dass mir absolut nichts einfiel außer: »Aha, wieso sind meine Hände jüdisch?« Na ja, sagte sie, die seien einfach jüdisch. Das sähe man. Und wieder fiel mir keine passende Antwort ein. Oder doch, mir fiel etwas ein: Ich musste an die Rassentheorie der Antisemiten des 19. Jahrhunderts und der Nazis denken. An diese pseudowissenschaftlichen ›Erklärungen‹ über Gehirngrößen von Schwarzen oder Juden, um zu ›beweisen‹, dass die ›weiße‹ Rasse anderen Rassen überlegen sei. Mal abgesehen davon, dass auch Juden keine Rasse sind, aber mit solchen Petitessen wollen wir uns nicht aufhalten, nicht wahr?

Doch all das sagte ich ihr nicht. Weil ich zu verblüfft war. Am Tag danach aber betrachtete ich meine Hände, diese ›jüdischen Hände‹, und fragte mich, wie ich nun damit umgehen will. Und schließlich schrieb ich ihr eine WhatsApp. Versuchte es mit Süffisanz:

»Seit gestern Abend betrachte ich meine Hände und denke mir: Hm, das sind also jüdische Hände. Aha. Wie sehen denn jüdische Hände aus? Und wenn ich an die Menschen in Tel Aviv denke, haben alle genau solche Hände wie ich? Weil sie doch auch Juden sind? Aber vielleicht sind meine Hände ja eher ungarische Hände, weil meine Familie aus Ungarn kommt? Oder: ungarisch-jüdische Hände? Oder letztlich doch auch einfach deutsche Hände, denn ich bin ja Deutscher? Oder jüdisch-ungarisch-deutsche Hände? Und wenn ich ganz genau bin, dann müsste ich sagen: jüdisch-ungarisch-slowakisch-deutsche Hände? Denn mein Vater stammte aus einem Grenzgebiet, das vor dem Ersten Weltkrieg zu Ungarn gehörte, doch 1920, als er geboren wurde, zur Slowakei? Und so schaue ich auf meine Hände und frage mich, was denn so ›typisch‹ ist an diesen jüdischen Händen, die vielleicht sogar ein bisschen österreichisch sind, weil meine Urgroßmutter aus Österreich stammte …«

Ich hoffte, dass sie beim Lesen dieser Zeilen verstehen würde … Doch was bekomme ich als Antwort zurück: »Sie haben mich gerade herzlich zum Lachen gebracht. Das mit den Händen sollte nicht zur psychologischen Dissertation werden.« She simply didn't get it.

Nun ja … das war letzten Sommer. Nun haben wir Frühling in Israel. Und befinden uns eine Woche nach den Wahlen. Und sollten jüdische Rechtsextremisten und islamistische Muslimbrüder demnächst gemeinsam Netanyahu an der Regierung halten, dann sollen mir all die ›Experten‹ in Europa, die wissen, wie man den Nahen Osten befrieden kann, die

Hutschnur rauf und runter rutschen. Denn die Realität hier ist so viel komischer, absurder, meschuggener, als es sich Politiker und Intellektuelle jenseits des Mittelmeeres vorstellen können.

In diesem Sinne
Güçlü ve iyimser kal

Richard

HAMBURG, 12. APRIL 2021

Mein liebster alter weißer Jude, der immer noch restless ist und bleibt,

da wirste einmal nicht als Opfer hofiert und schon biste beleidigt!

Manchmal hilft nur Humor, je schwärzer, desto hilfreicher. Ich merke an Deinem letzten Brief, dass wir beide derzeit recht viel mit unseren anderen Ländern zu tun haben, und reist du nicht in das Land (wie ich kurz vor Ostern) und zu den Konflikten dort, dann kommt das Land mit seinen Konflikten halt zu dir.

Dazu kann ich Dir eine interessante Geschichte erzählen. Ich würde gern sagen, dass sie amüsant ist, weil ich tatsächlich zwischendurch lachen musste. Aber am Ende scheint sie mir doch eher Teil einer größeren Tragödie zu sein.

Der Vorfall ist eigentlich schnell erzählt: Zeitungen veröffentlichen, wie Du weißt, hin und wieder auch Debattenbeiträge von externen Autoren. So auch meine Zeitung. Kürzlich erschien dort der Artikel eines Autors, der der Partei AKP von Präsident Erdoğan nahesteht und regelmäßig Reisen in die

Türkei organisiert, bei denen Journalisten deutscher Medien auf hochrangige Minister treffen. Auch ich habe an einigen dieser Reisen teilgenommen. Der Autor forderte in dem Artikel, dass konservative Muslime in Deutschland in die Politik und die Parlamente sollten, weil sie eigentlich keine politische Vertretung hätten. Von jenen Abgeordneten, die bereits heute dort säßen, eher linke und säkulare Politiker mit einer türkischen oder kurdischen Herkunft, jedenfalls nicht konservativ und fromm, fühle er sich nicht repräsentiert. Außerdem finde er, die deutsche Politik sei bei dem Thema heuchlerisch, weil sie nur jene dieser Migranten aufnehme, die eben genau das nicht sind: sichtbar gläubige Muslime.

Ich hätte einiges an dem Inhalt dieses Textes zu kritisieren gehabt. Zum Beispiel, dass man die Schuld für die mangelnde Repräsentation nicht nur auf der einen Seite suchen sollte, schließlich ist politische Arbeit Knochenarbeit, die Leute müssen sich auch engagieren *wollen* und dürfen nicht darauf warten, dass sie gefragt werden. Tun sie das? Engagieren sie sich? Ich bezweifle es. Klar, es gibt auch jene, die wollen und nicht gelassen werden (einen von diesen nennt der Autor auch im Text: einen Mann, der für die CSU in Bayern Bürgermeister werden wollte, doch dann haben sich viele gegen einen Muslim ausgesprochen und er hat sich zurückgezogen; ebenso wie kürzlich der Tareq Alaows, der als erster Geflüchteter aus Syrien für die Grünen in den Bundestag ziehen wollte, sich aber dann wegen Morddrohungen gegen ihn und seine Familie zurückgezogen hat, wie berichtet wurde). Der Gastautor kritisierte auch, dass 26 Prozent der Bürger einen Migrationshintergrund haben, aber nur 8 Prozent der Abgeordneten im Parlament. Ich weiß nicht, ob das eine Rechnung ist, die man aufmachen kann. Wäre die Situation wirklich besser, wenn auch 26 Prozent der Abgeordneten einen Migrationshintergrund hätten? Ist es denn wirklich so, dass konservative Muslime am besten konservative Muslime vertreten? Ich persönlich fühle mich übrigens von keinem der Abgeordneten mit Migrationshintergrund, die derzeit im Bundestag sitzen, vertreten – und nun?

Man kann dieses Argument dennoch anbringen, man kann es sogar als AKP-Naher machen. Man kann, und das ist ja das Tolle an diesem Land hier, sogar einen solchen Text in einer großen Zeitung veröffentlichen, ganz anders als Oppositionelle in den Mainstream-Medien in der heutigen Türkei. Man nennt das »Debatte«, oder »Presse- und Meinungsfreiheit«. Und anschließend schreibt eine Autorin eine Replik und dekonstruiert diesen Text von Anfang bis Ende, weil er inhaltlich leicht angreifbar ist.

Aber Inhalte – ein solch gestriges Konzept!

Nachdem der Artikel erschienen war, war die linke türkische und kurdische Twitteria in Deutschland nicht mehr zu halten. Sie empörte sich gewaltig darüber, dass ein Erdoğan-Befürworter in einer deutschen Zeitung einen Artikel mit seinen Thesen veröffentlichen konnte. Keine Frage – dass einer die Erdoğan-Regierung unterstützt, die Oppositionelle und die freie Presse unterdrückt, das muss niemand gutheißen; auch nicht, dass der Autor Rechte einfordert, die die von ihm unterstützte Regierung anderen verwehrt.

Aber hier passierte noch etwas anderes: Nicht allein der Autor oder sein Text wurden zerpflückt (am wenigsten sein Text; vielleicht lag es daran, dass er hinter einer Bezahlschranke war, auch so eine weitere Unverschämtheit von uns, dass wir Inhalte nicht für lau verschleudern), sondern meine damalige Zeitung wurde zur ›Komplizin‹ der Erdoğan-Regierung gemacht. Wie denn *DIE ZEIT* einen solchen Artikel drucken konnte? Einem solchen Mann, einem »Faschisten«, ein Forum bieten? Da könne man doch auch gleich Björn Höcke drucken! Damit auch nicht genug. Dann kam nämlich ich ins Spiel.

Eine Gruppe von Männern, die sich wohl als links und demokratisch bezeichnen würden, versuchte also, so nehme ich es zumindest an, eine Art Shitstorm zu entfesseln, gegen den Autor dieses Artikels, die Zeitung, einige aus dem Kollegium, ja, und mich.

Plötzlich fand ich meinen Namen auf Twitter markiert. Ein Politikwissenschaftler postete ein Foto, auf dem ich und andere Kolleginnen und Kollegen zu sehen sind, während wir dem Autor des Artikels vor drei Jahren bei einer Blattkritik bei uns in der Redaktion zuhören. Der Politikwissenschaftler schien wohl der Ansicht, einer ganz heißen Sache auf der Spur zu sein, ja, einer Verschwörung von *DIE ZEIT* und AKP, die zum Ziel hat, die verfassungsmäßige Ordnung in Deutschland umzustürzen und eine Regierung von Erdoğans Gnaden in Berlin zu installieren, schätze ich. Und so schrieb der Politikwissenschaftler in einem seiner Tweets, die er an diesem Tag gefühlt im Minutentakt abfeuerte: »Soso, man kennt sich schon seit Jahren, interessant.« No shit, Sherlock!

Wie das oft so ist in unserer Erregungsmaschinerie, sagte jeder (es waren, soweit ich es sehen konnte, tatsächlich zumeist Männer) irgendwas, man brüllte wild durcheinander, und der Politikwissenschaftler und der konservative Muslim lieferten sich einen digitalen Fight, man bewarf sich mit allerlei Schmutz und überzog sich mit Vorwürfen, die ich nicht nachprüfen kann und will.

DIE ZEIT veröffentlicht also den Text eines Ankara-nahen Autors – und wer kriegt auf die Mütze? Nicht der blonde Kollege, der den Artikel bestellt und abgenommen hat, nein, sondern, wie immer, die Kollegin mit dem »Ö« im Namen, die nicht in die Entstehung des Textes involviert war. Gestern noch PKK-Agentin – heute schon Erdoğan-Agentin! Aber – und darüber wirst Du Dich sicher besonders freuen – ich war auch schon mal die »Puppe der Zionisten«. Na ja gut, eine Zeit lang auch das islamistische U-Boot. Sage niemand, in Deutschland seien für Leute wie uns keine Karrieren möglich.

So ging das noch eine ganze Weile, einige Tage. Du wirst Dich nun vielleicht fragen, warum ich Dir das alles so detailliert schildere. Der unernste Grund ist: weil ich Dich gern unterhalte. Der ernste: Weil dieses Beispiel in Echtzeit die Antwort auf die Frage lieferte, warum es der Opposition in der Türkei nicht gelingt, einen Block oder eine Art von Alternative zur Regierung in Ankara zu bilden. Das Gift der Polarisierung, das die Regierung in der Türkei und vor allem der Staatspräsident selbst fleißig versprühen, zeigt sogar Tausende Kilometer weit weg seine Wirkung.

Ich habe manchmal das Gefühl, dass dieser innere Konflikt außerhalb des Landes teilweise heftiger und unerbittlicher geführt wird als vor Ort. Und die Opposition, die selbst erklärten Gegner der türkischen Regierung, fängt an, aus zu Recht empfundener Wut sich ebenfalls autoritär zu verhalten. Schau Dir das Beispiel an, von dem ich Dir erzählt habe: Sie mischen sich in unsere redaktionellen Inhalte ein und sagen: XY könnt ihr nicht drucken. Sie versuchen, eine digitale Lynchkampagne loszutreten. Sie posten Fotos von einer türkeistämmigen Journalistin und machen rechtspopulistische Schreiber auf sie aufmerksam (auch das, ja), sie empfehlen Artikel rechtspopulistischer Medien. Sie unterstellen der freien Presse Propaganda. Sie unterstellen dir, du würdest Freiheit und Demokratie missachten – drunter machen sie es offensichtlich nicht. Gleichzeitig greifen sie Journalistinnen und Journalisten dafür an, dass sie ihre Arbeit machen und für ihre Berichterstattung auch mit Vertretern von autoritären Regierungen sprechen.

Eine türkische Kollegin, die ich sehr mag und schätze und die das alles auch beobachtete, schickte mir eine Sprachnachricht. Ihre Stimme war mit einer ehrlichen Erschütterung unterlegt. Sie fragte: »Wie sollen wir uns je wieder in die Augen sehen und miteinander sprechen?«

Was all diese Leute nicht verstehen: Es kann passieren, dass ich heute den inhaftierten kurdischen Politiker Selahattin Demirtaş interviewe (was ich tatsächlich neulich gemacht habe) und morgen, wenn ich denn eine solche Möglichkeit bekäme, Präsident Erdoğan persönlich. Finde ich es falsch, was in dem Artikel steht? Vieles davon: ja. Finde ich es richtig, dass es erschienen ist? Aber ja.

Deine »jüdischen Hände« muss ich mir bei unserem nächsten Treffen noch einmal ganz genau anschauen. Aber dann beurteilst Du bitte auch, wie türkisch Du meine Nase findest, oder ob Du in ihr auch einen schleswig-holsteinischen oder bulgarischen Einschlag erkennst.

Ich war aber überrascht darüber, was Du über Deine Begegnung mit der Dame im Café erzählst. Ich dachte immer, nur ›wir‹ Migrantenkinder der zweiten, dritten, vierten, bald fünften Generation müssten uns immer erklären, als was wir uns sehen. Deutsche? Deutsche mit der berühmten Migrationsgeschichte? An manchen Tagen doch eher als Ausländer? Es gibt das Bild, das du von dir selbst hast, und das Bild, das andere von dir haben. Legt man sie übereinander, wird sichtbar, dass sie nicht passen. Ob wir beide deutsch sind, Habibi? Ich komme langsam in so ein Alter, in dem ich mir darüber eigentlich keine Gedanken mehr machen möchte. Aber wahrscheinlich sind wir deutscher, als wir denken. Und ja, meistens fällt einem das auf, wenn man woanders ist.

Zu der Frage, *wie* deutsch wir sind, fällt mir eine Begebenheit aus meiner Schulzeit ein. Ich war in der fünften Klasse auf dem Gymnasium, mein älterer Bruder war in der Oberstufe, kurz vor dem Abitur. Es war kurz nach den Sommerferien, die erste Schulwoche, in der wir unsere Bücher für das kommende Schuljahr in der Bibliothek abholen mussten. Ich stand mit einigen Schulkameraden vor dem Raum, wir sollten einzeln eintreten, damit auch ja nichts durcheinanderging, schließlich waren die Bücher Schuleigentum. Welches Kind welche Bücher auslieh, wurde streng protokolliert. Die Schüler wurden alphabetisch aufgerufen, da mein Nachname mit »T« beginnt, gehörte ich zu jenen, die am längsten warten mussten. Und weil Warten langweilig ist, fingen wir an, uns gegenseitig zu stupsen und zu kitzeln. Das wurde dem Lehrer, der die Bücher herausgab, einem Choleriker, auch im Unterricht, soweit ich mich erinnere, zu viel. Seltsam war allerdings, dass nur ich Ärger bekam. Ich weiß nicht mehr genau, was ich sagte, nur dass ich etwas sagte. Ich wehrte mich wahrscheinlich in der Art, wie es Kinder in diesem Alter tun: »Aber Michael hat angefangen! Julia hat auch geschubst!« Oder ähnlich. Woran ich mich aber ganz genau erinnere, ist, was der Lehrer sagte. Ich erinnere mich daran, als sei es erst gestern gewesen. »Was willst du denn machen? Deinen großen Bruder holen, damit er mich mit dem Messer absticht?«

Was danach folgte, könnte in einem Drehbuch stehen, aber dass das echte Leben so etwas bereithält, wirkt heute noch surreal auf mich. Gerade als der Lehrer diesen Satz aussprach, betrat mein älterer Bruder die Bibliothek, um seine Bücher abzuholen. Er hatte sich verspätet. Der Lehrer sah ihn und fror an Ort und Stelle ein. Vielleicht dachte er, dass der 17-Jährige just in dem Augenblick einen riesigen Osmanensäbel aus seinem Rucksack hervorkramt, ihn aufschlitzt und anschließend durch sein Blut watet? Mein Bruder grummelte irgendetwas in der Richtung, dass der Lehrer so sicher nicht mit seiner kleinen Schwester sprechen dürfte, und stapfte nach draußen, nicht ohne seine Bücher einzupacken. Im Gehen teilte er dem Lehrer noch mit, er würde das jetzt dem Direktor melden.

Dem Direktor! Der Lehrer war von diesem Auftritt offensichtlich überrascht und erschrocken, jedenfalls lief er meinem Bruder hinterher, und ich ihm. Er holte meinen Bruder ein und entschuldigte sich.

Ich frage Dich, lieber Richard: Kann es etwas Deutscheres geben, als zum Direktor zu gehen?

Ich weiß nicht, ob die Entschuldigung des Lehrers ehrlich war, ob er vielleicht aus Überforderung so etwas gesagt hat, oder ob nicht einfach etwas aus ihm hervorgebrochen ist, was rausmusste, und er sich anschließend nur deshalb entschuldigt hat, weil er den Ärger mit seinem Vorgesetzten scheute. Aber zum ersten Mal wurde mir richtig bewusst, dass wir anders gesehen wurden. Dass ich ein türkisches Mädchen mit einem großen Bruder war, der wohl ein Messer haben musste.

Unseren Eltern haben wir jedenfalls damals nichts von dieser Begebenheit erzählt, das hätte nämlich mächtig Ärger gegeben – nicht für den Lehrer, für uns Kinder! Schließlich lautete die große Lebensformel: Fallt nicht auf! Macht uns bloß keinen Ärger! Seid immer fleißig! Macht uns keine Schande! Du kennst das ja.

Bitte, Lieber, fang nicht auch an, gegen die angeblich so starke und mächtige Lobby der ›Political Correctness‹ zu schimpfen. Ich frage mich bei allem, was so passiert, wo sie denn ist, wenn man sie einmal braucht, diese Political Correctness. Man kann alles übertreiben, aber lieber ist man politisch korrekt als ein Arschloch.

Deine Ö.

PS: *Unorthodox* ist eine der antisemitischsten Serien der vergangenen Jahre? Das musst Du mir erklären. Warum?

MÜNCHEN, 27. APRIL 2021

Liebe Özlem,

was soll ich zu alldem sagen? Dass ich mir die Zeit vor Social Media zurückwünsche? Als noch nicht jeder jeden Mist in die Welt hinauströten konnte und dieser Quatsch von Tausenden und Abertausenden dann auch noch verbreitet wurde? Der politische und demokratische Diskurs ist inzwischen auf einem Niveau angekommen, auf das man sich eigentlich nicht hinunterbegeben will. Ich bin ja selbst auf Social Media unterwegs, als Journalist hat man ja fast keine Chance, das auszulassen.

Aber glaub mir, wie oft habe ich mich gefragt, was geschehen würde, wenn ich mich von Twitter & Co. einfach mal so verabschiede. Habe keine Lust mehr. Aber muss doch irgendwie weitermachen. Der Fluch der Moderne. Nimm doch nur mal diese Ignoranz deutscher Schauspielerinnen und Schauspieler. Was die unter #allesdichtmachen an Zynismus in Sachen Corona verbreitet haben, ist unfassbar. Wie sagte Alfred Hitchcock mal: »I never said all actors are cattle; what I said was all actors should be treated like cattle.« Schauspieler sollten also wie Rindviecher behandelt werden. (Wenn ich mich richtig erinnere, haben einmal die drei Protagonisten, mit denen er gerade einen Film drehte, an einem Drehtag drei Kühe am Set hinstellen lassen, die Bänder mit ihren Namen trugen. Ich glaube, es waren Carole Lombard, Robert Montgomery und Gene Raymond.) Aber bei diesen Größen des deutschen Kinos muss man sich wahrlich nicht entschuldigen, wenn man sie wüst beschimpfen würde.

Klar, was Du da berichtest, ist natürlich ein Vielfaches schlimmer, aber irgendwie hat das doch alles miteinander zu tun. Der Verfall von Werten, der Verfall einer ethischen und moralischen Diskussionsgrundlage, anything goes und jemand hat recht, einfach, weil er lauter brüllen kann.

Was Du beschreibst, lässt mich natürlich auch an Israel denken. Da ist es ja ähnlich. Der Populist hat die Gesellschaft gespalten, hat Hass gesät und erntet die Früchte. Die Opposition ist zutiefst zerrissen und gespalten, man will den ›ewigen Bibi‹ loswerden, kann sich aber kaum auf irgendeine Basis verständigen, misstraut sich, viel Neid, Rachsucht, Eifersüchteleien, Stolz, Ego … Wie will man da noch schnell die Demokratie retten? Nein, das gelingt nicht. Zumindest bislang nicht. Wie's weitergeht, ist ja noch offen. Netanyahu hat noch bis zum 4. Mai Zeit, eine Koalition zu bilden, er wird immer verzweifelter und manischer in seinem Versuch, seine Macht zu retten. Ob er es schafft? Ich würde mich noch nicht trauen zu sagen, dass er diesmal nun endgültig gescheitert ist. Aber selbst wenn – werden die anderen eine Koalition zustande bringen? Und so wie es aussieht, könnte der jetzige Verteidigungsminister Naftali Bennett der große Nutznießer werden, weil er – trotz gerade mal sieben Mandaten für seine Partei – das Zünglein an der Waage ist und die anderen, allen voran der liberale Politiker Yair Lapid mit seinen 17 Mandaten, ihm das Amt des Premiers zunächst überlassen müssten, um Netanyahu endlich den Garaus zu machen. Und dann? Bennett ist ideologisch noch viel weiter rechts als Bibi. Was wird dann werden? Die Opposition würde sich in einer Koalition rasch zerfleischen. Wenigstens nicht ganz so voller Hass und Wahn wie in der Türkei und wie das, was Du da gerade erlebt hast. So weit ist man in Israel zum Glück noch nicht. Aber wer weiß, was da noch kommen wird.

Nur: All das interessiert mich im Augenblick nur am Rande. Ich erlebe derzeit eine Tragödie, die in meinem Leben alles überschattet. Meine fast 97-jährige Mutter ist vor vier Wochen ins Krankenhaus eingeliefert worden. Sie ist in kürzester Zeit dement und wohl auch psychotisch geworden. Und natürlich sind jetzt auch körperliche Probleme, massive Probleme, dazugekommen. Ich will jetzt gar nicht ins Detail gehen, das ist viel zu privat, ich will Dir jetzt auch nicht genauer erzählen, wie skandalös sich die Krankenhäuser, in denen sie untergebracht war, verhalten haben. Der Ton, der Umgang mit einer verwirrten alten Frau, noch dazu einer KZ-Überlebenden (und wir haben die Ärzte immer wieder darauf hingewiesen!) – unfassbar. Aber schlimmer noch: Es wurden etliche physische Probleme einfach übersehen!

Was ich aber ausführlich erzählen will, ist das, was Herr Gauland so salopp als »Vogelschiss« in der deutschen Geschichte bezeichnet. Meine Mama ist nämlich in ihrer Verwirrung wieder zurück ins KZ geworfen worden. Sie durchlebt in der Echtzeit wieder alles, was war. Hier und jetzt. Voller Angst, voller Entsetzen. So telefonierte ich mit ihr zum Beispiel vor zwei Wochen, sie war in der psychiatrischen Klinik, und sie sagte mir, dass man ihr in der Früh erzählt habe, ihr Onkel, ihr Vater und ich seien auf der Flucht erschossen worden. Doch ihr sei klar gewesen, dass ›die‹ lügen. Denn ihr Onkel und ihr Vater seien ja längst tot. (Sie war in den Zeiten hin- und hergesprungen. Die beiden waren im KZ, hatten aber überlebt und waren in den 1970er-Jahren gestorben.) Also sei ›logischerweise‹ nur ich erschossen worden. Man habe mir in den Rücken geschossen. Wie es mir denn gehe? Ich sagte ihr, es gehe mir gut, niemand habe auf mich geschossen, alles sei gut.

Darauf sie: »Wo bist du denn?«

Ich: »In Tel Aviv.«

Sie: »Wo ist das?«

Ich: »In Israel.«

Sie: »Du bist in Israel? Das ist gut! Das ist sehr gut, da bist du sicher!«

Ich: »Ja, Mama. Aber sowie ich eine Genehmigung habe, dich zu besuchen, komme ich nach München. Ist ja wegen Corona gerade schwierig, ins Krankenhaus reinzukommen!«

Sie: »Nein, nein, nein!!! Komm auf keinen Fall. Bleib, wo du bist! Die Deutschen wollen uns alle umbringen. Komm nicht. Dort bist du sicher! Und pass auf, was du sagst, sie hören unsere Gespräche ab, ich werde hier auch geschlagen und gequält!«

Wurde sie in dieser Klinik geschlagen? Ich hörte nur immer wieder den zum Teil barschen Ton der Pfleger, wenn ich anrief und meiner Mutter das Telefon gebracht wurde. Wurde sie vielleicht auch fixiert? Sie hatte mehrfach Panik- und Wutausbrüche aus Angst vor der SS. Ich weiß es nicht. Offiziell ist das verboten. Aber wie soll man das kontrollieren? Außerdem weiß ich von genug Fällen, wo man Patienten in psychiatrischen Kliniken eben doch fixiert hat. Dass man auf alle Fälle dort nicht nett zu ihr war, war offensichtlich. Und was das bei ihr getriggert hat, natürlich auch. Und als ich ihrem behandelnden Arzt eine Mail geschrieben hatte, dass meine Mutter ›wieder‹ im KZ ist – was er kaum wissen konnte, weil meine Mutter plötzlich kein Deutsch mehr sprach, sondern nur noch Ungarisch, und er somit nicht verstehen konnte, was sie da dauernd erzählte –, und als ich ihm das alles schrieb mit der Bitte, ihr zumindest etwas zu geben, was ihr die Angst nimmt, was geschah dann? NICHTS. Einfach NICHTS. Der Arzt meldete sich einfach nicht. Und meine Mutter hatte weiter Angst. Wer ist denn da wirklich krank? Die Patienten oder solche Ärzte? Empathie? Ein Fremdwort.

Durch ihren Zustand, der sie in jene Zeit zurückkatapultiert hatte, erfuhr ich während der täglichen schmerzhaft-abstrusen Telefonate mit meiner Mutter plötzlich Dinge, die ihr im Lager widerfahren sind, die ich Dir hier nicht so ohne Weiteres wiedergeben kann. Es ist so schrecklich, so persönlich, dass ich meine Mutter selbst vor Dir, meine liebe Freundin, schützen muss. Aber stell Dir das Schlimmste vor, dann bekommst Du eine Ahnung von dem Grauen, das meine bald 100-jährige Mutter noch einmal durchlebt. Durchleben muss.

Und dass ihre ›Fantasien‹ keine sind, wurde meiner Schwester und mir im Gespräch mit unserer Cousine klar, die sich erinnerte, wie unsere Mutter sich ihrer Mutter damals, wenige Jahre nach dem Krieg noch in Budapest, anvertraute, von Cousine zu Cousine, von Frau zu Frau.

Als meine Mutter dann vor zehn Tagen wegen massiver Blutungen in der Bauchhöhle in ein anderes Krankenhaus eingeliefert wurde, machten die Ärzte meiner Schwester und mir deutlich, dass sie wohl nur noch wenige Tage zu leben habe. Meine Schwester kam sofort aus der Schweiz hinüber, denn nun – angesichts ihres bevorstehenden Todes – erhielten wir eine Besuchserlaubnis. Und ich saß sofort in der nächsten Maschine nach München. Und hatte Glück, weil Israel nun ein »Grünes Land« ist und ich in Deutschland nicht mehr in Quarantäne muss. Darüber hinaus bin ich ja geimpft (ebenso meine Schwester aus der Schweiz), aber das interessiert in Deutschland ja noch keinen. Erst im Angesicht des Todes durften wir zwei Geimpften zu unserer einsamen Mama in die Klinik.

Im Flieger nach München hatte ich Angst, dass ich sie vielleicht nicht mehr lebend sehen würde. Was für ein schrecklicher Flug das war … Aber dann saß ich endlich am Krankenbett meiner verwirrten Mutter. Und zum Glück erkannte sie mich, aber warnte mich ständig vor den Gefahren, die um uns herum sind. Die Gefahren = die Deutschen.

Kannst Du Dir vorstellen, wie man sich als Kind fühlt, wenn

man das erleben muss? Es ist ja grauenvoll genug mitanzusehen, wie der Verstand deiner Mutter allmählich zerfällt und erlischt. Wie es ist, seine Mama zu verlieren, obwohl sie physisch noch lebt. Das kennen viele Kinder. Demenz, Alzheimer, Delirium, Psychose – dadurch, dass wir alle immer älter werden, sind diese Degenerierungen des Gehirns immer häufiger zu erleben. Aber hilflos neben einer Mutter zu sitzen, die am Ende ihres Lebens noch einmal in die Konzentrationslager der Nazis zurückkehrt? Wozu soll das gut sein?

Ach richtig, es ist ja alles »Vergangenheit«, es ist nur ein »Vogelschiss« in der Geschichte des deutschen Volkes.

Natürlich bin ich dann froh, dass es Israel gibt – und gucke gleichzeitig auch wütend und angeekelt auf das politische Debakel dort (bin ja jetzt gerade wieder in Deutschland, also darum ›dort‹) und mach mir ernsthafte Sorgen, was aus dem Land wird. Aber auch Deutschland befindet sich in einer politischen Krise und die Art und Weise, wie schon wieder auf Annalena Baerbock geguckt wird, diese Diskussion, ob sie denn mit zwei Kindern Kanzlerin ›könne‹, all das lässt einen doch nur noch erschaudern, nein? 2021? Wir stecken tief in den 1950er-Jahren – maximal. Manchmal fühlt es sich auch wie 19. Jahrhundert an.

Du fragst mich am Ende Deines Briefes, warum *Unorthodox* eine antisemitische Serie ist? Nun, das kann ich Dir erklären. Bist Du bereit? Hast Du Zeit?

Fangen wir erst einmal damit an, dass die Netflixserie etwas anderes ist als das Buch von Deborah Feldman, die in ihren autobiografischen Aufzeichnungen ihr Leben darzustellen versucht. Der Film ist ganz anders als das Buch. Eine Verknappung, eine Interpretation, eine Adaption. Insofern geht es nur noch bedingt darum, wie authentisch das Leben der Deborah Feldman dargestellt wird. Die Serie tut es nicht.

Stattdessen ist sie zu einer christlichen Heilsgeschichte verkommen. Deborah Feldman, die einen beachtlichen Weg zurückgelegt hat – von der radikalsten jüdischen Sekte, den Satmarer Chassidim, zu einer modernen Frau im Berlin des 21. Jahrhunderts –, hat wahrscheinlich nicht verstanden, was in diesem Film geschehen ist. Und ich gehe davon aus, dass Maria Schrader, die Regisseurin, das auch nicht kapiert hat (obwohl ich von einer Freundin von ihr etwas anderes gehört habe – aber dennoch weiß ich nicht mit Gewissheit, ob sich Schrader schon im Produktionsprozess im Klaren war, wie schief das inhaltlich und konzeptionell geht). Die Kritik hat sich zwar überschlagen vor Begeisterung, aber das besagt ja nichts. Auch nicht die Tatsache, dass in der Serie das ultraorthodoxe Leben tatsächlich perfekt dargestellt wurde, authentisch, inklusive des Jiddischen, das endlich einmal nicht als typisches fernsehdeutsches Gejiddel rüberkommt. Aber allein die Tatsache, dass man darüber begeistert sein muss, dass ein jüdisches Milieu authentisch gezeigt wird, macht schon klar, in welcher Wüstenlandschaft man sich in Deutschland befindet, wenn es um die Darstellung von Juden auf der Leinwand oder im TV geht.

Es geht um die Geschichte einer jüdischen Frau, Esti, die aus der radikalen und völlig abgeschotteten ungarisch-jüdischen Satmarer-Chassidim-Gruppierung in New York ausbricht, um ein anderes Leben zu führen. Sie geht nach Berlin. O. k. So weit, so gut, auch wenn der Film völlig unterschlägt, dass jemand aus dieser Sekte von diesem normalen Leben draußen keine Ahnung hat und dieses erst mühselig erlernen muss. Egal, wir sind im Fictionbereich. Aber: Der Film arbeitet mit Klischees und mit symbolischen Bezügen, die eine tiefere Bedeutung haben. In New York, als sie noch Teil der Satmarer ist, heiratet Esti. Und geht vorher in das rituelle Tauchbad, in die Mikveh. Das ist so üblich. Dabei taucht sie ganz unter (inklusive der Haare), so wird das gemacht. Alles so weit, so gut. Der eigentliche Skandal beginnt dann in ›Berlin‹.

Mal abgesehen davon, dass das Berlin, das da gezeigt wird, relativ wenig mit dem eigentlichen Berlin zu tun hat, mal abgesehen davon, dass diese internationale Studentengruppe, die Esti kennenlernt, so wirkt, als sei sie von einem Erasmus-Werbeplakat herausgesprungen, gibt es einige Schlüsselszenen, die durchaus auch in ihrer Bildsprache verräterisch sind. Esti fährt mit der Gruppe an den Wannsee. Und der gut aussehende, freundliche junge Deutsche aus der Gruppe klärt Esti darüber auf, dass auf der anderen Seite die Wannseevilla steht, wo die »Endlösung der Judenfrage« beschlossen wurde. Aren't we impressed: Ein gut aussehender, sympathischer Deutscher, der seine Geschichte kennt. Wow. Nicht wirklich realistisch, aber bitte. Natürlich gibt es ein paar junge Deutsche, die ein bisserl was wissen. Aber dass Esti ausgerechnet auf so einen jungen Mann stößt, na ja … geschenkt.

Und was geschieht dann? Esti geht ins Wasser und nimmt ihren »Scheitel« (»Perücke« auf Jiddisch) ab. Hervor kommt ihr kurzes Haar. Bei frommen Juden ist es üblich, dass eine Frau nach ihrer Hochzeit ihr Haar bedeckt. Das Haar ist ein sexuelles Symbol und nur der angeheiratete Mann hat das Recht, es zu sehen. So gibt es vom Kopftuch bis zum Hütchen alle möglichen Formen, das Haar einer verheirateten Jüdin zu bedecken. Die Ultraorthodoxen haben allerdings eine besonders radikale ›Lösung‹ gefunden. Bei ihnen wird das Haar der Frau nach der Hochzeit abgeschoren und von da an trägt die Ehefrau immer den sogenannten Scheitel. Nun ja.

Wie plakativ der Film damit umgeht – und ich komme gleich auf die Wannsee-Szene zurück: Was in New York noch als Zeichen weiblicher Unterdrückung dargestellt wird, wird in Berlin nun zu einer schicken Kurzhaarfrisur umgedeutet und zum Aufbruch in eine hippe Welt. Eine der Erasmus-Figuren sagt das in einem Dialog sogar. Wie toll Estis Haarschnitt sei … platter geht's nicht. Was ›dort‹ wie ein Zeichen der Unterdrückung gewertet wird (vom Zuschauer), wird ›hier‹ zum hippen Modeschick umgedeutet (needless to say, dass im Film der Haarschnitt natürlich perfekt ist …).

Zurück zur Wannsee-Szene. Esti geht also ins Wasser, zieht ihre Perücke für immer aus. Und taucht unter – wie in der Mikveh. Ein zweites rituelles Tauchbad also. Ausgerechnet gegenüber von der Wannseevilla beginnt im ›deutschen‹ See die ›Menschwerdung‹ der armen, unterdrückten Jüdin. Und was macht der Film: Die Kamera steigt immer weiter nach oben und zeigt Esti im Wasser liegend mit ausgebreiteten Armen, quasi aus dem Blickwinkel Gottes! Sie liegt da im Wasser in derselben Pose wie Jesus am Kreuz – die christliche Heilsgeschichte hat begonnen.

Und natürlich wird sie nur von einer einzigen Person kritisiert und angegriffen: der Israelin in der Erasmus-Gang. Die dann von den anderen sofort als »General« angegriffen wird für die Kritik an Esti. Klar: Israelin = Militaristin. So simpel geht's. Die böse Zionistin gegen die gute Diasporajüdin, die ihr Judesein endlich ablegt, um ein ›richtiger‹ Mensch zu werden.

Und natürlich wird Esti erst wahrhaft zum ›Menschen‹, als sie mit dem gut aussehenden, freundlichen, geschichtsbewussten Deutschen in die Kiste steigt und ihre weibliche Erweckung erlebt. Der erste Orgasmus – der Deutsche macht's möglich! Und all das geschieht natürlich in Berlin! Ausgerechnet in der einstigen Hauptstadt des ›Tausendjährigen Reiches‹ wird die Jüdin ›erlöst‹!

Soll ich weitererzählen oder wird Dir klar, wie ekelhaft diese Serie ist? Was sie insinuiert in der unglaublichen Verkürzung der wahren Geschichte. Unerträglich. Und rechthaberisch.

Mal abgesehen davon, dass den zumeist unwissenden Zuschauern da ein dermaßen extremes Judentum präsentiert wird, das selbst innerhalb der frommen jüdischen Welt als ziemlich gaga angesehen wird. Was bleibt da für ein Eindruck? Was bleibt da als Gedanke, als Bild, als Vorstellung zurück? Das ist, wie wenn man den Islam nur über islamistischen Extremismus darstellt. Oder das Christentum über radikale Evangelikale. Aber nein, man ist ja so stolz auf die ›Authentizität‹ der Darstellung und wie gut das alles geworden ist. Und einen Emmy gab's obendrein. Der ›Kosher-Stempel‹ von irgendwelchen US-Juroren, zum Teil Juden, die nicht einmal im Ansatz begreifen, wie die Serie in einem deutschen Kontext wahrgenommen wird.

Dass die echte Deborah Feldman zur Lieblingsjüdin vieler Deutschen geworden ist, wundert mich übrigens gar nicht. Sie sagt in der Öffentlichkeit all die Dinge, die man in Deutschland hören will: Deutschland sei super, die Deutschen seien super, hier fühle sie sich frei und sicher, Antisemitismus gebe es eigentlich eher nicht (hab mich mal dazu mit ihr auf zwei Podiumsdiskussionen in Brüssel und Berlin herumgestritten). Ein paar Jahre in Berlin leben und schon wird man zur Deutschlandexpertin. Oj vej's mir, Dvorale …

Ach, Özlem … ich bin all dessen manchmal so müde. Und denke an meine Mutter, die im Lager ist mit ihren fast 97 Jahren. Und Angst hat. Und manchmal in meinen Armen weint wie ein kleines Kind, das begreift, dass es keine Chance hat, seinem Schicksal zu entkommen. Kannst Du Dich noch an *Schindlers Liste* erinnern? Da gab's doch als eine kleine Nebengeschichte dieses kleine Mädchen mit dem roten Mantel. Auch wenn meine Mutter bereits 20 war, als sie ins KZ kam … als ich ihr weinendes Gesicht letzte Woche im Krankenbett gestreichelt habe, da kam sie mir vor wie dieses kleine Kind: verloren, allein, hilflos. Und voller Unverständnis, was mit ihr geschieht. Jetzt, tatsächlich im Krankenhaus. Aber auch damals. Sie begreift nicht, was Menschen Menschen antun können.

Der Holocaust ist Geschichte. Wirklich?

R.

HAMBURG, 29. APRIL 2021

Ach Richard,

nichts, was ich schreibe oder sage, könnte Trost spenden. Mir geht das sehr nahe, was Du über Deine Mutter erzählst, und es erschüttert mich tief. Von einem bestimmten Punkt an verkehren sich die Rollen, nicht wahr? Wir Kinder werden zu den Eltern unserer Eltern, wir werden Mütter und Väter und halten ihre Händchen und Köpfchen. Wir trösten sie und reden ihnen gut zu, wie nach einem Sturz beim Ballspielen oder Radfahren, das sie noch nicht beherrschen. Wir verstehen ihre Sprache und helfen ihnen, die Welt der Erwachsenen zu verstehen. Wir lassen alles stehen und laufen/fahren/fliegen zu ihnen, wenn sie sich wehgetan haben oder krank geworden sind.

Was für ein Clusterfuck des Lebens ist das, dass Deine Mutter gerade das Schlimmste noch einmal erleben muss? Glaubst Du, dass da etwas wiederkommt, was lange verdrängt worden ist? Ich habe Dich das nie gefragt, aber wie wurde bei Dir zu Hause, als Du Kind warst, über das Geschehene gesprochen? Oder wurde es, gewissermaßen spiegelbildlich, verschwiegen, wie bei jenen deutschen Familien mit Nazivergangenheit, die erst zu reden begannen, als ihre 68er-Kinder sich das Schweigen nicht mehr gefallen ließen und rebellierten?

Ich musste gestern an Deine Mutter denken, als ich anfing, den Film *Defiance* zu schauen. Kennst Du den? Es geht um vier jüdische Brüder aus Polen, die Bielski-Brüder, die Hunderte Juden vor den Nazis in den Wäldern des heutigen Belarus beschützten und eine Partisanengruppe bildeten, mit der sie gegen die deutschen Besatzer und ihre Helfer kämpften. Der Film beruht auf einer wahren Geschichte und ist schon einige Jahre alt. Der Netflix-Algorithmus war so nett, ihn mir vorzuschlagen. Ich erinnerte mich an das Filmplakat, das ich mal wahrgenommen hatte, als man noch Dinge tat, wie ins Kino zu gehen. Angeführt wird die Gruppe von dem ältesten Bruder Tuvia (gespielt von Daniel Craig), und er sagt den Juden im Wald: »Jeder Tag in Freiheit ist ein Leben in Würde. Und sollten wir sterben, bei dem Versuch zu leben, dann sterben wir wenigstens wie Menschen. Unsere Rache ist, am Leben zu bleiben.«

Deine Mutter hat zig KZ überlebt, und ich bin sicher, mit diesem Lebenswillen wird sie nun auch dieses in ihrem Kopf überleben.

Verblüffend, wie sehr sich die israelische und die türkische Gesellschaft und Politik ähneln. Eine dysfunktionale Opposition, deren nahezu einzige Gemeinsamkeit, nein, nicht der Erhalt oder die Stärkung von Demokratie und Grundrechten ist, sondern die Forderung, dass der derzeitige autoritäre Machthaber, der nur noch für den Erhalt seiner Macht arbeitet, verschwinden möge; dass seine dummen Wähler endlich sehen mögen, was für einen Fehler sie begehen, indem sie ihn wählen, ja, was sie dem Land damit antun! Aber wenn man danach sucht, was sie diesen Leuten anbieten, wie sie sie von dem Machthaber wegholen, findet man wenig. In beiden Ländern ist die Antwort auf die Frage nach Alternativen deprimierend. Erst neulich demonstrierte die Opposition in der Türkei wieder, wie deprimierend sie sein kann.

Alle Jahre wieder starren viele zwar nicht wie gebannt, aber schon neugierig darauf, was das Weiße Haus am 24. April für eine Mitteilung herausgibt – wird der amerikanische Präsident an diesem Gedenktag für die Massaker an den Armeniern im Osmanischen Reich das Wort »Völkermord« benutzen? Es sollte der ach so langweilige und mittige Joe Biden sein, der von einem Genozid sprach. Und noch lauter als Präsident Erdoğan protestierte die bei uns so gefeierte Opposition, ob säkular oder religiös. Wie man sich so etwas gefallen lassen könne! Mindestens die Militärbasis İncirlik müsse für die Amerikaner geschlossen werden! Diese Einmischung erfordere eine harte Antwort! Heißt: Erdoğan war ihnen nicht hart genug.

Dabei war die Erklärung von Biden warm, wenn auch entschieden im Ton. Das Wort »Genozid« kam gleich im ersten Satz vor, nicht versteckt oder hinausgezögert mit einem großen Tusch am Ende der Erklärung (im Sinne von: Achtung, Achtung, Ausrufezeichen: hier finden Sie das Wort »Völkermord«!), als sei es einfach überhaupt keine Frage und das Natürlichste von der Welt, die Dinge als das zu bezeichnen, was sie sind. »We honor their story. We see that pain. We affirm the history. We do this not to cast blame but to ensure that what happened is never repeated«*, stand da. Wir beschuldigen nicht, aber wir wollen den Schmerz dieser Menschen würdigen.

* Statement des amerikanischen Präsidenten Joe Biden am Armenian Remembrance Day, 24. April 2021.

Natürlich ist das, was dann in der türkischen Debatte folgt, politische Folklore, zumindest bei einem Teil davon. Folklore alla turca. Klar, es gibt besonnene politische Stimmen, aber die sind ja, wie wir wissen, von Natur aus nicht laut.

Ich glaube, dass das, was mir da neulich passiert ist, nicht etwas ist, was sich allein mit der bisweilen schrecklichen Dynamik von Social Media erklären lässt. Sie macht nur sichtbar, oder verführt dazu, sichtbar zu machen, was für eine Haltung der eine oder andere in sich trägt. Die hat er ja in sich, ganz unabhängig von Twitter oder Facebook, Instagram oder TikTok. Und diese Haltung, die sich dabei letztens entblößte, zeigte, was für einen problematischen Blick einige, die sich liberal und demokratisch nennen, gegenüber Demokratie und Freiheit haben. Unverhohlen wurde da eigentlich gesagt: Bestimmte Leute darf man nicht drucken. Die dürfen nicht sprechen, weil sie in einem anderen Land Sympathien für einen autoritären Regenten haben. Diese Journalistin (also ich) ist mit einem Mann auf einem Foto zu sehen, der Sympathien für einen autoritären Regenten hat. Ich bin also schon schuldig, weil ich auf einem Foto zu sehen bin, in Ausübung meines Berufes. Und wenn es ein privates Foto wäre? Nichts, aber auch nichts anderes machen im Prinzip autoritäre Systeme mit kritischer Presse. Ich stelle mich nicht mit denen gleich – ich finde es nur erschreckend, wie schnell diese Mechanismen in eigentlich offenen, liberalen Gesellschaften bei angeblichen Demokraten greifen, also bei ebenjenen, die bei anderen Gelegenheiten die Autoritären für ihre Repression an Andersdenkenden und an der freien Presse kritisieren. Und dafür Applaus einsacken. Was vielen dieser Leute nicht klar zu sein scheint, ist, dass beides die Demokratie gefährdet: wenn Menschen ihre Gedanken nicht mehr frei äußern können – wenn sie das wirklich nicht können; und ständig zu behaupten, man könne dies hier nicht tun. In Deutschland. Nur, weil man seinen Hass und seine Verachtung nicht ungestört hinaussprudeln lassen kann wie so'n verdammter Vulkan seine Lava, und dabei nichts als verbrannte Erde hinterlässt.

Mir geht es so wie Dir, ich frage mich auch oft, ob ich mich aus den sozialen Netzwerken rausziehen soll. Einfach aufhören damit. Aber dann fällt mir Grünen-Chef Robert Habeck ein, auch der ehemalige *WELT*-Chefredakteur Ulf Poschardt, die beide gesagt haben, dass sie aufhören. Zumindest Poschardt hat es nicht lange ausgehalten. Wenn man nicht konsequent bei der Entscheidung bleibt, wirkt es auch etwas albern. Auch wenn Habeck damals recht hatte, als er schrieb: »Twitter ist, wie kein anderes digitales Medium so aggressiv und in keinem anderen Medium gibt es so viel Hass, Böswilligkeit und Hetze. Offenbar triggert Twitter in mir etwas an: aggressiver, lauter, polemischer und zugespitzter zu sein – und das alles in einer Schnelligkeit, die es schwer macht, dem Nachdenken Raum zu lassen. Offenbar bin ich nicht immun dagegen.«* Er hat sich dem entzogen à la: Macht euern Scheiß hier ohne mich.

Ich kann es verstehen – und doch glaube ich, dass kein Twitter auch keine Lösung ist. Ich weiß noch, wie geschockt ich anfangs über den Hass war, der einem da entgegenschlug. Und es wurde schlimmer, je mehr du dich darauf einließest. Ich war auch erstaunt (aber dann auch wieder nicht), wie oft es dann doch um meine Herkunft ging, für die einen wie für die anderen. Mittlerweile habe ich und haben, glaube ich, viele andere, die die Netzwerke professionell nutzen, dazugelernt und lassen uns auf viele Provokationen einfach nicht mehr ein. Aber als das mit dem Hass im Netz losging, dachte ich: Jetzt machen alle die Erfahrungen, die ich und andere Kolleg:innen (Du hast mich zwar neulich am Telefon dafür ange-

* Tweet von Robert Habeck, 7. Januar 2019.

macht, aber mir gefällt der Doppelpunkt!) nichtdeutscher Herkunft mit Leserbriefen schon seit Jahren machten. Für uns war der Hass nicht neu. Er interessierte einfach nur niemanden, weil er zunächst nur eine kleine Gruppe betraf.

Ja, die Aktion der Schaupieler:innen war seltsam. Als wäre sie aus so einer verzogenen Langeweile entstanden. Die Ironie in diesen Videoclips hat für mich nicht funktioniert, weil sich die Coronarealität derzeit noch an einem erschütternden Peak befindet. Die Pandemie wurde auch sehr national betrachtet, so klein irgendwie, während in Indien die neuen Mutationen töten wie wild und die Menschen keinen Sauerstoff bekommen. Oder in Brasilien. Es wird einfach zu viel gestorben und gehungert aufgrund der Pandemie, als dass diese Form der ›Kritik an den Maßnahmen‹ hätte funktionieren oder die Debatte voranbringen können.

Als besonders schlimm habe ich den unverhohlenen Angriff auf uns als Medien und die Wissenschaft empfunden. Im Clip von Jan Josef Liefers trat das sehr stark in den Vordergrund. Er monierte, dass zu alarmistisch berichtet werde, und vermisste anscheinend eine »klare Haltung«. Das hören meine Kolleg:innen, die auf den Querdenker-Demos stehen und sich beschimpfen lassen müssen, sicher gern. Ja, und Wissenschaftlern, die anders auf Corona blicken als jene, die unsere Regierung beraten, ja, denen würde im Grunde der Mund verboten. Haha, nicht wahr.

Aber so laufen deutsche Debatten in den letzten Jahren: Person oder Gruppe X sagt etwas, es folgt ein Sturm von Person oder Gruppe Y in den sozialen Netzwerken, ein Hashtag wird schnell gebastelt, alle schreien wild durcheinander, dann kommt die Gegenbewegung mit Gegen-Hashtag. Am Ende finden alle irgendwie, man kann ›in diesem Land‹ ja ›gar nichts mehr sagen‹, was sie in der Folge in allen Talkshows tun, und meinen eigentlich: Ist jetzt echt blöd, dass mir hier widersprochen wird. Dies passiert ja auch sehr oft bei den Themen, die Dich und mich bewegen, wenn es um Fremdheit und Identität geht. Aber so werden Legenden gemacht: Ich, Kämpfer:in für Freiheit, sage mutig die Wahrheit, und ihr, die ihr mir widersprecht, wollt mich mundtot machen! Ein tolles Spiel, bei dem diese Mutigen einfach nie verlieren, egal, was sie machen.

Nun hat ja Liefers in einem Interview mit der *ZEIT** gesagt, dass er für ein solches Video in der DDR ins Gefängnis gekommen wäre. Ja, gut, die DDR – das beendet jegliche Debatte natürlich.

Mir will nicht aus dem Kopf gehen, was Du über *Unorthodox* sagst. Erhellend fand ich Deine Sicht auf die Szene am Wannsee, als Esti zum Jesus wird. Das habe ich beim Schauen tatsächlich so nicht gesehen und empfinde es als merkwürdig. Und auch Deine Lesart des Dialogs mit der säkularen Israelin kann ich nachvollziehen. Allerdings – was ist denn so seltsam oder, wie Du schreibst, so unrealistisch daran, dass ein sympathischer, gut aussehender junger Deutscher seine Geschichte kennt, zumal es sich hier um Studenten in Berlin handelt? Warum darf es nicht sein, dass hier eine (wie Du ja anscheinend auch findest) extreme Form des religiösen Judentums präsentiert wird, wenn es doch nun einmal jene ist, zu der Deborah Feldman selbst gehört hat? Die Sache mit den Haaren ist mir auch aufgefallen – hier Symbol der Unterdrückung, dort Symbol der Freiheit –, aber ich fand das in der Darstellung eigentlich gelungen, da es für mich eine Form des Widerstands und der Emanzipation war: Frau lässt sich von den Extremen nicht

* Jan Josef Liefers und Jens Spahn, Interview: Giovanni di Lorenzo und Charlotte Parnack, »Ich wurde immer meschuggener«, In: *DIE ZEIT* Nr. 18/2021, 29. April 2021.

die kurzen Haare stehlen. Die Religion hat nicht das Anrecht darauf zu bestimmen, was ich für eine Frisur trage.

Und was, zum Teufel, hast Du dagegen, dass der Deutsche der Jüdin den ersten sexuellen Rausch beschert? War bei mir auch so. Ich würde bei allem, was mit einem Rausch zu tun hat, die Identitätspolitik beiseitelassen.

Würde jetzt gern Dein Gesicht sehen. Alles Liebe, Ö.

MÜNCHEN, 1. MAI 2021

Dein letzter Brief, liebe Özlem, zwingt mich, Dir einen reinen Antwortbrief zu schreiben. Du wirfst da so viele Fragen auf, behauptest da Dinge, denen ich gerne widersprechen möchte … wird also ein bisschen hin- und hergesprungen sein, mein Brief. Und bin gleichzeitig ganz schwach und übermüdet, mir ist total schwindlig. Seitdem meine Mutter in diesem Sterbezustand ist, habe ich keine Nacht mehr als drei, vier, maximal fünf Stunden geschlafen. Aber: ich bin immer sofort eingeschlafen vor Erschöpfung. Letzte Nacht war es anders. Da blieb ich bis 4.00 Uhr wach. Konnte nicht einschlafen, weil eine dunkle Wolke plötzlich über mir aufzog und mir somit gnadenlos bewusst wurde, dass meine Mutter nun bald gehen wird. Für immer. Und jedes Mal, wenn ich versuchte, die Augen zuzumachen, um zu schlafen, kam ich mir wie ein ›Verräter‹ vor. Du kannst doch nicht schlafen im Angesicht des Todes deiner Mutter … Die Seele schlägt merkwürdige Kapriolen. Interessant ist auch, dass ich plötzlich Kindheitserinnerungen habe, von denen ich gar nichts mehr wusste. Eine Situation, ein Bild, manchmal auch nur eine Atmosphäre, solche Dinge halt. Und man fragt sich, woher kommt das, wie haben sich die Synapsen gerade verbunden, sodass aus den Tiefen der Erinnerung plötzlich etwas ›Vergessenes‹ wieder hochkommt.

Du hast natürlich völlig recht. Meine Mutter ist inzwischen mein Kind und ich bin ihr Hüter … oder so ähnlich. Das ist so. Das muss so sein. Das ist auch gut so. Es gibt mir, dem Sohn, zumindest das Gefühl, noch irgendetwas tun zu können. Auch wenn ich natürlich weiß, dass ich an dem eigentlichen Zustand, in dem sie ist, nichts verändern kann. Das Siechtum, das langsame Verabschieden, die Verwirrung – man sieht das alles an, muss es mit ansehen und kann nichts tun. Außer: aushalten. Und sie begleiten. So gut es geht. Aber sie geht nicht in Ruhe. Sie geht mit Schmerz und Zorn. Sie geht verletzt. Die Wunden, die vor allem die KZ, die Nazis, die Deutschen ihr geschlagen haben (und natürlich auch die Ungarn), sie platzen alle wieder auf. Wie kann man da in Ruhe in die nächste Welt gehen? Meine Schwester, die im Gegensatz zu mir eine praktizierende, mehr oder weniger religiöse Frau ist, hat gerade so das eine oder andere Gespräch mit Gott und stellt ein paar sehr ernste Fragen. Und bekommt keine Antwort …

Wurde bei uns daheim geredet über das KZ, über die Vergangenheit? Ich glaube, ich habe Dir das schon mal erzählt. Ja, bei uns wurde geredet. Meine Mutter hat immer erzählt, vor allem hat sie nachts immer ihre Panikanfälle bekommen. Und Valium geschluckt und auch tagsüber hysterische Anfälle bekommen. Sie hat erzählt … auch aus den Lagern, aber nie alles. Das war uns immer klar. Und mein Vater, der fünf Geschwister hatte, von denen vier zusammen mit seinen Eltern in Auschwitz sofort vergast wurden, sprach über diese Zeit nur wenig. Wir kannten die ›Facts‹, aber mehr wollte er nicht sagen. Er sprach immer über die Zeit davor. Über seine Familie, seine Geschwister, wie es daheim war – damit wir Kinder etwas über unsere Vorfahren wissen.

Aber meine Eltern und die Eltern meiner jüdischen Freunde, die sprachen immer übers KZ. Man sprach bei jedem Treffen, beim Kartenspielen, wo auch immer, am Ende immer über ›dort‹. Mal schwieg man gemeinsam, mal weinte man, manchmal erzählte man etwas. Aber niemand von ihnen hatte das Lager je verlassen können. Und nun sehe ich auch bei meiner Mutter, dass sie am Ende ihres Lebens das Lager immer noch nicht verlassen kann.

Es gibt so viele Ähnlichkeiten zwischen der Opposition in der Türkei und in Israel, Du hast völlig recht. Wenn ich sehe, wie selbst oppositionelle Politiker über Palästinenser, über Iran, Hezbollah etc. reden, dann frage ich mich, wo sie eigentlich noch ›Opposition‹ sind. Am Ende geht es nur noch um Innenpolitik. Da gibt es durchaus Unterschiede. Aber diese komplette Einfallslosigkeit der Nicht-Rechten-Parteien ist erschütternd. Keine Vision, aber schlimmer noch die Überzeugung, dass man die Probleme irgendwie aussitzen könne. Das macht mich so fassungslos. Human Rights Watch hat soeben einen fast 200 Seiten langen Bericht verfasst und – ebenso wie schon vor Kurzem die israelische Menschenrechtsorganisation B'Tselem – Israel nun offiziell als Apartheidstaat bezeichnet. Und ich frage mich: Aha, und nun? Mal abgesehen davon, dass die Apartheidkriterien, die aus Südafrika stammen, in Israel einfach nicht gegeben sind; insofern ist da viel Propaganda dabei (allein die Tatsache, dass der Bericht nicht zwischen zwei Millionen Arabern mit israelischer Staatsbürgerschaft, den Palästinensern im Westjordanland und den Palästinensern in Gaza unter Hamas-Herrschaft unterscheidet, ist ein Manko). Über die Besatzung müssen wir gar nicht diskutieren. Und dass Israel natürlich auch Unrecht begeht und Menschenrechte verletzt, ist wahrlich kein Geheimnis. Aber so ein Bericht wird nichts verändern. Gar nichts. Die Reaktion in Israel auf den Bericht sind natürlich das übliche Zeter-und-Mordio-Geschrei Netanyahus und die Erklärung, dass Israel natürlich die moralischste Armee der Welt habe und so weiter, man kennt das ja.

Aber auch den anderen Parteien fällt nicht viel ein zu dem Bericht. Man lebt in einer Realitätsverleugnung. Vor allem auch jetzt, wo es darum geht, erst einmal Bibi loszuwerden. Da können die linken Parteien gar nicht richtig rausrücken mit dem, was sie wirklich denken, weil sie ja mit anderen rechten Parteien koalieren müssten, um Netanyahu endlich in die Wüste zu schicken. Aber in diesem ewigen Schweigen zementiert sich in der vorherrschenden Denke in Israel so viel Negatives, das kaum noch aufzubrechen ist. Netanyahu hat in den vergangenen zwölf Jahren ganze Arbeit geleistet. Das Narrativ ist gesetzt. Alles, was davon abweicht, ist Landesverrat, so ungefähr.

Und Du weißt ja sicherlich, dass Israel den Mord an den Armeniern nicht als »Völkermord« bezeichnet. Weil man sich die sowieso angespannten, aber irgendwie doch funktionierenden Beziehungen mit der Türkei nicht kaputtmachen will. Das ist gerade für ein Volk, das selbst einem Genozid nur knapp entronnen ist, ein Armutszeugnis. Aber so was nennt man dann »Realpolitik«. Und obwohl es natürlich israelische Politiker gibt, die den Genozid an den Armeniern als genau diesen bezeichnen, öffentlich würden sie es nicht tun. Es würde Israel schaden. Verdammt … aber so ist Politik. Ist ja mit den Menschenrechtsverletzungen in China und den deutschen Wirtschaftsinteressen dort auch nicht anders. Und gar nicht zu reden von Nord Stream 2, das deutsch-russische Projekt, bei dem Berlin sich nicht wirklich darum schert, wie sich die Ukraine und andere osteuropäische Staaten dabei fühlen, die Angst haben, von den Russen über den Tisch gezogen zu werden.

Noch mal zu dem, was Du über die Anfeindungen Dir gegenüber schreibst. Wir sind da keineswegs so weit auseinander, wie Du das in Deinem letzten Brief anklingen lässt. Dass es viele Menschen gibt, die sich »Demokraten« nennen, aber in der Diskussion keine demokratischen Spielregeln einhalten, das ist nicht neu. Und die, die Dich jetzt attackieren, eigentlich auch ›rassistisch‹ attackieren, waren vor Social Media nicht anders als heute. Mit solchen Kretins muss man immer irgendwie rechnen und umgehen. Was ich nur meinte, ist, dass die Tools von heute ihnen viel zu viel Gehör schenken. Dass vieles von dem, was solche Leute dachten, sich früher nicht in Windeseile um den ganzen Globus verbreiten konnte, dass Journalisten – ehrwürdige Journalisten – mit ihrer Arbeit etwas ganz Wichtiges machten und immer noch machen: Fakten checken, filtern, analysieren und erklären. Fällt halt auf YouTube, Twitter, Insta und Co. alles weg. Das ist es, was neu ist. Aber doch nicht die Ignoranz vieler Seiten, auch und gerade bei Oppositionellen, die selbst unterdrückt werden. Demokrat sein ist ein höchst komplizierter Lernakt. Und was in diesen Durchlauferhitzern wie Twitter geschieht, ist, das Denken einfach abzuschalten, weil man dann keinen Tweet mehr hinbekäme. Nicht in 280 Zeichen und schon gar nicht in dem Tempo, in dem sich ›Skandale‹ und ›Hypes‹ entwickeln.

Über Jan Josef Liefers mag ich eigentlich gar nichts mehr sagen. Den finde ich mindestens so eitel wie die Figur des Gerichtsmediziners, die er im *Tatort* spielt. Auch dieses DDR-Argument, das er benutzt hat, ist nur platt. Was will er denn damit sagen? Und dass man ihm bei *Maybrit Illner* etc. noch eine Plattform gibt – nun, immerhin hat er sich da ja immer weiter in den gesteigerten Unsinn verstrickt. Ich habe auch irgendwo gelesen, dass in einem Krankenhaus der Klinikchef abgelehnt hatte, Liefers mal für eine Woche hereinzulassen, damit er endlich mal kapiert, was sich da eigentlich im wirklichen Leben abspielt. Sie wollten – und ich finde zu Recht – die Patienten nicht zum medialen Spielball für die Hirnschmalz-Fantasien eines Schauspielers machen.

Und nun zu *Unorthodox*. Du wolltest ja mein Gesicht sehen: Ich habe sehr gelacht, als Du mir gestanden hast, dass ein ›Arier‹ Dir den ersten sexuellen Rausch beschert hat. Mabrouk. Ist ja nix dagegen zu sagen. Aber Du machst da – wie viele, die nicht mit den Medien Film und Fernsehen arbeiten – eine Vermischung von Schein und Sein. Du nimmst Lebensrealitäten und betrachtest durch ihre Brille einen Film. Doch ein Film ist nicht die Realität. Niemals. Ein Drehbuch ist – im neutralen Sinne – ein Mach-*werk*. Autoren setzen sich hin und überlegen sich: Welche Geschichte wollen wir erzählen, und wie? Und was genau wollen wir erzählen? Das, was im Film geschieht, ist nie ›wahr‹ im Sinne des echten Lebens. Nur die Gefühle beim Zuschauer sind es, aber oft durch ›Lügen‹ ausgelöst, oder anders: durch ›kreierte Wirklichkeit‹. Das darf man nie vergessen.

Deborah Feldmans Leben interessiert mich nicht. Das ist ihr Leben, sie macht damit, was sie will. Sie darf sogar noch ihr Servus unter diese Miniserie setzen, aber das ändert nichts daran, dass die Serie ein – nun aber: antijüdisches – Mach-werk ist. Da stellt sich schon mal die Frage: Warum entscheidet man sich überhaupt dafür, genau diesen Stoff zu erzählen? Klar, weil das Buch ein Bestseller war. Aber dennoch: Warum erzählt man in Deutschland genau diesen Stoff? Und damit sind wir dann wieder bei den Klischees in Berlin, dem Gestelzten, dem Gekünstelten. Warum musste man an den Wannsee? Es gibt auch andere Seen um Berlin. Und ja, der gebildete deutsche Student – er kennt die Geschichte der Wannseevilla, aber wir wissen aus zahlreichen Studien, zum Beispiel einer Umfrage von CNN aus dem Jahr 2018, dass in den meisten Fällen junge

Deutsche wenig oder fast nichts über den Holocaust wissen. Also – ein drehbuchinszenierter ›Zufall‹ beziehungsweise eine dramaturgische Notwendigkeit, um die Szene symbolisch aufzuladen. Vor dieser Villa beginnt die Menschwerdung und ›Entjudung‹ von Esti (fast eine Art ›Endlösung‹ … aber ich weiß, jetzt gehe ich zu weit).

Und zur Sache mit dem extremen Judentum: Ja, kann man zeigen, natürlich. Aber gerade im deutschen Kontext und bei all den Vorurteilen, die es nun nachgewiesenermaßen in der deutschen Bevölkerung gibt (erinnerst Du Dich noch an die »jüdischen Hände« …? Uff!), hätte ich mir ein kleines Korrektiv gewünscht. Zeigt doch, dass es auch andere Juden gibt, führt ein, zwei Figuren ein, die das vernünftig ausgleichen. Ja, es gibt jüdischen Extremismus und das braucht man nicht zu verheimlichen. Aber man kann gerade für eine Gesellschaft, die wenig bis nichts über Juden weiß (und im Grunde gilt das für fast alle europäischen Gesellschaften außer vielleicht Frankreich, England und Belgien), die Geschichte auch noch mit einem Twist etwas präziser, komplexer, subtiler erzählen.

Und in diesem konstruierten Zusammenhang ist natürlich die sexuelle Erfüllung durch den ›anständigen‹ Deutschen, der ach so geschichtsbewusst ist, auch eine Behauptung. Ein Weißwaschen. Des Deutschen. Er hätte doch auch einfach nur ein geiler Kerl sein können, deutsch, ja, aber ohne Geschichtsbewusstsein – aber nein, das muss ja alles so moralisch-ethisch sauber daherkommen. Das ist eben das Konstruierte an dem Film, dieses ganze unechte Berlin, die ach so diverse Studentengruppe, ein bisschen israelisch, ein bisschen deutsch, schön BPoC und auch noch LGBTQ – alles ganz korrekt, wie das heute zu sein hat. Cool.

Und was das Privatleben von Dir, von mir, von uns allen angeht: Natürlich hat da Identitätspolitik nichts, aber auch gar nichts verloren, da sind wir uns ja einig. Als ich vor rund 30 Jahren mit einer Palästinenserin liiert war, haben wir keinen Gedanken auf Identitätspolitik verschwendet (damals gab's das Wort auch noch nicht). Aber wir mussten erleben, wie die Umwelt uns, vor allem ihr, das Leben zur Hölle machte. Sie erhielt Morddrohungen. Das war nicht lustig. Und führte dazu, dass sie sich zurückzog. Was zwar wehtat, ich aber nur akzeptieren konnte und musste. Ich wollte nicht verantwortlich sein für ihren Tod. Und sie konnte damals Ramallah aus vielerlei Gründen nicht verlassen. Was blieb uns also anderes übrig, als Adieu zu sagen …

Und das sage ich Dir jetzt auch … not forever, sondern einfach nur bis zum nächsten Brief, der möglicherweise dann schon wieder aus Tel Aviv kommt, wenn ich es jetzt schaffe wegzufliegen. Muss kurz zurück, um ein paar Sachen zu erledigen, ehe ich dann wegen meiner Mutter und meines Filmprojektes wieder nach Deutschland zurückkomme.

Ich bringe Dir Za'atar mit, wenn Du magst

Richard

HAMBURG, 10. MAI 2021

Lieber Agent für den Great Reset,

ich weiß gerade gar nicht, wo ich zuerst hinschauen soll, so wie Du vorhin am Telefon sagtest: überall nur Baustellen.

Die Bilder aus Jerusalem, Tel Aviv und Gaza sind ermattend und erschreckend zugleich. Unser beider journalistischer Reflex mag »Hin da!« lauten, aber ich bin erleichtert, dass Du derzeit in München bist und ich eh nicht einreisen dürfte, auch wenn der Grund Deines Hierseins ein trauriger ist. Hin- und Hergerissensein als Lebensgefühl. Biste dort, willste hier sein, biste hier, zieht es dich wieder dorthin. Das war in der Generation unserer Eltern so, aber es hört nicht auf. Unser Beruf (ich hatte mich gerade erst vertippt und »Veruf« geschrieben) hat dieses Problem ja nicht unbedingt behoben. Rein journalistisch betrachtet, stellen uns unsere beiden anderen Länder ja leider sehr viel Material zur Verfügung, mit dem wir uns auseinandersetzen müssen. Müssen? Wollen? Wir könnten ja auch, sagen wir mal, über Umweltpolitik schreiben. Oder die neuesten Kinofilme. Tun wir aber nicht.

Aber das Hier und das Dort lösen sich auf, immer weiter, die neueste Eskalation in Israel ist ja bereits hier. So wie politische Auseinandersetzungen in der Türkei auch ihren Weg ›zu uns hier‹ finden, jedes Mal wieder. Sie werden dann manchmal sogar heftiger und unversöhnlicher, auf jeden Fall weniger ›realpolitisch‹ geführt, klar, man muss sich ja nicht wirklich mit den Realitäten und Komplexitäten von vor Ort beschäftigen oder sich von diesen belästigen lassen. Wir sprachen ja gerade erst darüber, was passierte, weil ein deutscher Anhänger des türkischen Präsidenten seine Meinung in der Zeitung niederschrieb.

Wie verlogen und banal das Ganze betrachtet wird. Die ›Israelkritiker‹, ob biodeutsch oder anderer Herkunft, die keinen Augenblick daran verschwenden zu hinterfragen, warum die politische Führung in Gaza so viele Raketen hat, aber die Bevölkerung ein mieses Leben führen muss (daran ist natürlich allein Israel schuld …). Und auf der anderen Seite diese ganzen Hardcore-Israelunterstützer, denen die Zementierung der gesellschaftlichen Ungleichheit, die auch viele Israelis stört, egal ist, weil ihnen die Palästinenser egal sind. Die Verachtung für den Araber als solchen muss schon recht tief sitzen. Auch bei vielen, die ansonsten die Ungleichbehandlung und Diskriminierung etwa von Kurden lautstark kritisieren. Aber da das ja gleichbedeutend ist mit ›gegen Erdoğan sein‹, steht man als Kurdenunterstützer automatisch auf der richtigen Seite, fantastisch!

Womit wir bei der Türkei wären. Ich bin gespannt, wie sich die Führung in Ankara nun verhalten wird, wo sie doch gerade drauf und dran war, die Beziehung mit Israel zu ›normalisieren‹. Als in den letzten Monaten ein islamisches Land nach dem anderen (Sudan!) sich anschickte, seine Beziehung mit Israel offiziell zu machen, hätte man schon gern die Gesichter der Diplomaten im türkischen Außenministerium gesehen. Man musste ja geradezu Angst haben, dass man in der Region mit dem Iran übrig bleibt und in der Gruppe der Troublemaker gesehen wird. Seit dem Auftritt von Präsident Erdoğan in Davos (damals noch Premierminister), wo er sich, neben Shimon Peres, dem damaligen israelischen Staatspräsidenten, auf einem Panel sitzend, mit »One minute!« (oder wie die Türken schreiben: Van minit!) mehr Redezeit verschaffte, ist ja das traditionell eigentlich gute Verhältnis kaputt. Es folgte die Erstürmung des mit Hilfsgütern für den Gazastreifen beladenen Schiffes Mavi Marmara durch die israelische Marine, Du erinnerst Dich, und dann war Israel in regelmäßigen Abständen der Terrorstaat. Kaum einer weiß, dass Erdoğan Jahre nach dem Vorfall die ›Aktivisten‹ fragte, ob sie den damaligen Premierminister um Rat gefragt hatten, bevor sie losfuhren. Die Dinge sind in dieser Region meist nie so, wie sie auf den ersten Blick erscheinen.

Wir beide wissen ja, dass die wirtschaftlichen Beziehungen immer sehr gut waren, sogar zu Zeiten, in denen sich beide Länder verbal bekriegt haben. Schade, dass wir es nie geschafft haben, unseren Artikel über die Türkei und Israel zu schreiben, oder? Vielleicht kommen wir ja noch einmal dazu, was meinst Du? Netanyahu hat vergangenes Jahr selbst damit kokettiert, dass Erdoğan ihn früher alle drei Stunden Hitler genannt habe, jetzt nur noch alle sechs Stunden, »but thank God, the trade is up!«*.

Gerade schreibt ein Bekannter auf Twitter, ein türkischer Jude, der in Tel Aviv lebt und Politik an der Uni lehrt, dass er mit seinen Studenten in einer Zoomkonferenz saß, aber nun in den Schutzbunker muss. Viele antworten ihm auf Türkisch, er solle gut auf sich aufpassen, und: Mensch, habt ihr euren Krach da immer noch nicht im Griff, oder: Möge es schnell vorübergehen. Einer schreibt: Mögest du nie wieder aus deinem Bunker rauskommen und abkratzen.

Vor ein paar Tagen holte Erdoğan natürlich wieder aus: Israel ist ein Terrorstaat! Es gab einige Demonstrationen islamistischer Gruppen, aber die Eskalation dürfte der Regierung nicht gerade recht kommen. Zum einen wollte man sich gerade wieder näherkommen – besser für beide, auch den Türken dürften die Hegemonialansprüche des Iran suspekt sein. Zum anderen: Die Mobilisierung der islamisch-konservativen Basis für ›die palästinensische Sache‹ wird immer schwieriger, je leerer das eigene Portemonnaie und je höher der Kilopreis für Zwiebeln ist. Die Menschen haben gerade ganz andere Probleme als ›die Sache‹ der Palästinenser. Eine der spannendsten Analysen zur israelisch-türkischen Politik-Akrobatik lieferte der Journalist Ruşen Çakır – die meisten anderen ›Mainstream‹-Medien kannst du seit Jahren eh nur noch gefiltert konsumieren. Wer aus der Reihe fällt, wird rausgeschmissen. Im Konflikt zwischen Israel und der Hamas sind sich die meisten einig, ob Pro- oder Kontra-Erdoğan-Medien. Plötzlich entdecken auch die Säkularen ihr Herz für die Palästinenser.

* »Netanyahu: Turkish leader calls me Hitler but our trade goes up«, In: *The Jerusalem Post*, 5. Februar 2020.

Jedenfalls, Çakır sprach in einem Videokommentar darüber, welche Fehler die Führung in Ankara gemacht hätte und dass ihre Stimme nicht mehr gehört würde, da sie zu oft auch Dinge großkotzig angekündigt hat, die sie dann nicht umsetzen konnte – etwa einen Besuch Erdoğans in Gaza; dass dabei aber eine Türkei, wenn sie diplomatisch klug agierte und Einfluss auf Israel hätte, am ehesten etwas für die Palästinenser tun könnte. Solange die Türkei nicht diplomatisch daran arbeite, einen gewissen Einfluss auf Israel auszuüben, als vielleicht wieder strategischer Partner in der Region, könne sie auch nichts für die palästinensischen Brüder und Schwestern tun, die ihr ja so sehr am Herzen liegen.

Das Hier und das Dort lösen sich auf, schrieb ich vorhin. Und schon werden in Deutschland Synagogen angegriffen. Wird ›gegen Israel‹ demonstriert. Werden israelische Flaggen verbrannt. Die nächste Runde der Debatte über muslimischen Antisemitismus wird kommen, aber ich kann Dir jetzt schon sagen, wie es laufen wird, schon wieder, und wie es eben NICHT laufen sollte: Für die einen wird es nur noch diese Form des Antisemitismus geben, thank God, zu irgendwas sind die Muslime doch gut, der Antisemitismus ist deren Problem. Die anderen, die diese Debatte eigentlich führen müssten, emanzipatorisch und selbstkritisch, werden nicht mitmachen. Islam ist Frieden, das hat nichts mit uns zu tun, wir kritisieren doch nur die Politik der Besatzungs- und Unterdrückungsmacht Israel. Die wenigen, die reden wollen, die hinterfragen wollen, werden ausgegrenzt.

Ein Kollege von der *Haaretz* schreibt gerade auf Twitter: Der Konflikt werde wahrscheinlich in einer Woche vorbei sein, aber was einem mehr Sorge bereiten sollte, sind die arabischen und israelischen Gruppen, die aufeinander losgehen. Was für eine bittere und wahrscheinlich realistische Analyse.

Ich flüchte mich gerade sehr gern in die Geopolitik, wie Du

vielleicht merkst. Das erfordert eine gewisse Nüchternheit, die guttut. Aber wie geht es Dir mit alldem? Man kann sich seine Unterstützer ja nicht aussuchen, musste ich gerade denken, als ich sah, dass die *Bild*-Zeitung von morgen die israelische Flagge um ihr Logo gedruckt hat.

Ich schreibe offen gestanden auch schon seit dem Wochenende an diesem Brief, ich kann mich einfach nicht konzentrieren. Immer wieder checke ich Twitter, lese, schaue Nachrichten. Vorhin irgendwann trendeten zwei Hashtags gleichzeitig: #IstandwithIsrael und #IstandwithGaza.

Deine Özlem

PS: Am 13. Mai: Jetzt ist schon wieder der nächste Morgen und ich habe Dir diesen Brief noch nicht geschickt. Irgendwie ist mir seltsam zumute, und ich weiß, dass es Dir angesichts der Bilder und der Nachrichten aus Israel genauso geht. Immerhin bin ich mit dem Text von Murat Kayman in den Tag gestartet, einem sehr stabilen Typen, der früher einmal Justiziar der DITIB war und nach der Spitzelaffäre sein Amt niedergelegt hat. In seinem Text setzt er sich kritisch mit dem Antisemitismus von Muslimen im Angesicht der jetzigen Eskalation auseinander. Ich schicke Dir gleich den Link zu seinem Blog. Der Antisemitismus, schreibt Kayman, droht zur sechsten Säule des Islam zu werden, weil nur noch eine uneingeschränkt antijüdische Haltung als korrektes Glaubensbekenntnis akzeptiert werde und jede Kritik an der muslimischen, also palästinensischen Seite als Verrat angesehen werde. Kayman veröffentlicht einen solchen Text am ersten Tag des Ramadanfestes. Es braucht immer einige wenige, die den Anfang machen, und ich bin mir sicher, dass ihm dieser Text nicht leichtgefallen ist. Ich kann nur wünschen und hoffen, dass sich die Hasskommentare in Grenzen halten.

HAMBURG, 18. MAI 2021

Lieber Richard,

wie geht es Deinem Hexenschuss? Du rotierst seit Tagen so sehr, dass Dein Rücken Dich nun in die Horizontale niederzustrecken versucht. Ich weiß, ich weiß, das geht nicht, jetzt am wenigsten.

Es mag ein Klischee sein, aber eines von der Sorte, die stimmen – eine Krise, oder richtiger: ein Krieg bringt tatsächlich das Beste und das Schlechteste in den Menschen hervor. Mir scheint, das Schlechte ist gerade in der Poleposition. Das Video, das Du mir geschickt hast, von dem palästinensischen Jungen aus Jaffo, der nach einem Angriff mit Molotowcocktails verbrannt in seinem Unterhemd dasteht und auch noch eine Flasche Wasser verweigert, vollkommen im Schockzustand (ich hatte es zuvor auf Twitter bereits wahrgenommen), das ist in seiner Furchtbarkeit so absurd. Im Moment sind nur die dunklen Seiten zu sehen, die Israelis und Palästinenser einander zeigen, wie David Grossman neulich in einem Interview sagte. Und sie sind nicht die einzigen.

Ich weiß gar nicht, worauf ich gerade hinauswill, warum ich Dir noch einen Brief schreibe, eine Übersprungshandlung womöglich, weil seit bald zehn Tagen die Raketen fliegen und in Deutschland niemand antisemitisch sein will, man ›kritisiert‹ doch nur die Israelis, die sich wie Nazis benehmen, dabei sollten sie es doch besser wissen. Überhaupt die Deutschen, die sind ja eigentlich schuld, dass ›wir‹ den Preis dafür zahlen, dass ihr ›Opfer‹ wart, wie ich es auf dem Plakat einer Demonstrantin gesehen habe. »Damals Auschwitz, heute Palästina«. Am Ende ist Merkel sowieso schuld, weil sie ja die ganzen Flüchtlinge reingelassen hat, im ›Schicksalsjahr 2015‹, und damit den Antisemitismus ›importiert‹, als wäre es ’ne scheiß Waschmaschine.

Man hört Schlimmstes über Juden aus den Mündern der Jüngsten, und ich glaube, ich will Dir einfach nur sagen, dass ich kotze. Ich kotze im Strahl. Ich weiß gar nicht, über was mehr: den Antisemitismus von Menschen, die zufällig die gleiche Herkunft und den gleichen Glauben teilen wie ich? Über das Gefühl der Verantwortung für diese Menschen und ihre Handlungen, aber auch den merkwürdigen Wunsch, sich von ihnen distanzieren zu wollen? »Hallo Welt, mir sind diese entfernten Cousins, die sich auf der Familienfeier besaufen und dann vollkommen danebenbenehmen, total peinlich, bitte werft mich und meine Familie nicht mit denen in einen Topf!« Oder über die vielen stabilen Deutschen, die sich immer dann zu den größten Kämpfern gegen Antisemitismus aufschwingen, wenn er von migrantischer Seite kommt? »Dieses Land schafft es einfach nicht, Antisemitismus in migrantischen Communitys zu ächten und zu verurteilen, ohne dabei Rassismus zu reproduzieren«, schrieb einer richtig.

Aber das mit den »Communitys« ist ja eh die reinste Verlogenheit. Seit wann liegt Istanbul eigentlich in Gaza, habe ich mich beim Anblick von türkischen Flaggen auf diesen Demos ›gegen Israel‹ gefragt. Geht es wohl einem ihrer unter der Wirtschaftskrise in der Türkei leidenden Verwandten besser, wenn sie hier auf den Straßen herumbrüllen? Und warum geht niemand für die Uiguren auf die Straße, warum hört man nie einen Ton aus Ankara in Richtung Peking, der die Unterdrückung dieser Muslime verurteilt?

Und wenn wir schon bei der Verlogenheit sind, will ich nicht jene unerwähnt lassen, die diese Jungs mit Fähnchen in Schutz nehmen. Sie sind Opfer, sie können nicht anders, das ist wegen der Ungerechtigkeit, die sie hier in Deutschland erfahren haben! Das ist dieser Über-den-Kopf-streicheln-Rassismus, der Rassismus, wo man gern hingeht, sie sind einfach zu dumm, die Türken und Araber, sie können halt nicht anders, als etwas gegen Juden zu haben und ihre Frauen zu vermöbeln. Und ja, wir waren ja auch zu lange zu tolerant, und überhaupt, die Bildung, ja die Bildung, die haben wir vernachlässigt. Wie viel Bildung braucht es, um jemanden nicht ins Gas schicken zu wollen?

Es ist interessant und tieftraurig zu sehen, wie weit dieser Konflikt reicht, wie Zigarettenrauch zieht er bis in die entfernteste, kleinste Kapillare. Er verläuft nicht nur an der Grenze zwischen ›Israelis und Palästinensern‹ oder ›Juden gegen Muslime‹. Ich habe eine Art Schlagabtausch auf Twitter beobachtet und wollte Dich fragen, was Du davon hältst.

Der mir bekannte Politikdozent aus Tel Aviv, ich glaube, ich habe ihn in meinem letzten Brief erwähnt, schrieb Can Bonomo direkt an. Can Bonomo ist ein türkischer Jude/jüdischer Türke, ein bekannter Popsänger, der 2012 für die Türkei beim Eurovision antrat. Bonomo war zuvor in den sozialen Medien antisemitisch angegangen worden, er sollte sich mal dazu verhalten, was die Juden in Gaza machten, woraufhin Bonomo eine Erklärung abgab, in der er wenig über den Konflikt sagte, außer, dass er Mitgefühl für die zivilen Opfer habe. Er griff seine Angreifer an: »Ihr seid Rassisten, Kinder. Ihr seid das Problem dieser Welt, das ihr glaubt von Instagram aus ändern zu können.«* Das eigentlich Interessante stand zu Beginn der Erklärung: Er schrieb, er sei kein Israeli (was faktisch richtig ist), er sei ein Türke mit spanischen Wurzeln. Der Politikdozent fuhr ihn sehr offensichtlich wütend an: »Warum wird ein

* »Can Bonomo'ya Sosyal Medyada Antisemit Saldırı«, In: *Avlaremoz* (https://www.avlaremoz.com/2021/05/18/can-bonomoya-sosyal-medyada-antisemit-saldiri/), 18. Mai 2021.

Türke mit spanischen Wurzeln Opfer von Antisemitismus???«, und warf ihm vor, sich seines Judentums zu schämen. »Was ist so schwer daran zu sagen: Ja, ich bin Jude, aber ich bin kein Israeli?«*, fragte er rhetorisch.

Was hältst Du von einer solchen Diskussion, die eine innerjüdische ist? Mich hat die Diskussion fasziniert, aber ich kann mir nicht helfen, ich finde es bedrohlich, jemanden dafür zu verurteilen, dass er seine ›wahre Identität‹ (was auch immer die sein soll oder wie auch immer die sich zusammensetzt) nicht outet, also jemanden dafür zu verurteilen, dass er etwas *nicht* sagt. Ich stelle mir vor, jemand würde mir sagen: Los, sag es: Ich bin Türkin! Ich bin Deutsche! Warum sagst du es nicht, schämst du dich etwa dafür?

Richtig wild allerdings wird es ja, wenn man sich vor Augen führt, dass sich zum Teil herumbrüllende Breitkreuztürken mit Fähnchen und woke, total progressive Israel-Boykott-Anhänger einig sind, wenn es um euch Juden geht.

Sag, wie fühlt es sich an, Fetisch von Leuten praktisch auf der ganzen Welt zu sein?

Can Bonomo hat übrigens später noch selbst geantwortet. Jude zu sein, schrieb er, sei nicht das Einzige, das ihn ausmache.

Lass uns tapfer bleiben! Ö.

* Tweet von Hay Eytan Cohen Yanarocak, 18. Mai 2021.

Liebe Özlem,

wie Du sehen kannst, wäre ich jetzt viel lieber in Israel. Schon rein aus journalistischen Gründen, aber auch, weil ich das Gefühl habe, dort sein zu müssen, in meiner Nachbarschaft in Jaffo, wo es während des Krieges auch massive Unruhen gab. Hab ich Dir erzählt, dass in meiner Straße alle Autos angezündet wurden? Dass Juden auf offener Straße ebenso verfolgt wurden wie Araber? Dass die Polizei jetzt in Jaffo ist und die Stadt, die ja an Tel Aviv angebunden ist, mehr oder weniger ›abgesperrt‹ hat, dass Menschen, die nicht dort wohnen, nicht mehr reindürfen, weil man Angst hat, dass Radikale beider Seiten dann wiederkämen und zündelten? Wir, die wir in derselben Straße wohnen, haben eine WhatsApp-Gruppe gebildet, Juden und Araber, um uns gegenseitig zu unterstützen, zu helfen. Auch um uns zu versichern, dass wir miteinander leben wollen. In Ruhe und Frieden. Die Gruppe setzte voraus, dass wir nicht über Politik reden. Wozu auch? Es geht nur um praktisches Zusammenleben. Und was geschieht? Es gibt dann immer wieder irgendwelche Idioten, die nichts Besseres zu tun haben, als sich doch politisch zu äußern. Und der ›anderen Seite‹ Vorwürfe zu machen … Einige von uns, mich inklusive, haben gedroht, dass wir die Gruppe verlassen, wenn das nicht aufhört. Es hörte nicht auf, und so sind viele wieder raus, ich auch. Es funktioniert nicht einmal im Kleinen. Jetzt bin ich mit meinen arabischen Nachbarn und Freunden wieder nur direkt in Kontakt, ohne Gruppen. Ich frage ständig nach, ob sie o. k. sind und sicher, wie ihre Kinder damit klarkommen, und sie fragen mich nach meiner Mutter. Es könnte so einfach sein … könnte …

Aber es gibt noch einen Grund, warum ich gerade jetzt gerne in Israel wäre: der Antisemitismus in Deutschland (und wahrlich nicht nur da) und der Umgang damit, beziehungsweise der ›Nicht-Umgang‹. Ich habe ja in diesen Tagen ständig Artikel geschrieben, überwiegend für *DIE ZEIT*, Analysen zum Gaza-Krieg, aber auch ein großes Stück zum Antisemitismus. Und es ist genauso, wie Du schriebst: Ist man hier, will man dort sein. Ist man dort, will man hier sein. Wohin also? Wo ist der Ort, der einem ein bisschen inneren Frieden schenkt (fang jetzt nicht mit Meditation und Yoga an!)? Vielleicht sollte ich zu meiner Familie in die Schweiz ziehen? Keine Ahnung. Wahrscheinlich würde ich dann dort nach einem halben Jahr vor lauter Langeweile in den nächsten Flieger springen und irgendwohin abhauen, wo gerade mal wieder ›Krise‹ ist. Déformation professionnelle …

Diese Auseinandersetzung zwischen Deinem türkischen Professor und dem türkisch-jüdischen Sänger – hey, haben die keine anderen Sorgen? Mir fällt zu diesen Auseinandersetzungen im Augenblick nichts ein, ich habe derzeit wirklich genug mit dem Sterben meiner Mutter und dem echten Krieg an dem Ort zu tun, wo ich eigentlich lebe.

Was mich schon lange nicht mehr überrascht, aber immer wieder erschreckt, ist nicht allein der explosive und radikale Antisemitismus vieler Muslime. Das ist ja bekannt, das ist ja ideologisch auch verankert, Mohammed Amin al-Husseini, der Mufti von Jerusalem, hat schon in den 30er Jahren verbreitet, ›die Juden‹ wollten al-Aqsa erobern und damit den gesamten Tempelberg einnehmen. Die Muslimbruderschaft propagierte auch schon früh mittels ihres Ideologen Sayyid Qutb den Antisemitismus. In seinem Text aus dem Jahr 1950 *Unser Kampf mit den Juden* verbreitet er nicht nur das übliche Märchen von der ›jüdischen Weltverschwörung‹, sondern er behauptet auch, dass die Juden bereits gegen die frühislamische Gemeinde gekämpft hätten und bis heute gegen den Islam kämpfen.

Und Erdoğan? Der hat ja nun auch nichts anderes zu tun, als gegen den ›Terrorstaat Israel‹ zu hetzen. Das macht mir eigentlich nur im Zusammenhang mit jungen türkischen Muslimen in Deutschland Sorgen. Wie Du richtig sagtest: Die Menschen jeweils vor Ort haben andere Sorgen, selbst wenn auch in der Türkei der Antisemitismus weitverbreitet ist. Ich habe eine Freundin in Israel, Lina, ihre Familie stammt aus der Türkei. Sie ist schon in Israel geboren, aber ihre Eltern sind in den 50er-Jahren aus Istanbul eingewandert. Lina hat noch Familie dort, und die denkt immer mehr darüber nach auszuwandern. Eigentlich denken sie schon seit Jahren darüber nach, aber es scheint, als ob der Tag des Weggehens tatsächlich näher rückt. Sie wollen nicht nach Israel, sondern in die USA: Ob's da so viel besser ist … Hm.

Was mich wirklich zutiefst bedrückt, ist die Lähmung, die in Israel herrscht. Dieses ganze System Netanyahu, das den Staat von innen aushöhlt, ist viel gefährlicher für die Zukunft Israels als die Raketen aus Gaza. Die Art, wie er schon wieder einmal die Verantwortung abgeschoben hat und alle für den Waffenstillstand, der mit der Hamas vereinbart wurde, verantwortlich macht außer sich selbst. Die Art also, wie er diesen Krieg beendet hat, ohne auch nur irgendwas zu erreichen. Was dann die Frage aufwirft – wozu denn dann?? Raketen der Hamas auf Jerusalem als Auslöser des Krieges? O. k. – da hätte man auch mit einer kleinen Aktion reagieren können und fertig. Wozu also dieser Krieg? Und wir alle kennen die Antwort: Machterhalt. Er war ja kurz davor, sie zu verlieren. Und die Hamas wollte auch nur gegen die Palästinensische Autonomiebehörde und Präsident Abbas punkten. Haben sie ja auch geschafft.

Ich bin auch zunehmend wütend auf die Tel Aviver Blase … Dieses happy-go-lucky, dieses jahrelange Ausblenden des Konflikts, den man schrecklich findet und ganz schlimm, aber von dem man sich nicht die Stimmung vermiesen lassen will. Um dann aber ganz geschockt zu sein, dass die Araber in Jaffo ausflippen. Hey … habt ihr nicht mitbekommen, was in den letzten Jahren und Jahrzehnten im Land geschehen ist? Wahrscheinlich ist das eine Form von Eskapismus, die man braucht, um irgendwie nicht wahnsinnig zu werden, schon klar. Wenn ich vor Ort bin, habe ich das ja auch bis zu einem gewissen Grad, wobei ich mich als Journalist dem Konflikt niemals entziehen kann. Aber wenn man andere Jobs hat, wenn man drei Kinder hat, was in Israel ganz normal ist, wenn man seinen Kredit abbezahlen, die Ausbildung der Kinder finanzieren, das tägliche Überleben in diesem harten Land sicherstellen muss, dann rückt der Konflikt mit den Palästinensern weit weg.

Und dennoch, irgendwie habe ich das Gefühl, dass in diesem Krieg etwas zerbrochen ist. Meine Freundin Anna sagte mir vor zwei Tagen: »Was wir jetzt weltweit erleben werden, ist eine langsame Shoah.« Und ich muss Dir sagen, Özlem, so ein ähnliches Gefühl beschleicht mich auch. Überall auf der Welt werden Juden auf offener Straße geschlagen, überfallen, angegriffen. Im Netz ist die Hölle los. Alles undifferenziert und niemals mit der Unterscheidung: Ist man Jude oder Israeli? Und das Geschwätz deutscher Politiker (und vieler anderer Politiker im Ausland ebenso) kann ich nicht mehr hören.

Ich frage mich ganz ernsthaft, wo man heute als Jude noch in Ruhe leben kann. Einfach in Ruhe. Diese Diskussionen um das, was Israel darf oder nicht, verkennt Geschichte und leugnet Zusammenhänge. Die Hamas – eine Widerstandsbewegung? Lächerlich. Nein: schrecklich. Was wissen die Instagram-Celebs, die jetzt »#FREEGAZA« posten, über das, was in

Gaza wirklich geschieht? Ich war dort als Korrespondent. Ich habe mit eigenen Augen gesehen, wie die Hamas 2007 ihre politischen Gegner von den Dächern der Häuser in die Tiefe geworfen hat. Ich habe gesehen, wie sie Leute terrorisiert, ihnen droht, sie umzubringen. Vergiss Israel. Stell Dir vor, es gäbe kein Israel. Dann was? Würden all die großen Widerstandsbefürworter jubeln, weil die Hamas gesiegt hätte? Hätten die Palästinenser dann ein freies, liberales, demokratisches Leben? Die Besatzung ist das eine – aber wem jubelt man denn da zu? Wem? Und keine Sorge – die Fatah ist auch keinen Deut besser … niemand ist zimperlich in der palästinensischen Gesellschaft, niemand. Aber das ist ja dann egal, es sind ja nicht die Israelis, und solange es gegen Israel und Juden geht, kann man sich ja mental mit allen verbünden, nicht wahr?

Es ist schon ein extrem merkwürdiges Denken von Menschen, die in Europa, in Deutschland in Freiheit leben, in Sicherheit, die dann diesen großartigen Helden der Hamas zujubeln. Ganz ehrlich: Ich verstehe es nicht. Ich habe selbst als junger Mensch, als ich noch ›links‹ war, nie begriffen, wie man als Westeuropäer den Sowjets zujubeln kann. Ausgerechnet! Mit ihren Gulags und Repressionen. Kommunismus? Mann!!! In Frankreich war es fatal, aber auch in Deutschland, ich erinnere mich allzu gut an diese Sitzungen des Marxistischen Studentenbundes Spartakus und anderer Organisationen während meiner Studentenzeit. Was für ein vollkommener Nonsens. Und noch weiter zurück gab es Leute, die Stalin großartig fanden. In den Cafés von Paris und London und Berlin oder sonst wo. Und die ihm auch noch die Stange hielten, als längst klar war, was für ein Schlächter er war. So auch jetzt wieder: Damals war der eigentliche Feind der ›Imperialist‹, die USA, jetzt ist es halt Israel, nur mit dem Unterschied, dass sich alle auf Israel einigen können, nicht nur die Linken.

Juden zu hassen, ist immer ein wunderbarer Klebstoff für den gesellschaftlichen Zusammenhalt, nicht wahr?

Der Krieg ist vorbei. Aber ich weiß, eigentlich weiß es jeder, dass der nächste gerade schon vorbereitet wird. Ich fürchte, die Hezbollah im Libanon hat schon ihre Schlüsse aus dem Krieg gezogen. Sie hat genau gesehen, wo die Schwachstellen Israels sind … Aber: Wenn es zum Krieg mit der Hezbollah kommt (nicht: käme!), dann wird's furchtbar. Tel Aviv wird nicht mehr glimpflich davonkommen, der Flughafen wird auf lange Zeit gesperrt sein, es wird viele Tote auf israelischer Seite geben. Und die israelische Air Force wird dann flächendeckend bombardieren. Ich will gar nicht darüber nachdenken, wie viele Menschen im Libanon sterben werden … und da wird's dann nicht mehr nur aus der Luft gehen. Da müssen Bodentruppen rein … Auch das habe ich schon erlebt, 2006, aber es wird diesmal viel, viel schlimmer kommen. Viel schlimmer. Und: Israel kann solche ›asymmetrischen‹ Kriege nicht mehr gewinnen. Es sei denn, man nimmt eine hohe Zahl von Zivilopfern in Kauf.

Sag mal, wollen wir uns nicht ein anderes Thema aussuchen? Mag nicht mehr über Identitätsbefindlichkeiten, Rassismus, Islamophobie, Antisemitismus oder den palästinensisch-israelischen Konflikt nachdenken.

Lass uns doch mal über Musik schreiben? Oder über … Kino? Wie Du vorgeschlagen hast. Wir schreiben uns ab jetzt Kritiken über die neuesten Filme und Serien, die wir auf Netflix sehen. Ins Kino kann man ja noch nicht. Etwa über *Mank*? Habe ich vor Kurzem gesehen. Das wäre doch was, nein? Und wehe, Du schreibst mir eine Kritik über *Fauda 3* oder über diese schwedische Serie, die unter Islamisten in Syrien spielt … Gilt nicht!

Vor dem Prinz-Carl-Palais in München, dem offiziellen Amtssitz des Bayerischen Ministerpräsidenten, hängt in diesen Tagen neben der bayerischen und der deutschen auch die israelische Flagge. Solidaritätsbekundung. Aha. WTF … Symbolpolitik. Hm. Was soll man damit anfangen? Ich kann nichts damit anfangen. Absolut nichts. Es sagt mir nichts. Es bedeutet mir nichts, ich mag sowieso dieses ganze nationalistische Gedöns nicht. Nicht in Deutschland, nicht in Israel, nirgends. Ganz arg ist das ja in den USA. Jedes Mal, wenn ich dort zu Dreharbeiten unterwegs war, war ich völlig erschlagen von den Massen an Stars and Stripes, die man in jedem Vorgarten, an jedem Gebäude sieht … Irre … faszinierend, woran sich Menschen ergötzen können. Fahnen. Uniformen und so 'ne Sachen …

Ist mir alles wesensfremd. Will Multikulti. Vielleicht sollte ich in *Unorthodox* hineinspringen und Teil dieser ›Erasmus-Bande‹ werden? Ach Mist, geht auch nicht, bin ja zu alt und damit längst nicht mehr hip genug. ;-)

Na, immerhin bin ich im Briefwechsel mit Dir. Ist ja schon mega MULTIKULTI. Würde auch viele verwundern, wie das denn eigentlich geht, dass wir beide befreundet sind, hihi …

So, bevor ich jetzt vor lauter Verzweiflung restlos albern werde, höre ich mal auf. Ich weiß, ich habe Dir auf zig Fragen nicht geantwortet, dafür hast Du halt jetzt meinen ›inneren Monolog‹ mitbekommen. Und glaub mir, ich würde ihn gerne abstellen, doch die Ereignisse draußen lassen es nicht zu. Und er wird weitergehen, auch wenn ich diesen Brief jetzt beende. Wir sind ja mit dem Thema nicht durch, ich weiß, ich weiß … Es geht weiter … natürlich. Denk an Dich … und pass auf Dich auf. Richard

HAMBURG, 24. MAI 2021

Lieber Richard,

natürlich kann es eine Freundschaft zwischen einem Juden und einer Muslimin geben (wobei ich auf mein Musliminsein an Deiner Stelle nicht viel geben würde, aber o. k.), mir fehlen persönlich die Fantasie und der Ehrgeiz, mir vorzustellen, warum das nicht gehen sollte. Wenn ich erzähle, dass ich mir mit einem jüdischen Freund Briefe schreibe, begegnen mir meist drei unterschiedliche Gesichter: ein ehrlich interessiertes, das sagt: Ach! Ist ja eine super Sache! Ein verhalten-arrogantes (aber diese Arroganz, die aus Unsicherheit entsteht): Hm, du hast wohl auch nichts Besseres zu tun, wie? Ein offen angewidertes: Aber Israel!

Irre, wie schnell das Gift aus 4000 km Entfernung bis hierher durchgeflossen ist. Es ist ja auch in Wirklichkeit nicht durchgeflossen, es war ja schon da. Nun kriechen diese Antisemitischen Arschlöcher of Color (AAoC) aus ihren Löchern und gesellen sich zu all den anderen, die sich schon vor Langem rausgetraut haben, und alle feiern eine Riesenparty. Die AAoC merken nicht im Ansatz, dass ›wir‹ grad am Arsch sind.

Israel, der Darth Vader unter den Staaten.

Von einer interessanten Begebenheit allerdings kann ich noch berichten. Politik ist ja oft einfach der Weg des Machbaren (ja, ich bin ein Kind der Merkel-Ära). Der Gaza-Krieg war neulich auch Thema mit dem türkischen Teil meiner Familie. Alle super säkular mit diesem pflichtschuldigen Anteil an religiöser Ausübung, Du weißt schon. Viel Mitleid mit den Palästinensern, und diese Juden, denen sollte man es mal zeigen, die machen wirklich, was sie wollen. Machen die Palästinenser kaputt. Also viel Solidarität mit der palästinensischen Zivilbevölkerung (was ja richtig und angebracht ist), aber gar keine mit den israelischen Bürgern und natürlich keinerlei Unterscheidung zwischen Israelis und Juden. Ich kenne diese Haltung ja aus der Türkei, und da besteht kaum ein Unterschied zwischen Erdoğan-Anhängern und anderen. Vielleicht ist diese seltsame Überidentifikation mit den Palästinensern in säkularen Milieus sogar noch verlogener als die in anderen. Die säkulare Atatürk-Partei CHP hat ihre Parteizentrale sogar mit einer überdimensionalen Palästinenserfahne bestückt. Darunter steht der Satz: Wer im Angesicht der Unterdrückung schweigt, ist ein zungenloser Teufel. Was seltsam religiös klingt für eine säkulare Partei. Und gleichzeitig wird sich über jeden arabischen Touristen, der nach Istanbul kommt, um sich ein paar Haare einpflanzen zu lassen, das Maul zerrissen. So weit ist es mit der arabisch-türkischen Verbrüderung dann wohl doch nicht.

Wenn solche Unterhaltungen im familiären Umfeld losgehen, dann sage ich in der Regel nichts und berufe mich auf mein Recht, mit der Familie NICHT über Politik zu sprechen. So ähnlich wie in Deinem Chat mit Deinen Nachbarn in Jaffo.

Aber dieses Mal habe ich etwas gesagt. Ich meinte sinngemäß: Ich weiß gar nicht, was ihr habt. Ist es vielleicht Neid? Die sind in Europa in Fabriken umgebracht worden und haben sich gesagt: O. k., nie wieder, und haben dann für ihren Staat gekämpft und wieder jede Menge Opfer gebracht und sich durchgesetzt. Bei den Wörtern »Staat« und »gekämpft« wurde es plötzlich ganz still, und ich sah in Gesichter, in denen sich etwas tat. *Damit* konnten sie etwas anfangen, das rief eine Art Empathie hervor. Denn *so* hatten sie noch nicht auf die ganze Sache geschaut. Auf diese Weise wird in ihrem Land einfach nicht geredet.

Es gibt eine aus meiner Sicht nicht sehr humanitäre Querverbindung zu den syrischen Flüchtlingen in der Türkei. Sie sind ja seit einigen Jahren nicht mehr sehr willkommen, sondern großen Anfeindungen ausgesetzt. Die Türkei hat etwa vier Millionen Flüchtlinge aus dem Nachbarland aufgenommen, was Vertreter der Regierung natürlich regelmäßig betonen. Es ist schwer, den Türken in dieser Sache etwas entgegenzusetzen, es stimmt ja, auch wenn es vielen dieser Menschen nicht gerade gut geht (aber besser als im Krieg, und das allein reicht schon für viele Türken anzunehmen, dass sie in ›ihrem‹ Land lebten wie Allah in Istanbul).

Was man vor Ort immer wieder hört, ist: Warum kämpfen diese ganzen jungen Männer nicht für ihr Land, sondern hauen ab? Ich brauche Dir wahrscheinlich nicht zu sagen, wie problematisch dieser Gedanke ist, aber er spielte vielleicht eine Rolle bei meiner Israeldiskussion mit der Verwandtschaft.

Aber zurück zu ›uns hier‹. Ich bin aufgewühlt, die ganze Sache in Deutschland geht gerade in eine ziemlich beschissene Richtung, kein vernünftiger Ton dringt durch, zumindest fühlt es sich oft so an, ich höre nur noch »importiert, importiert, importiert«, und schäme mich für meinen betrunkenen Cousin, auch wenn dieses Bild schon wieder viel zu verniedlichend ist. Ich schäme mich auch für den Rassismus, der in dem real existierenden Problem des ›Antisemitismus der anderen‹ mitschwingt. Es fühlt sich alles bedrohlich an. Und wenn man bedenkt, dass die Generation Deiner Eltern, Deiner Mutter, bald nicht mehr da ist, wie soll dann das Verbrechen auch weiterhin erfühlbar bleiben? Macht sich Deutschland eigentlich darüber genug Gedanken?

Du bist erst recht aufgewühlt und bist es zu Recht.

Solidarische Grüße! Özlem

Liebe Özlem,

ich habe eine Weile gebraucht, um Dir wieder zu schreiben. Ich muss gerade so viel verdauen. Den totalen Irrsinn in Israel, den totalen Irrsinn hier … Ich weiß gerade auch nicht wirklich weiter, wenn ich ehrlich sein soll.

Viele Figuren sind doch einfach nur »Zniachtl«, wie man in Wien sagen würde. Die Aufregung um Max Otte oder jetzt um Klaus Dageförde, der eine AfD-nahe, der andere mal früher in der rechtsextremen Szene unterwegs gewesen, heute beide bei der CDU und ganz oben bei der »WerteUnion«. Das ist alles lächerlich. Damit meine ich nicht die Gefahr, die von solchen Entwicklungen ausgeht, beileibe nicht. Ich bin der Letzte, der das verharmlosen würde. Aber die Probleme sind doch ganz woanders angesiedelt. Bei den demokratischen Parteien und ihren Führungsfiguren, die einfach nie klare Kante zeigen, siehe Armin Laschet bei *Anne Will*, als es um Hans-Georg Maaßen ging. Er kriegt da einfach den Mund nicht auf, um das Richtige zu sagen. *Das* ist, was wirklich unerträglich ist. Diese (meistens) ›Herr-schaften‹, die immer vom »nie wieder« plappern, vom »wehret den Anfängen« schwafeln und im entscheidenden Augenblick einfach kneifen. Da fange ich ernsthaft an zu zweifeln, wie sicher ich in diesem Land eigentlich wirklich bin, was geschehen würde, wenn's wirklich ernst wird. Und dieses ewige Wegducken lässt es ja immer ernster werden. Das eine bewirkt das andere. So einfach ist das.

Und nun also die AAoC, wie Du das nennst. Sehr lustige Spracherfindung! Ist das politically correct? Darf ich so was sagen? Ich bin ja nur ein ›weiß-gelesener‹ Jude, der angeblich zur Herrschaftselite gehört (siehe Black Lives Matter). Du darfst das als Muslimin (ja, schon kapiert … damit haste nicht so viel am Hut), aber ich?

Aber ich darf auch wütend sein auf den Irrsinn, der sich auf deutschen, europäischen, amerikanischen Straßen abspielt. Und natürlich ärgert mich am allermeisten, wie sich plötzlich apolitische Figuren ›politisieren‹ à la Bella Hadid. Ich unterschätze nicht, wie viel Wirkung sie hat. Ganz im Gegenteil. Als Tochter von Palästinensern kann dieses Supermodel selbstverständlich auch ›parteiisch‹ sein. Natürlich ist sie auf der Seite der palästinensischen Sache, das ist ihr gutes Recht. Darum geht es mir überhaupt nicht. Aber sie verbreitet halt plakativen Unsinn, wie so viele. Wie so viele verbreitet sie meiner Meinung nach einfach antisemitische Parolen auf ihren Social-Media-Accounts. Man kann's dann auch wie viele Aktivisten machen, die etwas Antisemitisches tweeten und es kurz danach wieder löschen, wenn es Aufregung darüber gab. Doch das Getweetete ist in der Welt. Und darauf kann man dann ›aufbauen‹ und beim nächsten Mal noch Schlimmeres tweeten. Oder man tweetet wirklich Unsägliches, wie beispielsweise Malcolm Ohanwe: »Dass ich mich als Palästinensische Person überhaupt von Terror distanzieren soll, ist so wahnsinnig verletztend und entmenschlichend.«* Je nachdem, wie's ihm gerade passt, ist er mal Palästinenser, dann Schwarzer, dann Deutscher. Schon praktisch, diese Intersektionalität. Aber darum geht's gar nicht. So ein Tweet, der noch nicht mal die Prinzipien der Demokratie einhält, nicht einmal die Prinzipien der ethischen Grundregeln einer pluralistischen, liberalen Gesellschaft, wird einfach mal so ausgespuckt. Das geht einfach. Und niemand kann etwas machen. Und so

* Tweet von @MalcolmOhanwe, 20. Mai 2021.

verbreitet man Gift. Und Hass. Und solche Leute kapieren nicht (oder tun zumindest so), dass sie keinen Deut besser sind als jene, die sie kritisieren. Und so jemand arbeitet bei den öffentlich-rechtlichen Sendern, schert sich aber nicht um die Grundlagen des demokratischen Anstands und Diskurses? Wow.

Kritik an Israel (nein, nicht dieses Unwort »Israelkritik«, das allein ist schon zutiefst antisemitisch)? Ja, um Himmels willen, wo ist denn das Problem? Die israelische Politik beschissen finden? Auch kein Problem. Aber wenn Bella Hadid und so viele andere dann posten »From the river to the sea, Palestine will be free!« – wie soll ich das bitte verstehen? Als freundliche Aufforderung zur Ein-Staat-Lösung für zwei Völker (darüber kann man ja debattieren, selbst wenn das mit den Realitäten vor Ort wenig zu tun hat, tut ja auch der US-amerikanische jüdische Journalist Peter Beinart und viele andere linksliberale Juden) – oder ist das dann doch eher eine Aufforderung und die Vorstellung von der Zerstörung des jüdischen Staates? Und wenn es – wie ich annehme – Letzteres bedeutet, was stellen sich diese ›Human-Rights-Aktivisten‹ dann genau vor? Die Ermordung von rund sieben Millionen jüdischen Israelis oder ›nur‹ die Vertreibung? Denn die rund 2,5 Millionen Israelis, die es noch zusätzlich gibt, also Muslime, Christen, Drusen, Tscherkessen etc., die werden ja alle ›verschont‹, nicht wahr? Also was genau soll damit gesagt werden? Doch ein zweiter Holocaust? Also genau das, was seit Jahrzehnten das Mantra der Rechten in Israel ist? Das Mantra des Benjamin Netanyahu? Also hat er am Ende doch recht? Ja?

Geschenkt, dass die israelische Siedlungspolitik eine Katastrophe ist. Im Gegensatz zu all diesen ›politischen Köpfen‹ war ich seit den 70er-, 80er-Jahren ständig in Gaza und im Westjordanland. Ich habe mit eigenen Augen gesehen, was sich da abspielt. Ich habe darüber geschrieben, Filme gemacht,

Radiosendungen produziert, Bücher geschrieben. Ich habe aber auch die palästinensische Gesellschaft, vor allem deren Politiker, gesehen, gesprochen, getroffen. Na, vielen Dank. Das ist auch so eine Sache mit denen. Erst unlängst sagte irgendjemand, ich glaube, es war im Fernsehen, dass Bella Hadid gern nach Gaza gehen solle, sie würde als Frau und als Mensch ganz schnell nach Tel Aviv flüchten wollen. Das ist banal? Aber es stimmt doch. Die Hamas hat, nur ein Beispiel, jetzt gerade beschlossen, dass Frauen nur noch mit Genehmigung ihres männlichen Vormunds reisen dürfen. Das möchte ich sehen, wie der Superstar dann möglicherweise mit Hijab einen männlichen Verwandten fragen muss, ob sie von Gaza wieder nach New York darf …

Nein, all diese Dummheit, die sich aus Hass und Unwissenheit speist, macht mich wahnsinnig. Und die von Dir sogenannten AAoC merken nicht, wie sich manche ›ethnischen Deutschen‹ freuen über ihr antisemitisches Gegröle, über ihre Aggression gegen deutsche Juden. Sie kapieren nicht, wie sich das am Ende gegen sie selbst richtet, weil die Mehrheitsgesellschaft noch einen Grund mehr hat, ›diese Muslime‹ zu hassen, weil sie ihr die Steilvorlage für ihre Islamophobie liefern. Nur so, wie sich das im Augenblick entwickelt, meinen die Kommentatoren dieser Welt, dass Israel den Medienkrieg verloren hat, dass sich etwas Grundsätzliches geändert hat. Ja, stimmt. Die internationale Linke hat sich als das gezeigt, was sie in ihren Extremen immer war: antizionistisch und in Teilen eben auch antisemitisch. Und ja, auf Israel kommen schwere Zeiten zu (als ob es jemals leicht für Israel gewesen wäre, aber das nur am Rande). Doch letztendlich entwickelt sich daraus ein Freund-Feind-Denken, das sich noch mehr gegen die muslimische Welt wenden wird. Die Randale, der Islamismus, der Radikalismus, die Gewalt auf europäischen Straßen – sie werden den ›christlichen Europäern‹ Angst machen, sie werden

den Rechten erst recht Auftrieb geben, die wiederum werden sich auf die Seite Israels stellen (geschieht ja längst), um den gemeinsamen Feind zu bekämpfen, selbst wenn auch diese Herr- und Damenschaften natürlich zutiefst antisemitisch sind. Aber am Ende zahlen wir alle den Preis. Du, ich, alle. Und warum? Weil, genau wie Du schreibst, das Gift aus 4000 km Entfernung durchgeflossen ist. Weil man den Nahost-Konflikt mit eigenen Mitteln weiterführt, weil man ihn genauso führt wie diejenigen, die man dort unten verurteilt – weil man kein bisschen besser, ethischer, klüger, moderater ist als ›die Zionisten‹ oder ›die Islamisten‹ oder ›die Israelis‹ oder ›die Palästinenser‹. Ist das so schwer zu begreifen? Offensichtlich.

Was Du über Deine Familie erzählst, kann ich sehr gut verstehen. Im Grunde sieht man da ja auch, dass nicht weiter nachgedacht wird, sondern – Pardon – einfach nur Slogans nachgeplappert werden. Und ja: Nach der fabrikmäßigen Ermordung werden Juden sich nicht ein zweites Mal abschlachten lassen. Und wenn Israel untergeht, wenn … denken wir das mal zu Ende – … dann was? Dann geht die ganze Region in radioaktiven Flammen auf. Dann gibt's keinen Palästinenserstaat, weil es dann auch keine Palästinenser mehr gibt. Denken wir's doch bitte mal wirklich zu Ende. Wird Israel sich zerstören lassen? Gut möglich, dass es vielleicht eines Tages schwächer sein wird als seine Feinde. Aber was würde das bedeuten? Der letzte Krieg für den jüdischen Staat? Es wäre auch der letzte Krieg für Palästinenser, Libanesen, Jordanier, Syrer – und vielleicht sogar für den Iran. Wenn es zum großen radioaktiven Knall käme … was dann?

Als ich 2008, ein Jahr nach dem Putsch der Hamas in Gaza, in einer Koranschule in Gaza-Stadt drehte, da sagte mir ein Koranschüler, dass er hoffe, dass der (damalige) iranische Präsident Ahmadinejad Israel mit einer Atombombe vernichten werde. Ich fragte ihn, ob er das denn wirklich wolle, denn die Nuklearwolke würde ja nicht an der Grenze zu Gaza haltmachen. Er schaute mich einen Moment irritiert an, darüber hatte er *tatsächlich noch nie nachgedacht.* Aber dann, nach einer kurzen Pause, sagte er: »Das macht nichts, dann werden wir alle Shaheeds sein, das wäre es wert, nur um die Zionisten endlich alle zu töten!«

Huiiiiii, wäre das dann lustig, nicht wahr? Keine Israelis, keine Palästinenser, einfach nur Wüste. Tohuwabohu heißt das auf Hebräisch in der Torah. Na, welch eine wirklich konstruktive Lösung.

Aber zurück zu »uns hier«, wie Du schreibst. Ja, die ganze Sache in Deutschland geht gerade in eine ziemlich bescheuerte Richtung, kein vernünftiger Ton, nichts. Ob importiert oder nicht – er kommt aus allen Ecken, dieser ›falsche Ton‹, dieser aggressive, hasserfüllte, dumme Ton.

Und ja, der nahende Tod meiner Mutter hat mir noch etwas anderes bewusst gemacht. Solange sie lebt, ist sie (und ihre Generation) quasi ein lebendiges ›Mahnmal‹ für die Shoah, klar. Aber mehr noch: Meine Mutter – und natürlich auch mein Vater, als er noch lebte – ist für mich als Zweite Generation wie ein Bollwerk gegenüber Deutschland. Das mag sehr eigenartig klingen, auch ein wenig irrational. Aber so fühlt es sich in mir an. Wenn sie nicht mehr da ist, dann ist da sozusagen ›nichts‹ mehr zwischen uns, zwischen den Kindern der Opfer und den Kindern der Täter. Keine ›schützende Wand‹. Kommt dann alles wieder? Es ist ja schon längst wieder losgegangen … Aber ich will gerade nicht ›rational‹ argumentieren, es geht mir um eine ganz andere Ebene, um das Grundgefühl des jüdischen Diasporajuden. Das nur darum keine so große Rolle spielt, weil es eben dieses Israel gibt, so mies die Politik dort auch sein mag. Es ist ein Teufelskreis, aus dem es kein Entrinnen gibt. Die ›Anderen‹ werden Juden weiter hassen, die Juden werden weiterhin einen ›Fluchtpunkt‹ brauchen. Und sie werden ihn mit ihren Zähnen verteidigen, da hattest Du sehr recht, als Du das Deiner family in der Türkei sagtest.

Ich bin froh, dass es Dich in meinem Leben gibt, Özlem. Wenn es die Freundschaft zwischen einem Juden und einer Muslimin nicht geben könnte, was für eine Welt wäre das denn? Und noch dazu eine Freundschaft, wo die Grundpfeiler des Denkens stimmen. Wo es einen inneren Konsens gibt, was richtig und falsch ist, was demokratisch, was populistisch, was rational, was irrational ist, was Fakten sind und was Fake News. Muss man sich da immer einig sein in der Sache? Nein, natürlich nicht. Aber das Fundament stimmt, auf dem man sich bewegt, diskutiert, streitet, sich versöhnt.

Übrigens, erst vor Kurzem traf ich einen palästinensischen Freund, der viele jüdische und israelische Bekannte hat. Für seinen WhatsApp-Account hatte er plötzlich während des Gaza-Krieges ein neues Foto eingestellt. Anstatt eines Porträts von sich war da plötzlich die Landkarte von ganz Palästina mit dem Muster der Keffiyeh, der sogenannten Palästinensertücher. Als ich das sah, sprach ich ihn darauf an. Er meinte, das sei ein Symbol dafür, dass er einen Staat möchte, wo alle ohne Grenzen und in Frieden leben können, Juden und Araber.

»Dann hättest Du ganz Palästina (oder ganz Israel, je nach Anschauung) mit Davidsternen *und* dem Muster der Keffiyeh zeigen müssen.« Er stutzte. Ich erklärte ihm, dass sein Foto Juden und Israelis keinen Platz ließe.

Ein paar Stunden später schrieb er mir eine WhatsApp-Nachricht. Aus Respekt mir gegenüber habe er das Foto geändert, ob ich damit etwas anfangen könne. Das neue Foto war eine palästinensische Flagge. Ich antwortete ihm, dass ich damit kein Problem habe, die Flagge sei seine Identität. Und sie sagt ja nicht, wo die Grenzen zu ziehen sind. Insofern finde ich das aktuelle Foto total o. k. So einfach kann's sein. Man redet, man erklärt, man versteht sich, ohne dass man immer derselben Meinung sein muss. Aber man geht mit Respekt miteinander um. Ist doch was …

Un grande abbraccio e a presto, carissima

r.

HAMBURG, 14. JUNI 2021

Moin Habibi,

nun sind fast zwei Wochen vergangen, seit wir uns das letzte Mal geschrieben haben, und schon fühlt sich die Welt wieder ganz anders an, wie ein vollkommen anderer Ort. Ich habe gerade noch einmal Deinen und meinen letzten Brief gelesen, Gaza-Krieg, die Erosion der Demokratie in Israel, Antisemitismus, Max Otte (what?) und die WerteUnion. O. k., schräge Aufzählung, ich gebe es zu. Alles wirkt schon wieder so weit weg. Gestern habe ich einen Blick in Twitter gewagt: #Reitschuster und #Schweiger. Frag mich bitte nicht, ich glaube, es ging darum, dass Til Schweiger ein Foto mit Boris Reitschuster, einem ehemaligen Moskau-Korrespondenten, nun im Umfeld der ›Querdenker‹, gepostet hat. Reitschuster bewirbt seine Internetseite übrigens mit den Worten »Kritischer Journalismus. Ohne ›Haltung‹. Ohne Belehrung. Ohne Ideologie.« Twitter ganz schnell wieder ausgemacht.

Man kann sich anscheinend nicht immer aussuchen, was einen bewegt. Man wird bewegt. Durchgeschüttelt, wie in der Achterbahn, man kann nur versuchen, sich irgendwo oder bei jemandem festzuhalten, um einigermaßen in der Spur zu bleiben.

Und jetzt? Israel hat eine neue Regierung, nach zwölf Jahren an der Macht ist Netanyahu weg, zumindest vorerst, und nur wenige Wochen nachdem Hunderte Menschen in Gaza und einige in Israel gestorben sind, sitzt erstmals eine arabische Partei in einer israelischen Regierung – und nein, es sind nicht Leute von der Sorte, mit denen man abends vielleicht mal ein Bier trinken würde. Das musst du auch erst einmal schaffen: acht so unterschiedliche Parteien zusammenzubringen, von rechts außen bis links außen, die es hinkriegen, alle Differenzen beiseitezuschieben, weil sie ein großes Ziel eint, oder besser gesagt sie dazu zwingt, nämlich, dass du verschwindest. Auch so wird man »Bibi« wohl erinnern, oder?

Und dennoch, ein mitunter hässlicher, aber einigermaßen friedlicher Machtwechsel, hervorgerufen durch eine Wahl, wenn auch die vierte – da macht Israel den Unterschied. Als einziges Land in der Region. Du würdest jetzt wahrscheinlich sagen: »noch«. Ja, noch, hoffentlich noch sehr lange. Is this the beginning of a beautiful friendship?, könnte man sich beim Anblick dieser doch recht unterschiedlichen neuen Regierungsmitglieder fragen. Wahrscheinlich nicht, aber immerhin, it's a beginning.

Mich plagt allerdings derzeit ein ganz anderes Problem, eines, das, wie die Jüngeren heutzutage sagen würden, cringe ist. Bitte nicht lachen, also: Wir haben Juni, aber das ist meiner Tochter egal, sie will derzeit vorwiegend Weihnachts- und Ostergeschichten vorgelesen bekommen. Sie hat von Cousin und

Cousine eine Sammlung Pixi-Bücher geerbt, in der sich übertrieben viele Geschichten befinden, die von Weihnachten und Ostern handeln. Hasen, Bären oder Igel, die Weihnachten feiern oder Ostereier für die Kinder verstecken. Ein einsamer Kapitän, der in einem ausrangierten Schiff am Nordpol wohnt, eine kranke Robbe findet und mit ihr gemeinsam Weihnachten feiert. Finn und Lea, die die Weihnachtsgeschichte nachspielen und dafür die kleine schlafende Schwester von Lea entführen, die das Christkind im Wäschekorb spielen soll. Ist ja alles schön und gut, und meine Tochter faszinieren die Geschichten, nur ich weiß noch überhaupt nicht genau, wie ich für sie, mit ihr, bei ihr mit allem Religiösen umgehen soll, an das ich selbst nicht glaube. Das gilt für beide Religionen, mit denen wir es hier zu tun haben. Oder nicht zu tun haben. Am liebsten würde ich mich darum drücken und das alles von ihr fernhalten. Aber das geht natürlich nicht. Es wäre ja auch nicht gut, denn außerhalb des eigenen Zuhauses geht es nicht immer so säkular zu.

Ich weiß ja selbst, wie es ist, wenn alle deine Freunde Weihnachten feiern, nur du nicht. Wenn sie alle in der Klasse morgens am Nikolaustag ihre Geschenke mitbringen und sie sich stolz gegenseitig zeigen und bewundern, und nur du dasitzt und in die Röhre guckst. Gut, ganz allein war ich nicht, ein, zwei andere türkische Kinder guckten genauso sparsam an diesen Tagen. Ich konnte auch nie mitreden, wenn es hieß: »Und was macht ihr an Weihnachten? Also, wir fahren zu meiner Oma!« Nein, ich fahre nicht zu meiner Oma, du Blödian, die wohnt 3000 km weit weg. In der Schule waren wir Ausländerkinder (bei Dir kann ich das Wort ja ruhig benutzen, weil Du nicht gleich die Hände über dem Kopf zusammenschlägst – wir wurden damals so genannt, was soll ich machen? Wir waren es ja auch) überall dabei, bei allen Feiern: Weihnachten, Fasching, Ostern. Aber zu Hause gab es das alles nicht. Es wurde ja auch nicht thematisiert. Nie hat mich irgendein Lehrer gefragt, wie das so ist, für mich. Vielleicht war es ihnen egal, vielleicht haben sie sich nicht getraut.

Irgendwann kamen unsere Eltern darauf, uns an Nikolaus Geld in die Schuhe zu stecken. Kein Bullshit wie Spielsachen, nur harte Währung zählt, Du kennst das ja. An Bayram, den Feiertagen, bekommen Kinder ja auch eher Geld zugesteckt, neben Süßigkeiten. Immerhin, it was a beginning. Wir Kinder haben uns damals sehr gefreut. Es war nicht perfekt, es war kein schönes Geschenk, eingewickelt in buntes oder glitzerndes Papier, mit einer schönen Schleife drum herum, das ließ sich nach acht Stunden Fabrikarbeit wohl nicht mehr bewerkstelligen. Aber mit etwas im Schuh waren wir automatisch im Klub, verstehst Du, was ich meine? Heute ist das ja alles ganz anders. Viele Familien haben ganz selbstverständlich einen Baum zu Weihnachten im Wohnzimmer stehen, auch wenn ihr Herz für Muhammad statt für Jesus schlägt.

Grundsätzlich denke ich: Entweder man begeht gar keinen dieser religiösen Festtage – oder alle. Aber wie anstrengend ist das denn?

Vielleicht ist dieses Weihnachts-Gate, das ich derzeit mit meiner Tochter erlebe, der Grund dafür, warum es mich gerade so sehr in die Türkei zieht. Ich würde so gern mit ihr hinreisen, es wäre für sie das erste Mal. Sie würde endlich auch diesen Zweig ihrer Familie kennenlernen. Auch diesen Zweig ihrer Herkunft. Wie gern würde ich manchmal in eine Kristallkugel schauen oder in eine Zeitmaschine steigen, kurz mal 20 Jahre in die Zukunft reisen, um zu sehen, wie sie dann wohl zu all diesen Dingen stehen wird, die Dich und mich bewegen. Wird sie dann überhaupt etwas mit dem einen oder dem anderen Land zu tun haben (wollen)? Wird sie vielleicht, so wie ich, doch irgendwann anfangen, ernsthaft Türkisch zu sprechen? Wird sie sich für das ›andere‹ Land überhaupt interessieren? Werden das überhaupt Kategorien sein, in denen sie denkt: Länder, Grenzen, Nationen, Identitäten?

Und was für Länder werden das sein? »Wir sind schon ein seltsames Land, oder?«, schrieb mir neulich ein Freund aus Istanbul. Einen meiner letzten Artikel über die Türkei begann ich mit den Worten: »Könnte man den Blutdruck von Ländern messen, dann wäre die Türkei wohl eine Risikopatientin mit hochrotem Kopf, immer kurz vor dem Schlaganfall.« Sollte ich mir wünschen, dass sie sich für diese Patientin interessiert?

Was derzeit Millionen bewegt, sind die Videos eines flüchtigen türkischen Mafiapaten auf YouTube. Man sollte wohl sagen: *des* Mafiapaten. Was er zu erzählen hat, hört sich an wie ein kaum aushaltbar spannendes Drehbuch für eine Netflixserie. Vertreter von Staat und Regierung haben demnach engste Verbindungen zum organisierten Verbrechen, mischen im Drogenhandel mit, betrügen den Staat um Milliarden, begehen schwerste Straftaten. Woher er das alles weiß? Er habe mitgemacht. Er wurde benutzt und benutzte selbst. Erdoğan bezeichnet ihn als einen vom Ausland gesteuerten Agenten. Sedat Peker, so heißt der Mann, hat nach dem Putschversuch in der Türkei Erdoğan bedingungslose Loyalität geschworen, vor der Wahl im Jahr davor hatte er eine große Wahlkampfveranstaltung in Rize, seiner und Erdoğans Geburtsstadt, abgehalten. Als Unterstützung für den Präsidenten und seine Partei. Ein Mann, der einige Preise bekam, unter anderem als ›wohltätigster Geschäftsmann des Jahres‹. Ermittlungen gegen ihn gab es in der Vergangenheit wegen Entführung, Drogenhandel, Erpressung, Nötigung …

Peker macht den Eindruck, als sei er tief verstrickt und wisse viel mehr noch, als er erzählt. Ideologisch verortet er sich allerdings woanders als die regierende AKP, bezeichnet sich selbst als Turanist. Turan ist ein mythisches Land in Zentralasien, und die Anhänger der Turan-Bewegung wollen ein großtürkisches Reich gründen, in dem alle Turkvölker eines Tages vereint würden. Und schon wäre das schönste Geraufe im Gange, wie es in einem der Pixi-Bücher meiner Tochter über Piraten heißt, wenn das mal Wirklichkeit würde. Alle zusammen, es wäre so schön, wie es niemals war. Ironischerweise stehen gerade Pekers Erzählungen dafür.

Du merkst, es handelt sich hier nicht gerade um den Typus Gleichstellungsbeauftragter, auch wenn viele überrascht sind, wie belesen und gebildet er ist – für einen Schwerverbrecher auf der Flucht. Peker behauptet, er befinde sich in Dubai. Alles scheint sehr geplant, als würde er in seinen Videos nach einem Skript vorgehen. Er sitzt da an einem Tisch, vermutlich in einem Hotel, das er bereits aus Sicherheitsgründen wechseln musste. Neben ihm ein oder meist zwei Gläser Wasser, Bücher (unter anderem die Biografie von Bob Dylan und *Der Pate*). Er sitzt immer in gleicher Weise vor der Kamera, weißes Hemd, offen, unterschiedliche Devotionalien um sich herum, ein Rosenkranz, ein Zulfiqar, wie das zweischneidige Schwert von Ali genannt wird, dem Schwiegersohn des Propheten – und natürlich zerbrechen sich nun alle möglichen Leute den Kopf: Was hat das alles zu bedeuten? Was will er damit sagen? Noch nie wurde so offen über all das geredet, was Peker erzählt, oder zumindest sehr lange nicht mehr.

In seinen Erzählungen hat er es vor allem auf den Innenminister abgesehen, der sein ›Rückfahrschein‹ gewesen sei, wie er behauptet, aber nun habe er ihn fallen lassen, das wird aus den Erzählungen deutlich. Auch ehemalige Minister oder deren Söhne spielen eine Rolle. Den Präsidenten, den er respektvoll »Tayyip abi«, also »großer Bruder Tayyip« nennt, berührt er bislang nicht, auch das ist interessant.

Was man hier sieht, ist die Reaktion eines Menschen aus dem System, der vom System ausgegrenzt wurde. Nun kann sich niemand unbedingt seine Unterstützer aussuchen, und die Erzählungen eines Unterweltbosses sind nur bedingt glaubwürdig. Aber offensichtlich werden sie für nicht ganz unplausibel gehalten, Millionen Türken sehen sich die Videos an und warten ungeduldig auf das nächste. Und niemand hindert sie daran, YouTube wurde deshalb nicht gesperrt, was in der Vergangenheit ja auch schon vorgekommen ist, wegen viel egalerer Dinge. Machiavellimäßig würde ich vermuten: weil bestimmte Leute ein Interesse daran haben, dass Peker diese Dinge erzählt. Er sagt: »Ich bin nicht euer Erretter«, was zeigt, dass er sich der Reaktionen total bewusst ist, die er bei vielen auslöst. Da spricht kein Geläuterter, sondern einer, der Rache will.

Einer Umfrage zufolge findet knapp die Hälfte (wie sollte es sonst sein?) des Landes die Ausführungen glaubwürdig. Niemand weiß, was genau am Ende passieren wird, aber noch läuft ja die erste Staffel dieser Serie. Noch nie habe ich Menschen mehr dafür bedauert, dass sie kein Türkisch verstehen.

Und trotz Peker, trotz all dieser abenteuerlichen Dinge, von denen er berichtet, übt dieses Land eine unglaubliche Anziehungskraft auf mich aus. Weil es um etwas geht, und weil es nicht so einfach ist, darum zu kämpfen. Wegen der vielen Menschen, die diesen Kampf so mutig führen.

Amen. Ich beschwere mich über die Weihnachtssehnsucht meiner Tochter mitten im Juni und halte hier das Wort zum Sonntag mitten am Montag.

Aber verstehst Du, was ich meine? Hier ist vieles so … gratis-mutig.

Sei umarmt, Özlem

BERLIN, 18. JUNI 2021

Meine Liebe,

Dein letzter Brief hat mich in Berlin erreicht. ›Dank‹ Corona war ich nun fast anderthalb Jahre nicht mehr in der Stadt. Ich habe sie vermisst … die einzige deutsche Stadt mit einem Flair von Weltläufigkeit (ich weiß, als Wahlhamburgerin wirst Du mir nun gleich etwas über Deine Stadt erzählen …), aber dieses Flair ist natürlich trügerisch. Ist nur im Ansatz kosmopolitisch, metropolisch, im Grunde dann doch auch in vielem kleinbürgerlich. Aber dennoch, die spannendste Stadt Deutschlands, und ich liebe es, hier zu sein. Ich drehe hier gerade für meine vierteilige Serie über Antisemitismus, die im Oktober fertig sein muss. Ich kann Dir nur sagen: Nach all den Interviews willst du nur noch fliehen von hier. Es ist ja noch schrecklicher, als eh schon klar war. Aber egal, im Grunde wissen wir das ja eigentlich immer. Wir spüren es. Wir erleben es.

Ich wohne in Kreuzberg in einem Hotel, weil wir auch hier im Kiez drehen, und so erlebe ich noch die ›Reste‹ der antisemitischen Ausschreitungen während des Gaza-Krieges. Von einem Wohnungsfenster am Kottbusser Tor hängt ein Betttuch, auf dem steht: »Ich schäme mich, Israeli zu sein. Stoppt den Mord in Gaza!« – es geht doch nix über Simplifizierungen, wenn's so richtig komplex wird. Na ja. Das Betttuch für die Krim habe ich aber nicht gesehen. Auch nicht für Nordzypern oder die West-Sahara oder so. Aber dann gibt's in der Görlitzer Straße ein neues israelisches Restaurant und siehe: Da sitzen auch Muslime und lassen sich's schmecken. Ois sehr konsequent, wie man in Bayern sagen würde. Mit dem Besitzer redete ich Hebräisch und niemanden störte das. Wobei ich vor zwei Tagen ein unangenehmes Erlebnis im Taxi hatte: Der

Fahrer war Türke. Sehr freundlich, als ich mit meiner Producerin einstieg. Wir mussten zu unserer Location, zum Set. Auf der Fahrt bekam ich einen Anruf aus Israel und sprach Hebräisch. The driver wasn't amused at all. Wurde pampig. Sagte zwar nicht, warum, aber es war klar. Er hatte mich im Rückspiegel sehr genau fixiert. Wenn Blicke töten könnten.

Die Peker-Geschichte habe ich über den *SPIEGEL* mitbekommen. Da war ja kürzlich eine große Reportage dazu, aber ich wusste nicht, wie ernst man das nehmen muss. Aber offensichtlich, so wie Du das beschreibst, schon sehr ernst. Wird das Erdoğan zusetzen? Ich weiß natürlich, und so, wie Du das schilderst, erst recht, dass es in der Türkei wirklich um etwas geht. Ebenso wie in Israel. Beide Gesellschaften sind wirklich kurz vor dem Schlaganfall. Und sie wissen das. Bei der deutschen Gesellschaft habe ich oftmals das Gefühl, dass sie unter nicht erkanntem Bluthochdruck leidet. Dass sie eigentlich auch vor einem Schlaganfall oder zumindest einem kleinen Herzinfarkt steht, aber dass die Krankheit noch nicht wirklich erkannt worden ist. Patient schaut ja ganz gut und fit aus. Aber wir wissen ja, dass Bluthochdruck ein tückisches Ding ist. Man fühlt sich gut, bis man umfällt. In der Türkei, in Israel weiß längst jeder, wie krank man tatsächlich ist. Und Mut ist in beiden Ländern so wahnsinnig nötig, allein schon, um sein eigenes kleines Leben irgendwie zu meistern. »Gratis-mutig« … ich mag Deine Wortkonstruktion für Deutschland. Ja, hier ist wirklich vieles gratis-mutig. Das ist natürlich auch ein Verdienst des Systems, das muss man fairerweise sagen und neidlos anerkennen. Die Deutschen wissen ja wirklich nicht, wie gut es ihnen geht, zumindest was Freiheit und Frieden betrifft, wenn man das mit der Türkei und Israel vergleicht.

In Israel ist nix gratis. Alles teuer erkauft, erkämpft. Immer. Und trotzdem sind die Menschen irgendwie lustiger drauf als hier. Sag mal, wie wird das mit Peker denn weitergehen? Schon eine Ahnung, welche Folgen das wirklich haben kann?

Ich finde das gut und richtig, dass Du mit Deiner Tochter demnächst in die Türkei willst. Ist doch auch ihr Erbe. Also los geht's. Vielleicht liebt sie ja Köfte! Oder kochst Du ihr das eh schon? Kannst Du eigentlich kochen? Und wenn ja, auch türkisch? Dann lade ich mich demnächst selbst mal bei Dir ein. ;-)

Sehr gelacht habe ich darüber, was Du über Weihnachten schreibst. Mann, das ist mir so was von vertraut. Da hast Du ein altes Thema in mir angesprochen. Was tun mit der Religion bei einem Kind? Ich war jahrelang davon überzeugt, dass es besser sei, ein jüdisches Kind zu haben als ein Kind, dessen Mutter keine Jüdin ist, womit das Kind nach der Halakha, dem jüdischen Religionsgesetz, auch nicht jüdisch wäre. Warum ich in jüngeren Jahren so dachte? Weil ich meinem Kind immer ersparen wollte, nirgends dazuzugehören. Für die Nichtjuden wäre es immer jüdisch, für viele Juden wäre es nichtjüdisch gewesen. Also zwischen allen Stühlen. Es ist ja schon schwer genug, Jude zu sein. Aber so als ›Zwitter‹ zu leben?

In meinen jüngeren Jahren spielte das eine große Rolle, allein schon wegen der noch sehr viel homogeneren und konservativeren deutschen Gesellschaft damals. Ich hatte auch stets so merkwürdige Überlegungen, dass möglicherweise die Großeltern meines Kindes mütterlicherseits die Mörder meiner Großeltern sein könnten … Da schauderte es mich jedes Mal. Und ich hatte stets Probleme mit christlichen Feiertagen, vor allem mit Weihnachten und Ostern. Einfach weil ich immer daran denken musste, was die Kirche mit uns Juden seit Jahrtausenden angestellt hatte. Wollte ich, dass mein Kind unter einem Weihnachtsbaum »Stille Nacht« singt? Nein, wollte ich nicht. Ich hatte und habe nie ein Problem mit dem Christentum als Glauben meiner Freunde gehabt, war oft genug zu Weihnachtsessen eingeladen oder zum Osterfrühstück. Und ich bin stets gern hingegangen, mit einem Geschenk und den besten Wünschen zum Feiertag. Warum denn nicht? Den Glauben des anderen respektieren – das ist selbstverständlich für mich. Aber die Institution Kirche, und alles, was diese uns Juden gegenüber zu verantworten hatte und hat – nein, damit tat ich mich immer schwer. Die Überlegungen für mein Kind waren also mehr politisch-historisch denn religiös geprägt.

Ich war einmal mit einer bekannten muslimischen Schauspielerin in Deutschland befreundet, die noch in der Türkei geboren war. Ist sehr lange her. Weihnachten kam und so hatten wir beide dasselbe ›Dilemma‹ wie jedes Jahr: Alle feierten, aber wir natürlich nicht. Also entschieden wir, den 24. Dezember zusammen zu verbringen. Das war natürlich sehr lustig, weil die Muslima und der Jude einfach einen ›stinknormalen‹ Abend hatten. Um uns herum christliches Weihnachten, und wir beide bildeten so eine Art Enklave, zumindest fühlten wir uns so. Ein paar Jahre später gab es dann eine Radiosendung, da wurden Prominente gefragt, welches Weihnachten für sie am schönsten war. Und sie – die bekannte Schauspielerin – wurde auch gefragt. Sie erzählte, dass sie ihr schönstes Weihnachten vor ein paar Jahren mit einem jüdischen Journalisten verbracht hatte – eben ohne Feier. Und witzigerweise hatte eine befreundete Redakteurin diese Sendung gehört, rief mich an und fragte nur: »Die meinte doch sicher dich?«

Wie ›wichtig‹ solche Fragen nach Religion und Glauben auch in unseren Zeiten noch sind. Eigentlich irgendwie anachronistisch, nein? Aber vielleicht werden sie gerade auch immer wichtiger, weil wir alle Zugehörigkeit und Halt in diesen irrsinnigen Zeiten suchen …

So … jetzt widme ich mich wieder dem Antisemitismus. Meine Serie braucht mich, das heißt, eigentlich braucht mich meine Producerin, die mir ständig in den Ohren liegt, was wir alles noch machen müssen. Ist ein sehr kompliziertes Projekt geworden, weil Corona das ursprüngliche Konzept komplett über den Haufen geworfen hat. Manno! Wollte in vier europäischen Ländern drehen, eine richtige spannende Reisereportage … Und nun, alles anders. Schade. Aber ich bereite noch ein Buch zum europäischen Antisemitismus vor, vielleicht kann ich dann ja endlich wieder normal reisen. Wenn nicht Delta, Epsilon oder Zeta uns allen noch mal einen Strich durch die Rechnung machen werden. Wie heißt es so schön bei John Lennon: »Life is what happens to you while you're busy making other plans!« Planen in Zeiten von Corona!

Apropos planen: Ende Juni fliege ich zurück nach Tel Aviv, wenn alles klappt und der Zustand meiner Mutter es zulässt, das heißt, wenn es ihr nicht noch schlechter geht als sowieso schon. Das ist weiterhin nur sehr schwer auszuhalten. Und wenn Israel nicht wieder eine Quarantäne einführt, selbst für im Land Geimpfte wie mich. Mal sehen.

Hab ich Dir schon gesagt, dass ich Dich viel spannender finde als diesen neuen ›Public Jew‹ Fabian Wolff, den das ›Weltoffenheits‹-Lager als neuen Darling auserkoren hat, weil er ihnen nach dem Maul redet?

Neshikot Yakiri,

r.

HAMBURG, 1. JULI 2021

Mein liebster Alpha-Alman (ich habe leider nicht das Copyright auf diese Bezeichnung),

ja, man möchte manchmal von hier fliehen, manchmal ist es furchtbar, manchmal schmerzhaft, ein anderes Mal wieder ein bisschen peinlich, all diese engherzigen, ausgrenzenden, bequemen Debatten, die Empörungen, erst von der einen, dann von der anderen Seite. Und dennoch: Sosehr uns unsere anderen Länder anziehen und faszinieren, weil es dort ständig existenziell zugeht, weil die Menschen dort kämpfen, also wirklich kämpfen, um Anerkennung, um Grundrechte, für die Freiheit, für Frieden oder tatsächlich ums Überleben – auch wenn ich mich wiederhole: Es gibt für Leute wie Dich und mich wahrscheinlich keinen besseren Ort als die alte Tante Deutschland.

Istanbul fasziniert dich und du kannst dir so lange ein Leben dort vorstellen, bis du versuchst, mit einem Kinderwagen die Straße zu überqueren, einen Zebrastreifen vielleicht, und die Karre von einem Bürgersteig auf den nächsten zu hieven, hat ein Freund einmal zu mir gesagt. Es gibt zu wenige ordentliche Fußwege dort, weil einfach wenig Respekt und Verständnis für Menschen vorherrschen, die zu Fuß gehen, so kommt es mir vor. Autos genießen Privilegien, sie haben oft die eindeutig besseren Wege und Straßen, und vielerorts sind die Bürgersteige so hoch gebaut, dass du mit einem Kinderwagen (oder einem Rollstuhl!) eben nicht ohne Weiteres hoch- oder runterkommst. Was mein Freund sagen wollte: Hier zu leben, das bedeutet noch einmal etwas anderes. Ich kenne etliche Gastarbeiter-Rentner, die fast das ganze Jahr über in der Türkei verweilen, aber die Arzttermine, nein, die macht man in Deutschland. Da werden ordentlich Termine gemacht und eingehalten. Da kommen die Handwerker wie verabredet. Man wird in seltenen Fällen schief angeschaut, etwa wenn man seinen Müll nicht in die dafür vorgesehene Tonne wirft, geschweige denn auf die Straße.

Wenn die Mülltrennung die vorherrschende Religion ist, dann kann das Land so schlecht nicht sein, finde ich.

Gut, die Termine beim Arzt und die ordentlich arbeitenden Handwerker sind nicht die einzigen Dinge, die das Leben hier lebenswert machen. Oder einfacher. Oder sicherer. Da kannste den Staat und seine Repräsentanten auf einer Demonstration angiften, ohne viel befürchten zu müssen. Du kannst alles, im Prinzip fast alles sagen. Sogar ständig wiederholen, dass man ja so gar nichts mehr sagen darf. Du kannst dein Land hinterfragen. Du kannst dein Land, deine Regierung, deinen Staat kritisieren und sogar öffentlich verachten, es wird immer ein paar geben, die dich dafür feiern werden. Oder dir einen Preis verleihen. Du kannst als Nichtdeutscher ›die Deutschen‹ in Büchern beschimpfen und wirst immer einen Verlag finden, der dich druckt, oder ein Theater, das dein Stück aufführt. Du wirst Leser und Zuschauer finden. Dieses Land ist einfach so. Irgendwie auch wunderbar, oder?

Ich sehe schon, wie Dein Kopf rot und immer röter wird, während Du diese Zeilen liest. Aber das alles gehört auch zur Wahrheit über dieses Land, neben all dem Scheiß, der Kanada wie eine gute Lösung erscheinen lässt.

Ob wir wollen oder nicht: Du und ich, wir sind deutsch. Trotz allem deutsch. Keine Ahnung, wie groß dieser Anteil ist, er scheint mir mal größer, mal kleiner. Aber er ist da und wird auch nicht verschwinden.

Das Lustige an der ganzen Sache ist ja, dass es mir meistens im Ausland auffällt, wie deutsch ich dann doch bin (bitte erzähle es niemandem) – oder wie sehr ich für deutsch gehalten werde. In den USA beispielsweise, ich war nur ein paar Mal dort, wurde ich nie gefragt, wo ich denn ›ursprünglich‹ herkomme, also *wirklich* herkomme. Du weißt, diese Frage, die so vielen Almans so wichtig ist. Tatsächlich war das in den USA anders. Ich hatte einen deutschen Pass? Ich war deutsche Staatsbürgerin? Also war ich Deutsche. Ich war auch ›ihr Deutschen‹. Es gab diese Momente, und ich war dann immer drauf und dran, diesen Satz zu korrigieren, als würde ich mit fremden Federn geschmückt, gewissermaßen.

In Israel habe ich eine ambivalente Erfahrung gemacht. Ich habe dort niemanden getroffen, der mein Deutschsein infrage gestellt hätte, aber der muslimische Background war doch für viele relevant, anders relevant als in Deutschland. Nicht so sehr aus kulturkämpferischen Gründen, wie so oft hier, sondern aus Gründen der Nähe: Muslime, die kennt man, mit der Religion kann man etwas anfangen, mehr als mit Deutschen, die einen türkischen Hintergrund haben.

Oder das ›Interesse‹ bestand aus Sicherheitsgründen. Ich weiß noch, wie durchgeschüttelt ich war, als ich das erste Mal einreiste: »What is the name of yourrrr fatherrrrr?« – »What is the name of yourrrr grrrrrandfatherrrrrr?«. Ich fragte den Grenzbeamten, ob er väterlicher- oder mütterlicherseits meinte, aber egal, beide unverkennbar muslimisch, Ali und Mehmet, da gibt es kein Vertun, und zack musste ich in den special Wartebereich. Da versteh einer die Israelis. Mein Mann, mit Otto-Wehrmachts-Opa, durfte gleich durch.

Aber am schrägsten verhalten sich die Türken. Einerseits bist du die Deutsche, weil du dich an Absprachen hältst, verbindlich bist und auch Verbindlichkeit erwartest, ›diszipliniert und pünktlich‹ bist. Mich erschüttert auch diese Autoaggression, oder sollte man es Auto-Orientalismus nennen, wenn einem Leute manchmal sagen: Komm jetzt nicht mit Regeln und Gesetzen, das läuft hier anders, Almancı! Das regeln wir unter uns. Als gäbe es dort keine Gesetze.

Andererseits lassen sie dich nie richtig raus aus dem Klub. Du bist Türke, du bleibst Türke. Darin unterscheiden sie sich oft nicht von einigen Deutschen.

Apropos »das regeln wir unter uns«: diese Sache mit dem Mafiapaten, Sedat Peker, ist ins Stocken geraten. Kein neues Video bis jetzt. Kein zehntes Video. Er hat sich nach dem neunten Video nur kurz ›gemeldet‹, um seinen ›Zuschauern‹ mitzuteilen, dass er derzeit nicht weitermachen könne – die Sicherheitsbehörden in dem Land, in dem er sich befinde, hätten ›mit Nachdruck gebeten‹, dass er dies vorerst unterlassen solle … In diesem kurzen Auftritt von etwa fünf Minuten sagt er, dass die Behörden in etwa 14 Tagen eine neue Risikobewertung vornehmen würden, es gebe Hinweise auf Attentate auf ihn, danach wolle er sich wieder melden. Ja, ich weiß, wie sich das liest.

Es ist wirklich nicht möglich, jetzt eine Prognose darüber abzugeben, wie diese Geschichte enden wird, ob sie überhaupt so etwas wie ein Ende haben wird. Ich kann mich wie viele andere nur fragen: Wie groß ist die türkische Tragödie eigentlich wirklich, wenn Millionen Bürger an den Lippen eines Mafiapaten hängen müssen, weil sie glauben, von ihm Dinge zu erfahren, die ihnen vorenthalten werden?

Ich kann mich jetzt beim besten Willen nicht mit Fabian Wolff befassen! Vielleicht später, fühl Dich gedrückt!

Özlem

PS: Das nächste Mal schreibe ich Dir vielleicht schon aus Istanbul – ja, ich fliege tatsächlich mit meiner Tochter hin!

Alpha-Alman? Wirklich? Alman, o. k. Aber Alpha? Nu schojn, würde man auf Jiddisch dazu sagen. Was ist in Dich gefahren, Özlem? Du gibst gerade die Überzeugungsdeutsche und betitelst mich in Kanak-Sprak? Das ist lustig. Oder nein, das ist genau das, was uns ja ausmacht. Diese Widersprüche und Divergenzen und dazu noch diese tiefe Verbundenheit – ob wir wollen oder nicht – mit unserem Geburtsland. Ja, natürlich sind wir trotz allem deutsch. Das habe ich nie verleugnet. Hab ich mir früher gewünscht, es wäre anders? Habe ich mir gewünscht, meine KZ-Überlebenden-Eltern hätten die Möglichkeit gehabt, sich ein anderes Land zum Leben auszusuchen als Deutschland? Klar. Es hätte mein Leben womöglich einfacher gemacht, weniger ambivalent. Vielleicht. Vielleicht aber auch nicht. Was weiß ich, was geworden wäre, wenn.

Du musst mir also die großartigen Vorzüge der Mülltrennung und all der anderen Dinge in Deutschland gar nicht aufzählen. Ich glaube, ich bin mir deren sogar vielleicht ein klein wenig mehr bewusst als Du, aus einem einzigen Grund: Weil ich seit 17 Jahren im Ausland lebe. Aber gerade weil ich in Israel lebe, sehe ich all die wunderbaren Vorzüge Deutschlands mit Klarheit (und merke natürlich in Tel Aviv, wie deutsch ich bin). Aber ich sehe auch all die Nachteile Deutschlands, die Schwächen des Landes vielleicht schärfer, als wenn ich hier leben würde, eben weil ich nun seit Jahren auch in eine andere Kultur und Mentalität eingetaucht bin, die ihre ganz eigenen Vorteile (die häufig die Schwächen Deutschlands sind) und ihre Schwächen (die wiederum die Stärken Deutschlands sind) haben.

Ich will das gar nicht werten, es ist, wie es ist. In Israel, in Deutschland, egal wo. Entscheidend ist, wie man geprägt wurde. Und natürlich bin ich (auch und vor allem) deutsch geprägt. Gerade in Israel oder sonst wo im Ausland bin ich mir dessen so rasend bewusst.

Aber nach so vielen Jahren in Israel, ich glaube, ich habe Dir das schon mal erzählt, erlebe ich natürlich in Deutschland auch, wie ›israelisch‹ ich bereits geworden bin. Wie mir Hierarchien immer weniger Respekt einflößen, wie ich mehr und mehr diese israelische Mentalität »not to take a no for an answer« übernommen habe, wie ich allerdings auch immer dünnhäutiger werde gegenüber Vorurteilen, Überheblichkeiten, Dummheiten, die man gerne als so ›typisch deutsch‹ labelt. Und davon gibt es eine Menge. Es sind Kleinigkeiten, aber sie nerven.

Ich gebe Dir ein Beispiel: Im Vorgespräch mit jemandem aus der Produktion zu meiner Serie sagte diese Person: »Ah prima, dann suchen wir mal schon jüdische Musik für den Schnitt raus.« Und ich nur: »NEIN! AUF GAR KEINEN FALL!« – ich reagierte heftiger als nötig. Die Person schaute mich irritiert und ein wenig erschrocken an. Ich: »Über wen machen wir denn einen Film – über Juden oder über Antisemiten?« Ich sah in dem Gesicht ein plötzliches Begreifen, ein Erschrecken über den eigenen buchstäblichen ›Kurz-schluss‹. Anderes Beispiel: Irgendjemand machte den Vorschlag, dass es doch schön wäre, wenn im Titel der Serie ein hebräisches Wort vorkommen würde. Auch da wieder meine Reaktion: No way! Und wieder Erklärungsbedarf: Es geht nicht um Israel, es geht um Deutschland. Was hat das mit Hebräisch zu tun? Verstehst Du, was ich meine? Diese Menschen, die diese Vorschläge gemacht haben, sind jung, sehr jung. Also eine Generation, die absolut nichts mit dem Dritten Reich zu tun hat. Aber sie sind genauso gefangen im Schweigen und Verdrängen ihrer Familien wie alle anderen auch, in diesen Patterns und Klischees, die sich wie Mehltau über das Thema »Juden« gelegt haben, seit der Gründung der Bundesrepublik. Dieses kollektive Reagieren bei ›diesem‹ Thema. Juden – das ist entweder der Holocaust oder das böse Israel und die lieben Palästinenser. Was anderes gibt es nicht. Und wenn's um Antisemitismus geht, ja klar, dann wird das mit Juden assoziiert, aber nicht mit der Mehrheitsgesellschaft, die den Antisemitismus produziert.

Weißt Du, wenn man wie ich nun schon sein ganzes Leben mit diesen ›Mustern‹ lebt und sich herumschlägt, auch deshalb, weil ich es »professionell« tue, weil ich mich als Journalist (auch, aber nicht nur) dieser Themen angenommen habe, weil ich gar nicht wegschauen kann, dann ist man irgendwann mürbe und müde. 30-Jährige reden nun auch so wie die 50- und 70-Jährigen? Dieses Nichtdenken, Nichtreflektieren? Nicht alle, ja, ja, ich weiß. Aber dennoch. Es macht einsam, Özlem. Es macht so verdammt einsam. Und dann frage ich mich, wozu ich so eine Serie überhaupt mache? Wozu? Wen werde ich erreichen? Niemanden. Was werde ich erreichen? Nichts. Ich weiß schon, es ist umsonst. Ich habe es ja erlebt. Meine Bücher zu diesen Themen, meine Filme, meine Artikel – haben sie irgendetwas verändert? Irgendetwas bewirkt? Irgendetwas Positives ausgelöst? Vielleicht, vielleicht auch eher nicht. Nach Halle habe ich einen wütenden Artikel in der *ZEIT* geschrieben, in dem ich mich vor allem über die automatisierten Betroffenheitsrituale aufregte. Mein Artikel schaffte es in den Bundestag. Katrin Göring-Eckardt zitierte daraus in einer Diskussionsrunde zum Antisemitismus in Deutschland. Sie war betroffen. Warum? Weil ich wütend war. Weil es so ungewöhnlich ist für Deutschland, dass Juden wütend sind. Man will sie verständnisvoll und vor allem leidend, dann kann man ›Mit-leid‹ haben, sich solidarisieren mit den ›Opfern‹. Ich mag kein Opfer mehr sein. Für niemanden. Sorry. Darum wird es in meiner Serie auch keine jüdischen Opfer zu sehen geben. Apropos, hast Du inzwischen *Masel Tov Cocktail* gesehen? Die ultimative Antwort zum ›jüdischen Opfer‹, schau's Dir an!

Aber was ich eigentlich sagen will: Ich glaube nicht mehr daran, dass ich irgendetwas erreichen kann. Und mache doch weiter. Weil ich gar nicht anders kann. Weil mich dieses Thema nicht loslässt. Und weil ich eben trotz allem: deutsch bin. Dieses Land, diese Bundesrepublik geht mich etwas an. So wie Israel mich etwas angeht. Also muss ich weitermachen. Ich muss einfach, verstehst Du? Ich muss es, es ist wie ein Zwang. Und ich muss es tun, auch, selbst wenn ich mich gleichzeitig immer entfremdeter fühle in Deutschland.

Ich bin ja im Augenblick bei meiner Familie, weil sich der Zustand meiner Mutter weiter verschlechtert hat – in ihrer Demenz wird sie immer aggressiver und kehrt jetzt auch wieder ins KZ zurück, das war ja schon mal wieder ein wenig in den Hintergrund gerückt – also, wie gesagt, ich bin gerade in Zürich, weil meine Schwester und ich eine Menge zu besprechen haben. Und ich habe Zürich immer sehr geliebt. Ist für mich immer so ein utopischer Fluchtpunkt gewesen. Deutschsprachiger Raum, aber nicht Deutschland. Antisemiten? Ja, klar, gibt's hier auch. Aber sie haben meine Vorfahren nicht vergast (o. k., sie haben auch Dreck am Stecken, wie alle, aber sie haben nicht unmittelbar das Zyklon B in die Gaskammern hineingeworfen). Die Schweiz – mitten in Europa, aber ultraorthodoxe Juden können hier auf den Straßen herumlaufen, ohne wie in Deutschland Angst haben zu müssen, auf offener Straße erschlagen zu werden. Und vor allem: Die Schweiz geht mich nichts an. Ich habe kein emotionales Verhältnis zu dem Land, nicht so wie eben zu Deutschland. Eigentlich der ideale Ort, um da zu leben, nein? Wenn's nur nicht so verdammt teuer wäre, dann wäre Zürich mein persönliches ›Himmlisches

Jerusalem‹ … Aber Du merkst schon … Es wird wohl weiterhin das Zwitterleben zwischen Tel Aviv und München oder Berlin bleiben. Und zur Erholung immer wieder ganz woanders hin. New York, Paris, London … das kleine, von mir heiß geliebte Dorf im Engadin oder das wunderschöne Städtchen auf Zypern, die kleine Renaissance-Stadt in Norditalien oder das malerische Dorf in Südfrankreich … Fluchtpunkte … Aber in Pandemiezeiten nicht so einfach zu erreichen … also im Augenblick alles Utopien.

Und Deutschland, das Land der Mülltrennung? Es hat so viel erreicht, keine Frage. Aber es droht zu kippen. In jeder Hinsicht. Ach, und warum Dein Mann, der einen Wehrmachts-Opa hat, leichter nach Israel einreisen kann als Du? Du weißt, warum. Racial Profiling. Machen alle (auch die Deutschen natürlich, nur ›illegal‹ halt), aber in Israel ist es erlaubt. Und die Statistik sagt einfach, dass Muslime häufiger Selbstmordattentäter sind als Wehrmachtssoldaten-Enkel. Du bist also eine akute Gefahr! Wenn's nicht so traurig wäre, könnte man über all den Irrsinn nur noch lachen. Bis es einem im Hals stecken bleibt.

Es grüßt Dich Dein Alman, oh Du meine wunderbare Yeckepotzit!

Fühl Dich gedrückt!

r.

Lieber Richard,

»In the middle of nowhere everywhere« – diesen Satz habe ich neulich irgendwo gelesen, ich musste an ihn denken, als ich Deine Ausführungen über all die Orte las, in denen Du Dich mal mehr, mal weniger gern aufhältst, um Dich von Deutschland (oder doch von Israel? Oder von beiden?) zu erholen. Wir wissen nicht, was aus uns geworden wäre, hätten sich unsere Eltern in einem anderen Land niedergelassen, Deine vielleicht in Ungarn, meine in der Türkei.

Aber die Frage bleibt natürlich. Und seit einigen Tagen stelle ich sie mir wieder – ich schreibe Dir diese Zeilen heute tatsächlich aus Istanbul! Gerade ruft der Muezzin zum Mittagsgebet, allein das zu schreiben, ist so verdammt kitschig, bitte erzähl's niemandem, aber er hustet sich voll einen ab in sein schlechtes Mikro. Ich bin Muslimin, ich darf das sagen. Es klingt grottig.

Und hier ist, bis auf den Müll, fast alles getrennt, polarisiert, in Gruppen aufgeteilt, zerstritten, verkämpft. Und gleichzeitig warm, gütig, flexibel, kreativ. Nicht immer nach den Regeln zu spielen, ist nicht in jedem Fall schlecht (aber oft genug). Ich glaube, das ist das, was Du in Deinem letzten Brief mit Stärken und Schwächen meintest, oder? Zu wissen, wann eine Abweichung von der Regel o. k. ist in den ansonsten starken Institutionen. Ich glaube, dass es diese Abweichung auch in Deutschland gibt. Ich habe es schon oft erlebt. Es ist doch auch mittlerweile eher ein lieb gewonnenes Klischee, dass der Deutsche ›an sich‹ nur buchstabengetreu gemäß den Gesetzen handelt, nicht?

Was mich hier dagegen wirklich fertigmacht, sind – and now for something completely different – die Spielplätze. Sie zeigen mir, wie privilegiert mein Kind ist, dass es die meiste

Zeit seines bisherigen Lebens auf deutschen Spielplätzen verbracht hat. Ich will nicht rumheulen, es ist ja nicht so, dass ich es nicht vorher gewusst hätte oder jetzt erst bemerke, wie schwer es sein kann, in dieser Region ein Kind zu sein. Und das, obwohl hier alle so kinderverrückt sind. Aber das alles nun wirklich zu sehen, mit eigenem Kind zu erleben, ist etwas anderes. Es fängt ja schon damit an, einen Park zu finden, bei dem an Schatten gedacht wurde; daran, dass die Sonne nicht stundenlang in einem Winkel auf die Rutsche fällt, sodass sich die Kleinen die Beine verbrennen. Wo die Kinder nicht ewig anstehen müssen, bis sie auch mal schaukeln können, weil es nur zwei Schaukeln gibt. Oder zu wenige für zu viele Kinder. Natürlich, es gibt die besten, tollsten Spielplätze der Welt in dieser Stadt, genauso wie die besten Krankenhäuser, Restaurants, Sportanlagen – in den Gegenden der Superreichen. Wenn du zahlen kannst, ist es der beste Ort zum Leben. Wenn du in eine Mittelschichtsfamilie und drunter geboren wirst, kannste schauen, wo du deinen schattigen Spielplatz findest. Im Moment leiden sie alle unter der wirtschaftlichen Lage, auch jene, denen es noch vor zwei, drei Jahren gut ging.

Ich klinge jetzt vielleicht wie so eine mega-woke Helikoptermutter aus Berlin-Prenzlauer Berg oder Hamburg-Eppendorf (ich hab in beiden Stadtteilen nie gewohnt), aber es geht mir gar nicht darum, darüber zu lamentieren, dass sich Klein Esra oder Klein Çağtay bisschen den Popo verkokeln, wenn sie auf die heiße Rutsche steigen. Sondern um diese krasse Ungleichheit, die einfach dadurch zustande kommt, dass das eine Kind mitten in Europa geboren wird und aufwächst und das andere an seinem Rand. Das bedeutet nicht, dass die Kinder am Rand dauernd unglücklich wären. Aber sie haben eindeutig die schlechteren Chancen fürs Leben. Bei den schlechten Chancen gibt es auch noch Unterschiede: schlechte und noch schlechtere, türkische Kinder (Mittelschicht und drunter), kurdische, syrische, afghanische Kinder. So geht etwa die Reihenfolge hier. Eine Reihenfolge der schlechten Chancen.

Und klar, in diesen Tagen hier muss ich immer daran denken, dass auch ich eines dieser Kinder hätte sein können, wenn meine Eltern sich nicht für die Auswanderung nach Deutschland entschieden hätten. Ich wäre Kind gewesen zu einer Zeit, kurz nach dem Militärputsch 1980, in der in vielen Stadtteilen hier nicht einmal an einen Spielplatz zu denken war (neben einigen anderen Problemen).

Die Ungleichheit, die Spielplätze verkörpern, ist ja nur ein kleiner Mosaikstein. Ein etwa 20-Jähriger fragte mich neulich, worüber sich eigentlich die ›Generation Z‹ in Deutschland denn so den Kopf zerbreche. Seine Altersgenossen also. Er hatte gerade die allgemeine Zugangsprüfung für die Aufnahme an einer Universität hinter sich, rechnete sich aber nicht sehr große Chancen aus, dieses Jahr noch irgendwo einen Studienplatz zu bekommen. Ich sagte, dass ich nicht viele in seinem Alter kenne, aber dass der Klimawandel und seine Bekämpfung eine große Rolle spielten. Er prustete los. Hier in der Türkei würden sich einige auf Twitter über den Tod der eigenen Oma freuen, weil endlich die Generation aussterbe, die ihnen so lange die Erdoğan-Regierung eingebrockt hätte … eine tote Oma mehr ist eine Stimme weniger für Erdoğan, so ist da anscheinend die Rechnung. Er fand das selbst recht zynisch, war mein Eindruck, aber das ist wohl das Lebensgefühl vieler in dieser Generation. Sie haben kein Geld, sie kriegen keine Jobs, die Wirtschaft strauchelt, es hagelt Verbote und Restriktionen überall, sie sehen, wie die Elite ihrer Altersgenossen seit Monaten auf der Boğaziçi-Universität zwischen Polizeieinheiten auf dem Campus (!) demonstriert und sich gegen einen neuen Direktor von Erdoğans Gnaden wehrt.

Diese Jungen haben nie eine andere politische Führung kennengelernt als die jetzige, die nichts für sie tut und nur diejenigen in ihrem Alter anspricht, die ihr sowieso folgen. Als 2013 die Gezi-Park-Proteste gegen die Politik der Regierung losgingen, waren sie zum Teil auf der Grundschule, aber sie erinnern sich. Sie haben also nicht viel, was sie aber haben, ist eine Stimme als Bürger und Bürgerinnen dieses Landes. Diese Generation Erdoğan wird 2023 erstmals wählen, ich bin sehr gespannt, wie es dann ausgehen wird. Ob sie einen Unterschied machen wird.

Der 20-Jährige fragte auch, und das machen hier viele (kennst Du vielleicht auch aus Israel?), wie denn sein Land aus Deutschland betrachtet so aussehe. Ich antwortete, na ja, nicht sehr gut, Erdoğan und Europa, das wird keine Freundschaft mehr, allenfalls wieder eine einigermaßen stabile, nüchterne Partnerschaft. Aber die ganzen Türken in Europa, sagte er, die fänden Erdoğan doch toll. Seinen türkischstämmigen Altersgenoss:innen in Deutschland gehe es ziemlich gut, war sein Eindruck, die würden sich eigentlich nur über die neuesten Autos unterhalten und über Partys, auf die sie gehen würden (man trifft sich in Chats).

Natürlich ist diese Generation nicht ›eine‹ homogene Gruppe. Dass sie unter der derzeitigen politischen Führung nicht gut durchatmen können und sich alles bleiern anfühlt, ist vermutlich das Einzige, was die Jungen eint. Sie kommen aus unterschiedlichen Milieus, Stadtteilen, haben verschiedene kulturelle und ethnische Hintergründe, sie sind alle recht politisch (ohne dass sie es wahrscheinlich so nennen würden), und ihre politischen Ansichten reichen von links außen bis rechts außen. Viele betrachten ihre Situation erstaunlich nüchtern für ihr Alter, sie machen sich nicht viel vor. Kann es das Land voranbringen, wenn der Anti-Erdoğanismus eine der wenigen Gemeinsamkeiten ist, wenn auch eines der kräftigsten politischen Gefühle? Ich habe absolut keine Ahnung. Ich würde mich auch nicht trauen, darüber eine Prognose abzugeben. Ich wünschte nur, irgendjemand wäre in der Lage, über Versöhnung zu sprechen. Und zwar so, dass sie oder er überzeugt.

Und nun zu den lustigen Sachen, die hier in der Kategorie Kulturkampf passieren und auch für mich neu sind. Schließlich bin ich das erste Mal selbst mit Kind in der Türkei. Eine Bekannte sagte neulich ganz treffend: Die Sache mit Kindern und Großfamilie sei sehr »kommentierungsintensiv« – heißt: Jeder, wirklich JEDER mischt sich ein und weiß es besser.

Die Türken sind kinderverrückt, lassen ihren Sprösslingen alles durchgehen und erfüllen ihnen jeden Wunsch – auch wenn dieser heißt: Gib mir dein Handy zum Rumspielen, lass mich drei Stunden Zeichentrickfilme gucken. Du weißt ja, dass in dieser Region immer und überall der Fernseher läuft. Was macht Özlem, die Kartoffel? Richtig, sie macht erst einmal den Fernseher aus, wenn sie irgendwo hinkommt – nach türkischen Standards mega-unhöflich. Aber nicht nur dann ernte ich verstörte Blicke, sondern auch, wenn ich meine Tochter nicht mit Essen vollstopfe (»Das Kind isst ja gar nichts, gar nichts!«) oder sie auf den besagten Spielplätzen, nun ja, spielen lasse, wie sie möchte. Wenn sie durchdreht, rumrennt, rumhüpft, schaukelt (alleine, im Stehen), rutscht und sich dreht. Von türkischen Eltern, egal welcher Ethnie, Glaubensrichtung oder politischer Prägung, und erweiterten Eltern (Großeltern, Tanten, Onkel etc.) hört man meistens Sätze wie diese:

Renn nicht. Sei vorsichtig. Pass auf. Pass auf, du könntest fallen. Schwitz nicht. Schwitz nicht, sonst wirst du krank.

O. k., ich übertreibe. Aber nicht sehr. Immer in so einem

leicht hysterischen Ton an der Grenze zum Wutausbruch oder Nervenzusammenbruch, da bin ich mir immer nicht ganz sicher.

Und dazwischen immer: meine Liebe, meine Schöne, mein Auge, meine Erdbeere, meine Sonne, meine Rose, mein Einziger, mein kleiner Widder, mein Löwenstückchen, meine Blume … Bei der Erfindung von Kosenamen für ihre Kinder macht ihnen wirklich niemand etwas vor.

Ich musste übrigens sehr bei Deinen Sätzen lachen, es komme darauf an, wie man geprägt sei, und dass wir eben deutsch geprägt seien. So wie bei kleinen Küken, die jedes Tier als ihre Mama betrachten, das sie als erstes sehen. Meintest Du das mit »geprägt«?

Erschrecken, kapieren, einsehen – ich weiß ganz genau, was Du meinst. Dieses Gesicht beim Gegenüber, in einem Moment, in dem er oder sie sich ertappt fühlt, in dem aber auch ein Verständigungsprozess einsetzt. Ich würde das eigentlich eher als ein Zeichen des Fortschritts sehen. O. k., ich bin auch gut drauf gerade. Und weit weg, das hilft manchmal! Aber, wie der Soziologe Aladin El-Mafaalani einmal sagte: Wenn sich aneinander gerieben wird, geht es voran. Und je weiter es vorangeht, desto sensibler werden die Leute bei eigentlich kleinen Verletzungen.

Manchmal, denke ich, können alle ein wenig gnädiger miteinander sein und sich die Kampfeslust für die essenziellen Fragen aufheben. (Ja, ich weiß, dass dieses Argument eine Schwäche hat: Was sind denn die essenziellen Fragen? Ist mir jetzt aber grad egal.)

Wobei – eine Sache fällt mir da doch ein, die essenziell ist, nämlich die Sache mit dem ›wir‹, wenn es darum geht festzulegen, wer eigentlich gemeint ist. Womit wir bei den Wahlplakaten der CDU wären.

Da sind Menschen in unterschiedlichen Berufsbekleidungen zu sehen, eine Polizistin, ein Typ vor einer Solaranlage mit Helm, eine weitere Frau mit Helm und Schutzbrille, die irgendwas prüft, eine Krankenschwester, eine Mutter, die ihr Baby küsst. Alle sehen super sympathisch aus. Der Slogan der Kampagne lautet: »Deutschland gemeinsam machen«. Keine schlechte Kampagne, könnte man nun sagen. Für die 80er-Jahre des vorigen Jahrhunderts.

Es kann nur Absicht sein, ein so homogenes Bild von Deutschland zu zeichnen und es auch noch voll Karacho zu sagen, ohne rot zu werden: ›Ihr‹ gehört nicht zu diesem »gemeinsam machen«. Deutschland, öhm, da seid ihr jetzt mal nicht im Bild. Das Ganze ist ziemlich hässlich auf eine Art, natürlich auch peinlich, aber es steckt ja eine viel heftigere Gefahr darin: Dass die größte Volkspartei eine solche Kampagne für möglich, gar legitim und Erfolg versprechend hält, zeigt, dass all die Errungenschaften der vergangenen Jahre zu erodieren drohen. Ich würde behaupten, dass selbst das Konrad-Adenauer-Haus vor einigen Jahren solche Plakate für nicht realitätsgetreu und zeitgemäß gehalten hätte, bei 20 Prozent Bürgerinnen und Bürgern mit Migrationsgeschichte.

Und dann kommen jene, die sich für richtig schlau halten, und sagen: Ey, das ist ja voll rassistisch, vom Aussehen eines Menschen abzuleiten, dass er keinen Migrationshintergrund habe. Das ist die gleiche Logik wie bei dem Argument: Nein, liebes Migrantenkind, du kriegst den Job nicht, eben weil wir dich nicht wegen deines Hintergrunds positiv diskriminieren wollen!

Außerdem hat die CDU ihre eigenen Mitarbeiter zum Fotoshooting verdonnert, war der Presse zu entnehmen – gut, da laufen nun auch nicht so viele Fatmas und Piotrs herum, die man hätte nehmen können.

Es hilft, wie immer, nur Humor. Einer schrieb auf Twitter:

»Die CDU hat auf ihren Plakaten und Listen mehr Menschen mit zu kleinen Brillen als mit Migrationshintergrund.«*

Also, kauf Dir gefälligst eine kleine Brille, Du Opfer.

Ö.

MÜNCHEN, 26. JULI 2021

Meine liebe Özlem,

obwohl Dein Brief ja viele ernste und wichtige Themen aufgreift, musste ich erst einmal lachen. Sehr sogar. Ich kann Dich richtig vor mir sehen, wie Du in eine Wohnung kommst und leicht genervt auf den dröhnenden Fernseher zuläufst, die Fernbedienung schnappst und für totale Stille in der Wohnung sorgst. Oder sind die Fernseher auf lautlos gestellt, obwohl sie laufen? So kenne ich das aus Israel. Die Dinger laufen, obwohl kein Mensch hinschaut, und es gibt auch keinen Ton. Aber Hauptsache, es bewegt sich was auf dem Bildschirm, dann ist ›Leben‹ in der Bude … Ich habe mich immer gefragt, woher dieses Verhalten eigentlich kommt. Habe immer gedacht, das sei so etwas Nahöstliches, bis ich irgendwann mal in der Gegend von Los Angeles für Dreharbeiten bei Hispanics war. Und da war das ebenso. Der Fernseher lief – volle Dröhnung –, daneben noch das Radio und Musik und die Kinder tobten herum.

Ich nehme mal an, Deine Prinzessin hat's so richtig toll in Istanbul. Und ihr Popo wird nicht verbrannt beim Runterrutschen. Wie nennst Du sie inzwischen? Hat sie endlich einen

* Tweet von @Krstorevic, 6. Juli 2021.

ordentlichen türkischen Kosenamen? Hast Du einen adaptiert für sie?

Nun aber zu den ernsten Dingen. Du hast völlig recht, dass wir, weil wir in der Mitte Europas geboren wurden, unglaublich privilegiert sind. Was Du über Istanbul und die Türkei schreibst, ist mir sehr, sehr vertraut. Ich kenne das aus arabischen Städten und Ländern, ich kenne das auch aus Israel. Die krassen Widersprüche der sozialen Bedingungen, die einem so ins Gesicht springen. Anders als in Deutschland. Im Nahen Osten ist alles so ›roh‹, so offen, da wird nicht Tünche draufgeschmiert, und – um es mal fair zu sagen – da gibt es halt kaum oder gar keine Hilfe für die sozial Schwachen. Was Du über die verlorene Generation schreibst, diese ›Generation Z‹, hat in mir auch sofort Gespräche und Bilder wachgerufen. Das kenne ich aus Palästina. Die tiefe Frustration der Jungen, die keine Chance haben. Und die inzwischen nicht nur die israelische Besatzung dafür verantwortlich machen, sondern auch die Palästinensische Autonomiebehörde, diesen Klub der alten Männer, die nicht loslassen können, die sich an ihre Privilegien klammern, die Demokratie nicht zulassen, die jungen Menschen nichts bieten können oder wollen. Ähnlich war es auch in Griechenland. Als ich 2016/17 dort als Korrespondent gearbeitet habe, habe ich die jungen Menschen dort erlebt. Hoffnungslos. Keine Jobs, keine Wohnungen. Sie mussten wieder bei ihren Eltern leben, weil die Maßnahmen, die die EU, allen voran Deutschland, den Griechen aufgezwungen hatte, dieser Generation die Luft zum Atmen abgeschnürt haben. Ich sah promovierte Wirtschaftswissenschaftler Taxi fahren (wenn sie Glück hatten) oder einfach nur als Kellner arbeiten. Wobei viele Restaurants und Cafés Verluste machten, da sich die meisten Griechen das nicht mehr leisten konnten. Auch bei uns im ARD-Studio hatten wir Producer, die im

Grunde überqualifiziert waren. Sie verdienten bei uns in Relation zu sonstigen Gehältern in Griechenland wahnsinnig gut. Und sie waren froh, dass sie den Job hatten. Doch gleichzeitig lag darin auch eine Falle. Denn mit dieser Sicherheit in der Hand geht man dann nicht weiter, versucht nicht mehr, sich eine Karriere aufzubauen, weil es sowieso kaum Chancen gibt. Dann ist man plötzlich Mitte, Ende 30, und dann ist es zu spät – man ist auch raus aus seinem Fachgebiet, weil man nicht mehr up to date ist.

Die Wut richtete sich in erster Linie gegen die Deutschen, gegen Merkel, aber mehr noch gegen Schäuble, der damals Finanzminister war. Aber dann allmählich auch gegen Alexis Tsipras, den linken Regierungschef, der alles umsetzen musste, was die EZB, die Weltbank, die EU von ihm verlangten. Ich fand das damals am schlimmsten: der jungen Generation die Hoffnung zu nehmen. Das ist doch überall das Kapital eines Staates, einer Gesellschaft. Und Erdoğan scheint dies, aus ganz anderen Gründen, ebenfalls zu machen. Wie lange werden sich die Jungen das gefallen lassen? Wann werden die Demos so richtig ausbrechen, gewalttätig werden, weil man nichts, aber auch wirklich nichts mehr zu verlieren hat?

Diese Frage stelle ich mir derzeit aber auch in Deutschland. Irgendwie geht wahnsinnig viel schief, zuletzt die Katastrophenwarnung vor dem Unwetter in NRW, aber die Menschen halten immer noch erstaunlich still. Und dann dieser Wahlkampf … Laschet, der sich aus allem rauszieht und nicht anecken will und damit auch punktet, Baerbock, die inzwischen nur noch ins Klo greift, so etwa beim Interview mit dem Zentralrat der Juden, als sie das N-Wort aussprach und das auch gleich wieder zum Skandal hochgejazzt wurde. Das fand ich nun insofern übertrieben, als sie es in einem Kontext erklärte, der nicht rassistisch war; sie versuchte stattdessen, rassistische Mechanismen aufzuzeigen. Aber egal, sie macht alles falsch, was sie auch anfasst. Und dann gibt's da noch den immer blassen Scholz, der gerade seinen großen Auftritt hat, weil er als Bundesfinanzminister den Geldhahn für die Opfer der Flutkatastrophe aufdreht und die lahme SPD plötzlich Morgenluft wittert und glaubt, sie könnte vielleicht doch noch Kanzler …

Die Welt brennt, das Klima kippt, aber die Kandidaten torkeln so irgendwie herum in diesem Wahlkampf, als ob nix los sei. Soll ich das gut finden oder eher Angst davor haben? Ist Deutschland ein glückliches Land oder eher ein blindes, das nicht sehen will und kann, was sich da für uns alle zusammenbraut? Spätestens im Herbst, wenn die vierte Welle voll hereingebrochen sein wird, werden dann alle wieder entsetzt aufschreien, dass man den Sommer über wieder mal alles verpasst, nichts vorbereitet hat. Ich bin einigermaßen ratlos, wenn es um die deutsche Politik geht.

Und dann ist da noch die NSO-Affäre in Israel. Die Pegasus-Software, mit der weltweit Journalisten, Regimekritiker, Menschenrechtsaktivisten ausspioniert wurden. Israelische Software.

In der Berichterstattung taucht jetzt schon unterschwellig so manches Mal das bekannte Ressentiment gegen Israel mit auf, gegen den jüdischen Staat, der spätestens 2001 bei der umstrittenen UN-Weltkonferenz gegen Rassismus im südafrikanischen Durban, als Israel von manchen Ländern Rassismus und die Verletzung der Menschenrechte der Palästinenser vorgeworfen wurden, zum Pariah, zum ›Juden‹ unter den Staaten erklärt wurde. Zum eigentlich und einzig ›Bösen‹, zum Staat, der angeblich größere Verbrechen begeht als etwa die Saudis, Iran, China, Russland oder Syrien, um nur einige zu nennen. Allein das macht mich nervös und ärgerlich.

Egal, wie man zu Israel stehen mag – und selbstverständlich ist die NSO-Affäre ein schrecklicher Vorgang –, so hat Israel doch gute Gründe, seit Jahrzehnten in seine technologische Überlegenheit zu investieren. Seit seiner Gründung ist seine Existenz bedroht. Selbst wenn das Land heute in einem konventionellen Krieg mit zwei Armeen wohl nicht mehr besiegt werden kann: Wie verletzlich es dennoch ist, konnte man erst im vergangenen Mai wieder sehen, in der vierten Runde der Gaza-Kriege seit 2008. Natürlich ist Israel ›stärker‹ als die Hamas. Natürlich hat es die Menschen in Gaza viel mehr getroffen als die Menschen in Israel.

Und trotzdem: Die Raketensalven, die die radikal-islamische Organisation auf den Süden Israels und auch wiederholt auf Tel Aviv abfeuerte, waren in der Lage, das Land lahmzulegen, die Menschen in Angst und Schrecken zu versetzen. Und sie machten wieder einmal klar, was geschehen könnte, wenn die wesentlich besser bewaffnete schiitische Hezbollah im Libanon ihre rund 140 000 Raketen abfeuern würde, ganz zu schweigen davon, was ein nuklearer Iran für Israel bedeuten könnte. Ich habe das ja täglich mit meinen Freunden erlebt, die Panik, die Hysterie, selbst wenn es Bunker gibt, selbst wenn es das Raketenabwehrsystem Iron Dome gibt.

Im Zeitalter der asymmetrischen Kriege und des Terrors ist eine Armee, und sei sie noch so hervorragend, nur bedingt ein Sicherheitsgarant. Selbst wenn Israel die stärkste Armee im Nahen Osten besitzt, die Gefahr der Vernichtung oder zumindest der massiven Zerstörung ist keineswegs gebannt. Und der Terror gegen Israel hört nie auf, wer im Lande lebt, erfährt, dass beinahe täglich Terrorattentate verhindert werden, nicht zuletzt aufgrund eines sehr gut entwickelten Informationssystems der israelischen Geheimdienste, zu dem natürlich auch modernste Technologie gehört.

Genau hier setzt die Entwicklung von Abhör- und Überprüfungssoftware einer Firma wie NSO an. Israel ist darauf angewiesen zu wissen, was in Damaskus, in Teheran, in Beirut, in Ramallah, in Gaza und sonst wo geschieht. Im 21. Jahrhundert geschieht das nicht mehr à la John le Carré, sondern mittels Spyware.

Und dann gibt es geopolitische Interessen und Strategien. Ja, die einzige Demokratie im Nahen Osten sollte Menschenrechte, Liberalismus und demokratische Spielregeln beherzigen und hochhalten, keine Frage. Doch wenn es zunächst einmal um das reine Überleben, um die Sicherheit des Staates geht, dann sucht man sich seine Verbündeten nicht nach Geschmack und Gefühl aus, sondern nach gemeinsamen Interessen. Netanyahu ist genau so vorgegangen: Die Saudis? Ein Unrechtsstaat. Aber im Kampf gegen den Iran ein Verbündeter. Ruanda? Wahrlich auch keine liberale Demokratie, aber ein Staat, der wohl bereit sein könnte, Zehntausende illegale Flüchtlinge aus Subsahara-Afrika aufzunehmen, die Israel dringend loswerden möchte, ganz egal, was dann mit ihnen geschieht, Hauptsache abschieben. Ungarn? Eine »illiberale Demokratie«, wie Ministerpräsident Viktor Orbán sein Land ja selbst nennt. Aber ein ›Freund‹ (vielen Dank für solche Freunde …), wenn es darum geht, Beschlüsse in der EU gegen Israel und pro Palästina zu verhindern. Aserbaidschan? Hat eine Grenze mit dem Iran und angeblich befinden sich dort israelische Militärposten für den Fall der Fälle. Sie alle – und viele mehr – haben die israelische Spyware gekauft und erhalten.

Diese Art von Politik nennt man dann gerne »Realpolitik«. Dass sie so keinerlei moralische Regeln hat, sollte niemanden verwundern. Was so schwierig ist: Wo ist die feine Grenze zwischen einer legitimen, nicht moralischen Realpolitik, um das eigene Überleben zu sichern, und einer Politik, die alle ethischen Grundwerte in den Müll geworfen hat? Es gibt in

Israel die Diskussion, ob man einen Gefangenen foltern darf, wenn man weiß, dass er den Plan für einen konkreten Anschlag kennt, bei dem wohl Dutzende Menschen getötet werden. Sie wird öffentlich geführt, diese Diskussion. Und die Antworten sind teilweise erstaunlich, teilweise erschreckend. Das Gesetz sagt zwar, was im Gefängnis getan werden darf und was nicht. Aber hält jemand sich daran, wenn er ein Verhör durchführt und der Terroranschlag unmittelbar bevorsteht?

Der NSO-Skandal ist ein Armutszeugnis für Israel. Denn er ist das Ergebnis einer Propaganda, die Bibi die letzten elf Jahre konsequent betrieben hatte. Netanyahu, der in den letzten Jahren autokratische Anwandlungen entwickelte – so wie seine ausländischen Buddys –, ist ein überzeugter Antiliberaler. Er hält den westlichen Liberalismus für realitätsfremd, für schwach, für unfähig, sich in einer bedrohlichen, nicht demokratischen Umgebung zu verteidigen und zu schützen. Liberalismus? Das ist nur etwas für Schöngeister in Staaten und Städten, die nicht von der Auslöschung bedroht sind. Israel kann sich das nicht leisten, davon ist Netanyahu immer schon überzeugt gewesen. Wenn sie sich nicht so hassen würden, müssten sich Bibi und Erdoğan eigentlich bestens verstehen, nicht wahr? Ihr Weltbild ist zumindest sehr ähnlich …

Doch es war Netanyahu (und seine Vorstellung von der Welt), der den Verkauf der NSO-Spyware in autokratische Staaten unterstützte und förderte. Ja, inzwischen wissen wir, dass die ausländischen Interessenten sich bei der NSO oftmals auf Bibi beriefen! Denn so manches Mal wollte die NSO bestimmte Staaten nicht beliefern oder aber sie hatte die Zusammenarbeit eingestellt, beispielsweise mit den Saudis, nachdem der Journalist Jamal Khashoggi ermordet worden war und wahrscheinlich mit der NSO-Software ausspioniert wurde, was die Firma bis heute dementiert. (Sie findet ja auch jetzt, dass alle Vorwürfe gegen sie Teil irgendeiner konspirativen Machenschaft sind. Oh Mann …!) Auf jeden Fall kam dann damals Netanyahus Bitte, die Saudis doch zu beliefern, und schwups war die NSO wieder im Geschäft mit Riad.

Der Verkauf solch sensibler Ware ins Ausland muss vom israelischen Verteidigungsministerium genehmigt werden, also vom Staat! Israel möchte sein Know-how nicht allen preisgeben, bestimmte Technologien, die die israelische Armee in ihrem Besitz hat, sind geheim und werden natürlich an niemanden weitergegeben werden. Aber man will doch schon auch etwas ›gewinnen‹. Aus meiner Sicht versuchte Netanyahu, sich mit der Hightech-Überlegenheit Allianzen zu erkaufen.

Der Reflex, Netanyahu zu verurteilen, weil er kein Sympathieträger ist, weil er wie ein Demagoge redet, weil er zynisch ist, weil er lügt, dieser Reflex greift zu kurz. Hat nicht die Ikone der ›anständigen Deutschen‹, Barack Obama, einen brutalen Drohnenkrieg in Afghanistan geführt? Und hat er – entgegen seinen Versprechungen – Guantanamo nicht weiter ›in Betrieb‹ gelassen? Da war doch was, am Anfang seiner Amtszeit 2009. Er versprach, Guantanamo binnen eines Jahres zu schließen.

Mit diesen Fragen will ich die Politik Netanyahus wahrlich nicht rechtfertigen, keineswegs. Und auch die NSO und ähnliche Firmen können sich ihrer Verantwortung nicht entziehen, nur weil sie von der Regierung ermuntert oder gar aufgefordert wurden, ihre Ware an brutale Potentaten und Nichtdemokraten zu liefern. Aber man darf natürlich nicht vergessen, dass der Einsatz der Spyware gegen politische Gegner, gegen Journalisten und andere Unbequeme in erster Linie von den jeweiligen Regierungen zu verantworten ist, und nicht unbedingt von Israel (wobei man sich irgendwann schon mal hätte fragen müssen, ob man so weitermachen will. Aber die Frage stellte sich natürlich niemand, denn es ging um Millionengeschäfte. Money talks, nicht wahr?).

Dennoch muss sich Israel Fragen gefallen lassen. Der moralische Kompass im Land funktioniert nicht mehr wirklich, dafür gibt es viele Gründe, die Besatzung ist sicher einer davon. Und die Fragen, die man jetzt international an Israel stellt, die sollte man auch an viele, viele andere stellen. An die USA, Russland, China, und natürlich auch an sich selbst.

Viel irrer als das alles ist aber, dass man sich in Israel viel mehr über den Ben-&-Jerry's-Boykott öffentlich echauffiert. Du weißt, die amerikanische Eiscremefirma (die zwei Juden gehört) hat entschieden, ab sofort ihr Eis nicht mehr in den besetzten Gebieten zu verkaufen, weil sie die israelische Besatzungspolitik kritisiert und das Vorgehen der Armee und der Siedler verurteilt. Riesige Aufregung in Israel. Der neue Präsident, Isaac Herzog (den ich persönlich kenne und der in meinen Augen kein ›netter Mensch‹ ist, obwohl er sonst so rüberkommt), hatte nix anderes zu tun, als diese Entscheidung eine neue Form von »Terrorismus« zu nennen. Und natürlich wurde dann auch wieder erklärt, dass dies zutiefst antisemitisch sei. Oh Mann … geht's noch ein bisserl größer? Ich verstehe schon, Israel hat Angst, dass so eine Entscheidung der BDS-Bewegung Auftrieb gibt. Die ja in ihren Forderungen tatsächlich antisemitisch ist. Sie boykottiert ja ganz Israel und nicht nur wie B&J's das Westjordanland. Aber dennoch: mit Kanonen auf Spatzen schießen. Und das Schlimmste: Selbst Yair Lapid und andere moderate Politiker sind genauso ausgeflippt wie Bibi und die Seinen. Hilfe …

Ach, Özlem … genieß Deine Zeit … Ich bin im Augenblick einfach deprimiert. Zu all dem, was ich Dir gerade geschrieben habe, kommt ja noch die schwierige Situation mit meiner

Mutter dazu, die komplizierten Produktionsbedingungen für meine Dokuserie zum Antisemitismus … unser Briefwechsel ist mir da wirklich ein echter Trost.

Pass auf Dich auf und dicken Knutsch an Deine Prinzessin!

Riccardo Sarto ;-)

AYVALIK, 31. JULI 2021

Lieber Richard,

die Welt brennt, ja. So auch die Südküste der Türkei. Heute ist unser letzter Tag hier. Wir befinden uns nicht dort, wo die Brände wüten, sondern an der Ägäisküste. Hier ist es zwar ebenfalls sehr heiß, um die 40 Grad tagsüber, aber zum Glück brennt es nicht. Noch nicht. Die Angst ist da, dass auch hier Feuer ausbrechen. Heute standen Gendarmeriebeamte an den Zufahrten zu den Nationalparks und Stränden und hielten alle Autos an, die vorbeikamen. Ich werde ja immer etwas nervös, wenn in der Türkei Uniformierte in der Nähe sind. Aber es ging ihnen darum, die Menschen zu warnen und daran zu erinnern, dass offene Feuer, Grillen, Zigaretten und Camping verboten sind.

In diesem Land ist wirklich immer Drama. Aber dieses Drama, das Feuer, die brennenden Wälder, Häuser, ganzen Dörfer – das ist anders als sonst. Man sieht Menschen nicht nur um ihr Hab und Gut weinen, um ihre Häuser oder Ferienwohnungen, die nicht mehr bewohnbar sind. Nicht nur Bauern, die um ihre Tiere fürchten, und damit um ihre Existenzgrundlage. Ein Bild hat sich mir eingebrannt: Ein junger Mann mit einem Schaf in den Armen flüchtet vor den Flammen hinter ihm. Nein, die Menschen weinen um die Bäume. Ich habe als Reporterin schon einiges an Leid und Verzweiflung in diesem Land sehen können. Ich hätte nicht gedacht, dass es da noch eine Steigerung geben könnte.

Und die Regierung – hat keine einsetzbaren Löschflugzeuge, das ist grad die große Debatte hier. Der Staatspräsident selbst ist nach Marmaris gekommen, wo die Feuer besonders stark wüten. Er hat gesprochen. Und anschließend Tee verteilt. Nein, eigentlich hat er die Leute mit Tee beworfen. Es gibt Aufnahmen davon, einmal warf er die Teepäckchen von seinem Redepult aus in die Menge, quasi auf die Köpfe der Zuhörer, das andere Mal schleuderte er sie aus einem doch recht schnell fahrenden Bus aus der offenen Tür ... Soweit ich sehen konnte, fing sie niemand auf.

Sollen sie doch Tee trinken!

Und während es im Süden Europas brennt, gehen Häuser in Deutschland in Fluten unter. Wie klein gerade so manch anderes erscheint. Wie Du gesagt hast, die Welt brennt, die Welt geht in Fluten unter, das Klima kippt, aber den Wahlkampf beherrscht die Frage, wer an welchen Stellen in seinen Büchern abgeschrieben hat.

Irgendwann wird vielleicht die Frage »Wo kommst du *wirklich* her?« abgelöst von der Frage »Wie oft bist du dieses Jahr *wirklich* geflogen?« oder »Wie viele Liter Benzin hast du letzte Woche *wirklich* getankt?«. Das individuelle Verhalten gegenüber dem Klima und der Umweltzerstörung wird womöglich eines Tages die wahren identitätspolitischen Fragen hervorbringen. Es täte dem Planeten sicher besser. Für meine Nerven wäre es das auch. Keine ewig gestrigen Debatten mehr. Fühlt sich hier eh irgendwie alles weit weg an.

Was natürlich Quatsch ist und nur daran liegt, dass ich selbst nicht gemeint bin. Denn gegen die derzeitige massive Welle an Rassismus in der Türkei gegenüber Geflüchteten ist das, was in Deutschland gesagt wird, ein kleiner ruhiger Tümpel. Du hast sicher mitbekommen, dass derzeit viele Afghanen in die Türkei kommen, seit die Taliban wieder das Land beherrschen. Die Anfeindungen kommen aus nahezu allen politischen Richtungen. Auch aus (angeblich) linksdemokratischer Ecke, die die Aufnahme der Geflüchteten auch deshalb kritisieren, weil sie halt die Politik von Erdoğan ist. War. Natürlich gibt es massive Probleme durch die Zuwanderung. Aber alle zusammen instrumentalisieren das Leid und die Ausweglosigkeit dieser Menschen. Die Regierung, um Europa unter Druck zu setzen und auf dicke Eier zu machen (niemand hat so viele aufgenommen wie die glorreiche Türkei!), die Opposition, um sich die mittlerweile flüchtlingsfeindliche Stimmung zunutze zu machen.

HAMBURG, 11. AUGUST 2021

Lieber, jetzt bin ich schon wieder einige Tage in Deutschland, ohne dass ich es geschafft habe, meinen letzten Brief an Dich abzuschicken. Irgendwie wirkte der so unfertig. Viel hat sich seither nicht verändert: Es brennt immer noch überall, in der Türkei sprachen sie zuletzt von mehr als 200 Einzelfeuern. Bei den Nachbarn in Griechenland sieht es ebenfalls schrecklich aus, großer Talk gerade bei den Türken: Der griechische Premierminister hat bei der Bevölkerung um Verzeihung gebeten, für »jegliche Schwächen« bei der Bewältigung der Katastrophe. Präsident Erdoğan und seine Minister sagten auch einiges.

Ich merke gerade, dass ich gar keine Lust habe, Dir das aufzuzählen, aber es ist zu absurd. Die Stadtverwaltungen seien in erster Linie für die Löscharbeiten zuständig – dort sitzt die Opposition. Übersetzt heißt das: Wir sind nicht verantwortlich. Der Forstminister sagte, man sei gezwungen gewesen, das Feuer zuzulassen. Übersetzt heißt das: Wir sind nicht verantwortlich. Der Außenminister forderte die Bevölkerung zu Spenden auf: »Wir haben ein Konto eingerichtet, unser Volk ist großzügig!« Übersetzt heißt das: Wir sind nicht verantwortlich. Der Präsident sicherte Wiederaufbauhilfen für jene zu, die ihre Häuser verloren hatten, und irgendein Bürgermeister aus der Partei des Präsidenten meinte sagen zu müssen, dass die staatliche Wohnungsbaugesellschaft so schöne neue Häuser bauen werde, dass so manch Verschonter sagen werde: Ach, wäre doch mein Haus auch abgebrannt! Übersetzt heißt das: Wir haben alles im Griff.

In diesen schönen neuen Häusern können sie dann den Tee trinken, mit dem ihr Präsident sie beworfen hat.

Die Sache mit den laufenden Fernsehern ist wirklich kurios. Ich habe das ebenfalls vor allem in den Ländern des europäischen Südens überall gesehen, in der Türkei gibt es beide Varianten, mit Ton und ohne. Aber eher mit, logisch. Der Fernseher läuft laut, und je lauter der Fernseher, desto lauter die Gespräche. Bei dem Krach des Fernsehers kann man ja schließlich kaum seine eigene Stimme hören!

Was Du über den griechischen Braindrain erzählst, so kommt mir dieser aus der Türkei sehr vertraut vor. Allerdings sind die Gründe dafür etwas anders gelagert, vermute ich. Es spielen auch wirtschaftliche Gründe eine Rolle, aber bei vielen, die vor allem derzeit das Land verlassen (oder verlassen wollen, was fast genauso schlimm ist), ist es die Politik, die sie vertreibt. Einige landen beim – ha! – griechischen Nachbarn, aber auch Berlin, Köln, Frankfurt, München oder London sind voller türkischer, ja, Exilanten. Eine große Welle strömte nach dem Putschversuch 2016 aus dem Land. Die neuen türkischen Gastarbeiter sind Intellektuelle, Künstler, Schauspieler, Wissenschaftler. Alles Leute, die die Türkei eigentlich dringend braucht. Sie halten es nicht mehr aus in ihrem Land, sie gehen, und dann beobachten sie aus Tausenden Kilometern Entfernung jeden Tag die Dramen in ihrer Heimat.

Ich habe die Pegasus-Affäre von der Türkei aus mitbekommen, sie war dort ebenfalls in den Nachrichten. Die staatliche Anadolu-Agentur überschrieb eine Nachricht dazu mit: »Pegasus: Die Software, die die Welt bedroht«, was natürlich insofern lustig ist, wenn man bedenkt, wie schlecht es um die Presse- und Meinungsfreiheit in der Türkei bestellt ist. Humor haben sie ja. Ich musste lange nachdenken über das Dilemma, das Du beschreibst: Da ist diese Überwachungssoftware aus Israel, der »einzigen Demokratie im Nahen Osten«, die an die schlimmsten Autokraten auf der Welt verkauft wird, und das auch noch mit dem Kosher-Stempel von Bibi; damit diese seine zum Teil neuen Buddys in Riad, Kigali, Baku und sonst wo ihre Gegner noch besser ausspionieren und unterdrücken können als bisher schon. Um dann zu sagen: Liberalismus ist etwas für Weicheier. Wir müssen realistisch bleiben, unsere Existenz ist bedroht. Was natürlich stimmt, und Realpolitik heißt dann: Wir müssen mit unseren ärgsten Feinden zusammenarbeiten und ihnen was geben (Software zur Unterdrückung ihrer Opposition), damit sie uns was geben (Allianz gegen den gemeinsamen Feind Iran, Infos über die zum Teil islamistische Opposition im Land).

Das hat unbestreitbar eine Logik, aber dennoch geht es mir gegen den Strich, diese Logik als gegeben hinzunehmen. Diese

Politik wird gemeinhin als Realpolitik akzeptiert – aber die Stärkung demokratischer Kräfte gilt offensichtlich nicht als Realpolitik. Als ob die Demokratie etwas Dekoratives wäre, so eine Art Soft Skill, nice to have. Was für Liebhaber. Träumer. Und wie lange, diese Frage muss sich die »einzige Demokratie im Nahen Osten« auch stellen lassen, wie lange wird das gut gehen, wenn man immer sagt: Jaja, ist zwar schrecklich, diese Affäre, diese Allianzen mit den Autokraten und Schlächtern des eigenen Volkes – aber unser Staat ist bedroht? Wir müssen das tun, es ist unausweichlich?

Wie lange wird diese einzige Demokratie in der Region eine Demokratie bleiben, wenn dieser Weg zum einzig bestimmenden wird? Wenn diese Demokratie immer weniger eine ist, wenn sie erodiert, was bedeutet das dann für die Juden in aller Welt und ihre garantierte ›Heimstatt‹?

Ich verstehe die Mechanismen dieses politischen Ansatzes, aber ich frage mich manchmal, ob das nicht Selbstmord aus Angst vor dem Tod ist. Ich weiß nicht, ob ich mich nicht gerade um Kopf und Kragen schreibe, man darf ja gaaaaar nix sagen in diesem Land, am wenigsten gegen euch Juden, ist ja alles gleich Antisemitismus.

Ich weiß, dass Du gerade lachst. Aber im Ernst: Mich würde brennend interessieren, was Du darüber denkst. Könntest Du noch in Israel leben, wenn es sich in die Gruppe der illiberalen Demokratien einreiht?

Wir können sonst auch gern wieder über die Wahlplakate der CDU sprechen, ist vielleicht etwas weniger existenziell.

Sei umarmt, Ö.

EINER MEINER FLUCHTPUNKTE (SIEHE EINEN FRÜHEREN BRIEF), 21. AUGUST 2021

Du wirst Dich vielleicht wundern, dass ich diesmal beim Datum keine Stadt angegeben habe. Der Grund ist banal: Ich habe mich gerade an einen Ort zurückgezogen, den ich brauche, wenn ich wirklich Ruhe haben will. Den kennt niemand, den verrate ich niemandem. Das klingt ›spannender‹, als es ist. Es ist schlicht mein kleines Refugium. Das ist ganz schön, so was zu haben, gerade in Zeiten, in denen man immerzu erreichbar ist über sein Smartphone. Aber das nur am Rande.

Du hast mich in Deinem letzten Brief gefragt, ob ich in Israel noch leben möchte, wenn es eine »illiberale Demokratie« werden sollte. Die Antwort ist simpel: nein. Wenn diese Situation eintreten würde, wäre das eine Katastrophe. Denn dann ginge es um mehr als nur um einen ›Umzug‹. Es ist ja eine Sache, wenn man für sich als Individuum entscheidet, Israel wieder zu verlassen und woanders hinzuziehen, möglicherweise sogar aus politischen Gründen, ohne aber dass man aus dem Land quasi ›getrieben‹ wäre. Es ist aber etwas anderes, wenn man das Land aus Prinzip verlassen müsste. Wenn das politische System keinerlei Hoffnung auf Veränderung, Verbesserung zuließe. Wenn die Demokratie – so problematisch sie in Israel sein mag – zerstört wäre. Endgültig. Das wäre dann die erzwungene Rückkehr des Juden in den Galut, in die Diasporaexistenz, mit all ihren Konsequenzen, inklusive neuer Verfolgung. Das wäre bitter.

Und schon bin ich bei den Bildern der verzweifelten Menschen am Flughafen von Kabul. Sie lassen mich nicht los (das ist jetzt einfach nur ein assoziativer Sprung in meinen Gedanken, die politische Situation in Israel hat absolut nichts mit den Taliban zu tun, damit Du da nur ja nicht auf falsche Gedanken kommst). Das komplette Versagen des Westens. Es ist so unglaublich deprimierend und erschütternd. Und wieder sind wir bei Fragen der Moral, der Ethik. Die Art und Weise, wie Deutschland (und andere) sich nicht rechtzeitig um ›seine‹ Ortskräfte kümmerte, der bürokratische Schwachsinn, dass diese Menschen nur in Kabul ein Visum nach Deutschland beantragen durften, und nicht vielleicht nach der Flucht in Tadschikistan, Usbekistan oder so – das ist purer Beamtenzynismus. Ihr seid bedroht und wollt weg? Prima. Aber ihr dürft das Land nicht verlassen, sondern bekommt nur ein Visum in der Hauptstadt, wo ihr eures Lebens absolut nicht mehr sicher sein könnt. Sorry, das übersteigt mein Fassungsvermögen!!

Weißt Du, als Journalist, der ja nun wirklich viel gesehen hat in seinem Leben, der in Krisengebieten war, der viele Kriege und Bürgerkriege miterlebt hat, denke ich mir manchmal: »Ich weiß schon alles« – aber natürlich stimmt das nicht. Und anders als Vietnam ist dieser Abzug das Versagen des gesamten Westens, nicht nur der USA. Das wird massivste Auswirkungen auf die Außenpolitik haben. Ich fürchte, der Westen wird nun zunehmend Russland und China das Feld überlassen. Und den Islamisten. Hast Du gesehen, wie selbstsicher Putin beim letzten Besuch der Kanzlerin war, wie er sie hat abtropfen lassen? Der Mann weiß, dass ihn niemand mehr in die Ecke drängen kann. Wer sollte das tun? Biden? Der wird jetzt erst mal daheim sein Image aufpolieren müssen nach diesem Afghanistandebakel, für das er ja nur teilweise verantwortlich ist. Der liebe Donald Trump hat ja mit den Taliban den Abzug verhandelt. Aber dennoch: Die Fehleinschätzungen aller Geheimdienste, die Überraschung, wie schnell die Taliban kommen; dass die afghanische Armee einfach abhaut, ohne zu kämpfen ... das geht alles auf das Konto von Biden und den anderen westlichen Staaten. Da gibt es nichts, aber auch gar nichts zu beschönigen.

Was ist Demokratie noch wert? Du schreibst, dass Du es nicht akzeptieren kannst, dass Demokratie nur noch »etwas Dekoratives wäre, so eine Art Soft Skill, nice to have. Was für Liebhaber. Träumer.« Ich gebe Dir recht. Hundert Prozent. Es ist, nein, es darf kein »Soft Skill« sein oder werden. Aber ist das all den Menschen, die das Glück haben, in Demokratien zu leben, wirklich bewusst? Ich habe einfach die Angst, dass viele nicht begreifen können, dass man um die Demokratie ringen, dass man sie buchstäblich täglich verteidigen muss. Es gibt nun schon so viele Generationen in Europa, für die Demokratie, Frieden, Freiheit so selbstverständlich geworden sind, dass sie das alles als ›gegeben‹ hinnehmen. Wie ein Naturgesetz. Nicht als etwas, das jeden Moment zerbrechen könnte. Werden diese Menschen die Kraft haben, aufzustehen und die Demokratie zu verteidigen? Ich hoffe es, ich hoffe es wirklich. Sonst sind wir alle verloren. Und dann ist die ganze Chose mit der Identitätspolitik, dem Gendersternchen etc. so was von egal. Dann hätten wir existenzielle Probleme, die sich die meisten im Westen nicht vorstellen können, schon gar nicht in Deutschland.

Ich erinnere mich an einen Abend mit Franz Müntefering. Wir kennen uns privat, wir saßen an einem Abend mit seiner Frau und gemeinsamen Freunden bei Schumann's in München. Das ist gute 20 Jahre her. Schon damals machte er sich große Sorgen um die Zukunft der Demokratie. Sinngemäß sagte er, dass seit Kriegsende »Demokratie« und »Wohlstand« Synonyme waren. Doch jetzt würden wir uns auf eine Ära zubewegen, in der Demokratie nicht mehr automatisch Wohlstand garantieren wird können. Und dann schaute Müntefering uns an und fragte: »Was werden junge Menschen tun, wenn sie vor der Wahl stehen: Wohlstand oder Demokratie?«

Mich schaudert es bei diesem Gedanken. Wir sahen es am Tahrir-Platz. Die Demonstranten wollten Wohlstand. Ein Leben wie die Menschen im Westen. Unter welchem System wäre egal gewesen. Es ging nicht um Demokratie, wie man das im Westen glaubte. Es ging um Wohlstand. Wohlstand. Und bald schon auch bei uns? Das ist denkbar, nein?

Das Prinzip von panem et circenses – die modernen Autokraten haben das längst begriffen und setzen es um. Könnte das auch in Deutschland geschehen? Wir wollen immer so tun, als sei das unmöglich. Aber 1932 dachte man auch, es sei unmöglich, was dann kam. In diesen Tagen stelle ich mir immer weniger die Frage: deutsch oder nicht deutsch, Israel oder Deutschland, deutsche, jüdische, ungarische, französische oder sonst welche Identität? Ich habe wirklich das Gefühl, dass der Boden unter uns massiv wackelt. Wie hast Du geschrieben angesichts der Umweltkatastrophe: Die Frage der Zukunft wird nicht mehr heißen: »Woher kommst du *wirklich?*« – wobei ich mir auch da nicht so sicher bin wie Du. In Zeiten der tektonischen Verschiebungen wird Gruppenzugehörigkeit entscheidend sein. Wenn man überleben will – wem hilft man dann noch? Nur noch den ›eigenen Leuten‹, wie immer man diese definiert. Natürlich wäre das – angesichts der Klimakatastrophe – das sichere Aus für die Menschheit. Wenn es aber um ein politisches System geht, in dem man irgendwie überleben will? Wem hilft man da noch? Dem ›Anderen‹ (wie immer das dann definiert sein mag!)?

Bin ich schon wieder dabei, irgendwelche Dystopien zu malen? Ach, ich kann's gerade nicht ändern, ich finde dieses Jahr noch anstrengender als das letzte. Wer hätte noch vor einer Woche gedacht, dass wir Bilder sehen werden wie diese: Menschen, die sich verzweifelt an ein Flugzeug klammern und dann aus mehreren Hundert Metern, nachdem die Maschine gestartet ist, abstürzen? August 2021 und solche Bilder. Was ist das, wenn keine Dystopie? Ich denke an *The Handmaid's Tale* – das ist kein Zukunftsszenario mehr, das Margaret Atwood da entwickelt hat. Kennst Du die TV-Serie? Ist sehr beeindruckend, sehr düster.

Was allerdings wirklich grotesk ist in all den Dystopien, ist diese Vorstellung von einem Präsidenten, der mit Teebeuteln um sich wirft. Sorry, das ist irrsinnig komisch! Ich habe mir daraufhin überlegt, womit wohl Bennett oder früher noch Netanyahu entsprechend um sich werfen könnten? Felafel? Hummus? Irgendwie ist dieses Bild dermaßen absurd. Wie wird heute Politik gemacht? Unglaublich.

Wie fühlt es sich denn für Dich an, wieder in Deutschland zu sein nach der Zeit in der Türkei? Ein wenig fremd? Oder gar: sehr vertraut, mehr denn je? Wenn ich zwischen Israel und Deutschland hin- und herfliege, dann passiert bei mir etwas ganz Eigenartiges: Bereits im Flieger switcht mein Wesen. Das liegt nicht nur daran, dass ich plötzlich nur Hebräisch oder nur Deutsch spreche. Es ist so ein ›Eingrooven‹ auf Stimmung, Menschen, Atmosphäre des jeweiligen Landes, in das ich fliege. Wie so ein Chamäleon. Kennst Du das?

Sei umarmt,

Richard

PS: Verzeih, das war diesmal kein sehr ›tiefsinniger‹ Brief Meine Gedanken springen derzeit, es geschieht so viel gleichzeitig da draußen, dass man kaum noch nachkommt. Man müsste einfach mal wieder Zeit haben zum Nachdenken. Einfach denken. Nichts tun, nichts sagen.

HAMBURG, 4. SEPTEMBER 2021

Lieber Richard,

die Bilder der Menschen vom Kabuler Flughafen werden uns alle nicht mehr loslassen, glaube ich. Sie sind mit ihrem Entstehen ikonisch geworden, genau wie die Bilder von den brennenden und einstürzenden Türmen des World Trade Centers. Nine Eleven jährt sich in wenigen Tagen zum 20. Mal, und was für eine schaurige Ironie ist es, dass wir diesen Krieg mit in die Tiefe stürzenden Menschen begonnen haben und nun, an seinem Ende (vorerst), wieder Menschen in die Tiefe stürzen sehen? Darauf wies mich ein Gesprächspartner am Tag nach der Machtübernahme der Taliban hin. Er bildet Offiziere aus. Es war wohl eines der ersten Dinge, die Soldaten ihm gegenüber im Gespräch erwähnten, die selbst einmal in Afghanistan im Einsatz waren.

Das ist alles so bitter, dass man es kaum in Worte fassen kann. Natürlich, es wird so sein, wie Du schreibst, dieses krasse Versagen des Westens wird Auswirkungen geopolitischer Art haben, aber ich wäre zu diesem Zeitpunkt noch vorsichtig mit Prognosen. Überhaupt, dieses ständige Prognostizieren. Es wird so kommen und so kommen, bla, bla, bla. Dabei tappen wir alle so oft im Dunkeln. So weit ich mich erinnern kann, waren die Zeitungen hierzulande eine Woche vor der Einnahme Kabuls durch die Taliban nicht gerade voll mit Berichten und Analysen, die vor Ort entstanden. Und jetzt schreiben wieder alle so breitbeinig durch die Gegend.

Ich weiß nicht, was Putin denkt, oder ob ›wir‹ das Feld jetzt den Chinesen überlassen werden oder nicht. Aber ich weiß, dass die wenigstens nicht versuchen, die Hässlichkeit ihrer Interessenpolitik hinter Brunnenbohrerei und dem Bau von

Mädchenschulen zu verstecken. Immerhin, die Amerikaner haben nicht verhehlt, was sie wollen: einfach nur raus, raus, raus. Dafür haben sie sogar mit den Taliban verhandelt, einer Gruppe, die sie nicht anerkennen, die sie bekämpft haben, und ja, wie Du schreibst, das war Donald Trump. Man könnte nun sagen: So was Verrücktes, wie mit den Taliban zu verhandeln und ihnen sehr viele Zugeständnisse zu machen (so liest sich die Vereinbarung für mich jedenfalls) – das kann nur einem Donald Trump einfallen! Einen Deal, egal wie! Mag sein, ja, diese Gespräche in Doha fingen noch unter Trump an. Er wollte unter allen Umständen ein zentrales Wahlversprechen einlösen und die Soldaten zurückholen. Aber Biden hat dieses Abkommen von Doha ja übernommen.

Und nun, nach 20 Jahren Krieg, werden sie womöglich mit den Taliban gegen den »Islamischen Staat« kämpfen – der ultimative geopolitische Clusterfuck.

Die Amerikaner haben das durchgezogen, was sie angekündigt haben, zwar mit wenig Rücksicht auf die Verbündeten, aber sie haben an die 100 000 Menschen evakuiert. Und wir, die Europäer? Wir mussten auch raus, raus, raus, weil wir es ohne die Amerikaner nicht können und wollen.

Und haben eine Menge Menschen einfach dort gelassen, die für Deutschland gearbeitet haben. Die europäischen Werte im Praxistest.

Ich fände es auch falsch, jetzt zu sagen, dass das alles verkehrt war oder nichts gebracht hat, die Stimmen gibt es ja auch gerade. Es sind ohne Zweifel Brunnen gebohrt und Mädchenschulen gebaut worden. Viele Menschen, Tausende von Soldatinnen, Diplomaten, Mitarbeiterinnen und Mitarbeiter von Hilfsorganisationen, haben sich jahrelang unter großen Opfern an der Verbesserung des Lebens in Afghanistan beteiligt. Genauso wie Millionen Afghaninnen und Afghanen, die wählen gegangen sind, die Politik gemacht haben, die dem

Westen geholfen haben und nun um ihr Leben fürchten. Am wenigsten dürfte es ihnen helfen, wenn unsere Verantwortlichen nun ganz besonders doll ihre Betroffenheit demonstrieren. Oder ihre Ohnmacht.

Wir sind ja nicht ohnmächtig hier. Niemand hat, wie bei einer Ohnmacht, das Bewusstsein oder die Kontrolle über seine Handlungen verloren. Niemand ist einer Situation ausgeliefert. So, als hätten wir nichts mit ihrer Entstehung zu tun.

Für mich persönlich war die krasseste Erkenntnis der letzten Afghanistanwoche diese hier: Es waren die Afghanen und Afghaninnen, die einem hierzulande gezeigt haben, wofür der sogenannte Westen eigentlich steht. Stehen sollte. Trotz dieses katastrophalen Abgangs wollen die meisten Menschen in einem westlichen Land leben, weniger in China oder Russland. Die Ideen des Westens und Europas, ihre Wirtschaftskraft, die Sicherheit, die Achtung der Menschenrechte, die Freiheit – sie strahlen. Nicht dass die Menschen da draußen immer den Westen bräuchten, um diese Ideen vom Leben zu haben. Meist ist es sogar so, dass Menschen, die in autoritären Systemen leben, dieses Strahlen viel klarer sehen als so mancher in unserer Hemisphäre.

Warum sonst führen wir hier so oft Debatten darüber, dass man angeblich ja so gar nichts mehr in der Öffentlichkeit dürfe? Vielleicht erinnert sich der eine oder die andere bei der nächsten Runde des angeblichen Niedergangs der Meinungsfreiheit an die Menschen am Kabuler Flughafen.

Die Antwort auf Deine Frage, was die Demokratie wert sei? Nach allem, was man in Afghanistan sehen konnte: wohl sehr, sehr viel für sehr viele Menschen.

Insofern stimme ich Dir nicht ganz zu, dass es nur um Wohlstand geht, egal, in welchem System. Das war auch auf dem Tahrir-Platz nicht eindeutig. Es fing mit Brot an, es hörte mit Forderungen nach Würde, Freiheit und Demokratie auf.

Schau nach Hongkong – die Leute leben in Wohlstand. Er reicht ihnen aber nicht.

Bleib tapfer, ich versuche es auch (war aber schon mal einfacher), Ö.

PS: Sag mal, wer von beiden hat eigentlich mehr Langeweile: Maxim Biller oder Max Czollek? Ich kapiere diese Debatte nicht, merke aber, dass sie ein Riesending zu sein scheint. Bitte – tu mir einen großen Gefallen und erkläre es mir. Erspare mir die Nachlektüre dieses »Maxim hat mich gehauen – nein, der Max hat zuerst angefangen«-Spektakels. Ehrlich, in meinem Verein ist man froh um jede und jeden, der mitmachen will, da kannste dich kaum retten. Was stimmt mit euch Juden eigentlich nicht?

ZÜRICH, 7. SEPTEMBER 2021

Es ist Rosh Hashanah, unser Neujahrsfest. Und wieder einmal hat sich das Gros meiner deutschen Multikulti- und Diversitätsfans-Freunde bei mir nicht gemeldet, um schlicht »happy new year« zu wünschen. Die meisten haben das nicht auf ihrem Schirm. So ist das dann mit dem Realitätscheck in Sachen Achtsamkeit gegenüber dem kulturell Anderen. Bin ich überrascht? Längst nicht mehr. Habe vor rund zwei Jahrzehnten mal einen Artikel darüber in der *Süddeutschen Zeitung* geschrieben. Viele meiner Bekannten hatten mir damals recht gegeben. Bis heute haben sie nicht in ihrem Kalender, wann wir unsere Feiertage haben. Und wünschen mir nix, weil sie keine Ahnung haben. Tja.

Ich bin mir immer noch nicht sicher, ob Du recht hast, liebe Özlem, das mit der Strahlkraft der Demokratie ... hm ... ich bin da nach wie vor skeptisch. Freiheit. Ja. Wohlstand. Ja. Demokratie? Also das Mühselige der Demokratie? Ich glaube, dass viele Menschen, die das Pech haben, nicht in Demokratien zu leben, nicht genau verstehen, wie schwierig Demokratie ist. Kompromisse finden, verhandeln, diskutieren. Das dauert ja alles lange. Komplizierte Prozesse, die Demokratien scheinbar so viel schwächer gegenüber anderen Systemen machen. Und was viele Menschen – ich sehe das in Israel – auch nicht begreifen: das demokratische Prinzip, die Schwächeren zu schützen. Die Minderheitenmeinung mit zu berücksichtigen und nicht einfach nur die Meinung der Mehrheit brutal durchzusetzen.

Aber wollen die Menschen in den Westen? Klar. Sie wollen in die USA, nach Europa, weil diese beiden Kontinente das bessere Versprechen als alle anderen machen. Aber heißt das, dass sie wirklich Demokratie wollen? Man kann es nur hoffen. Denn nur dann könnte eines Tages in ihren Ländern etwas anders werden. Oder nicht. Sie wissen ja genau, dass Demokratie auf lange Zeit bei ihnen keine Chance hat, wenn Taliban oder andere an der Macht sind. Auf lange Zeit. Du kannst die Namen der Organisationen und Systeme austauschen: IS, Boko Haram, Hamas, Hezbollah, Kommunismus, illiberale Demokratie, Diktatur. You name it.

Und in diesem Augenblick bekomme ich eine Pushmeldung auf mein Handy: Das BKA hat das Pegasus-Programm bereits mehrfach eingesetzt. Also auch die Deutschen!

Aber lass mich Dir auf Deine Frage zu Biller und Czollek antworten. Im Grunde geht es um eine jahrtausendealte Frage:

Wer ist Jude? Diese Frage beschäftigt das Judentum seit jeher. Und es gab stets unterschiedlichste Antworten. Irgendwann, vor mehr als 2000 Jahren, hat die Halakha, das Religionsgesetz, eine Entscheidung getroffen: Jude ist, wer eine jüdische Mutter hat oder nach der Halakha zum Judentum übergetreten ist. Der Grund lag nahe: Abgesehen von gewissen Andeutungen bezüglich der Bevorzugung der Mutterlinie in der Torah ist es natürlich immer klar, wer die Mutter ist. Beim Vater schaut's da schon manchmal anders aus. Mit dem Aufkommen des liberalen oder sogenannten Reformjudentums begann sich die Sichtweise zu ändern. Reformjuden akzeptieren auch Menschen als Juden, deren Väter Juden sind. Und heute gilt das erst recht, mit Gentests kann man ja ohne Weiteres feststellen, wer der Vater eines Kindes ist. Das Problem für diese Reformjuden: dass die Orthodoxie das nicht anerkennt. Die Halakha ist ja die Auslegung des göttlichen Gesetzes, nicht des von Menschen gemachten Gesetzes. Um die Halakha zu ändern, bräuchte es ein rabbinisches Gremium, wie es das früher gab, den Sanhedrin, den gibt es inzwischen nicht mehr, eine echte Änderung ist also nicht so einfach durchzuführen – sagt die Orthodoxie. Das mag man im 21. Jahrhundert für albern halten, aber wir sprechen von Glauben, nicht von Wissenschaft. Das Problem der Reformjuden: auch wenn sie die Orthodoxie ablehnen, so ärgern sie sich ständig über sie und beziehen sich eben doch auf sie, weil sie halt gerne auch von denen akzeptiert werden möchten. Den Gefallen tun ihnen aber die orthodoxen Rabbiner nicht, schon gar nicht in Israel, wo die Orthodoxie das religiöse Monopol innehat.

Der Schriftsteller Maxim Biller hat also nun dem Autor Max Czollek, der sich als Jude sieht, abgesprochen, Jude zu sein. Denn er sei nicht nur kein »Vaterjude«, sondern tatsächlich sogar nur ein »Großvaterjude«. Der Vater seines Vaters war Jude. Das sei doch ein wenig dünn. Die Schriftstellerin

Mirna Funk, die selbst der Halakha nach keine Jüdin ist, legte dann in einem Artikel noch mal nach. Czollek habe früher behauptet, dass sowohl seine Mutter als auch sein Vater Juden seien, erzählt sie. Er habe also über seine wahre Identität angeblich Lügen verbreitet und damit das Problem für sich selbst eigentlich noch größer gemacht als nötig.

Inzwischen mischen sich immer mehr Menschen in diese Diskussion öffentlich ein, bis hin zum Vorsitzenden des Zentralrats der Juden, der, sich – natürlich – an die Halakha anlehnen müssend, sagt, dass ›Vaterjuden‹ keine Juden sind. Punkt.

Worum es aber hier, in diesem vor der deutschen Öffentlichkeit ausgetragenen Streit geht, ist nicht wirklich die Halakha. Maxim Biller ist kein religiöser Jude. Es geht um den politischen und öffentlichen Aspekt in dieser Auseinandersetzung. Also: Warum ›schmückt‹ sich jemand wie Czollek in Deutschland mit dem ›Judesein‹? Kann es sein, dass er damit eine gewisse Aufmerksamkeit als Publizist, als Person der Öffentlichkeit erhält, die er möglicherweise als einfacher ›Nichtjude‹ nicht bekäme? Ist also diese Zugehörigkeit auch ein politisches Plus für so jemanden? Schmückt er (oder sie, es geht nicht um Czollek allein) sich mit Federn, die ihm gar nicht gebühren? Schlägt also jemand Profit aus einem angeblichen ›Judesein‹? Kann er/sie überhaupt ›als Jude‹ sprechen?

Auch hier muss man wieder mehrere Aspekte berücksichtigen. Da ist also die halakhische Frage, beziehungsweise die Definition, die das liberale Judentum gibt. Aber da gibt es natürlich auch das persönliche Gefühl eines Menschen, der in seiner Familie einen jüdischen Teil hat und sich insofern ›zugehörig‹ fühlt. Das ist ja niemandem abzusprechen. Und dann gibt es – und das ist der unwichtigste Part an dem Ganzen – die Nichtjuden, die jetzt Partei zum Beispiel für Czollek ergreifen und erklären, dass er Jude sei. Vielen Dank, aber nein danke. Das hatten wir schon mal in der Vergangenheit, dieses

»Wer Jude ist, bestimme ich!«. Da haben sich die Nichtjuden schlicht nicht einzumischen, sorry.

Für mich, dessen Background in der Orthodoxie liegt, bleibt dabei immer eine Frage im Raum stehen, die ebenfalls jenseits der Halakha ist: Von welchem »Judentum« wird da eigentlich geredet? So gut wie niemand, der in dieser Diskussion aktiv unterwegs ist, kennt die jüdischen Schriften, geschweige denn, kann Hebräisch oder Aramäisch. So gut wie niemand hat sich mit dem Wesen jüdischen Denkens (in der Gemara, in der Mishnah, in den rabbinischen Texten bis hin zu modernen jüdischen Denkern wie Soloveitchik, Levinas, Boyarin und anderen) auseinandergesetzt. Diese ›modernen‹ Juden, die in den Feuilletons gerade herumstreiten, definieren ›Judentum‹, bewusst oder unbewusst, als ›Schicksalsgemeinschaft‹, als eine Identität, die sich definiert im Gegensatz zum Nichtjüdischen. Und fühlen sich einer ›jüdischen Kultur‹ zugehörig, die aber zumeist eine säkulare ist. Das kann man machen, natürlich. Jeder hat das Recht dazu. Aber ist das ›Judentum‹? Das ist die Frage, die ich mir stelle. Und dabei geht es wahrlich nicht darum, ob man koscher isst und Shabbat einhält oder eben nicht.

Die Absurdität dieser Diskussion liegt für mich tatsächlich darin, dass sie vor einer deutschen Post-Holocaust-Gesellschaft geführt wird, einer Gesellschaft, die absolut keine Ahnung hat, wovon hier die Rede ist, aber sich anmaßt, darüber zu urteilen (siehe Twitter), oder sich freut, dass Juden sich streiten, oder schlicht (was noch am besten ist): die Achseln zuckt, weil ihr diese Debatte am Allerwertesten vorbeigeht.

Ich wurde in den letzten Tagen mehrfach gebeten, meine Meinung dazu öffentlich zu äußern. Und ich habe jedes Mal abgelehnt. Meine Meinung geht im Grunde niemanden ›da draußen‹ etwas an. Daran ist nichts Geheimnisvolles, gar nicht. Aber es ist etwas ›Privates‹, so wie es niemanden etwas angeht, ob ein Paar sich für oder gegen ein Kind entscheidet oder überlegt, wann der richtige Zeitpunkt ist, ein Kind zu bekommen.

Die Diskussion, die derzeit in den Feuilletons ausgetragen wird, zeigt mir einmal mehr, wie krank das jüdische Leben in Deutschland ist. Da ist nichts Natürliches, nichts Gewachsenes, da ist auch kein Selbstverständnis da, das diese Diskussion gar nicht bräuchte. Letztendlich steckt auch in dieser öffentlichen Debatte ein Kern von Verunsicherung über die eigene Existenz in der deutschen Mehrheitsgesellschaft. Das ist ein bisschen wie die Sendung *Freitagnacht Jews* des WDR. Eine eigentlich ganz witzige Sendung, moderiert von Daniel Donskoy. Er hat da unterschiedliche jüdische Gäste (auch solche, die halakhisch keine Juden sind) und handelt mit denen so Alltagsthemen ab, lustig, parodistisch, bricht Vorurteile und Klischees. Eigentlich ein schönes Konzept. Allerdings: Die Sendung wird Freitagabend ausgestrahlt, selbst wenn sie nicht an einem Freitagabend aufgenommen wird, sie ist also nicht live. Nur: Wozu muss das sein, eine Sendung von und über Juden am Shabbat? Shabbat beginnt ja wie alle jüdischen Feiertage am Vorabend, also am Freitagabend. Soll das ›cool‹ sein? ›Hip‹? Huiiiii … wir brechen orthodoxe Regeln? Kann man machen, klar. Aber macht das Sinn? Noch dazu in einer nichtjüdischen Gesellschaft, von der man gleichzeitig einfordert, dass sie sich – siehe oben – endlich mal drum kümmert, unsere Lebensformen zu kennen und zu respektieren? Es ist Privatangelegenheit, ob ein Jude Shabbat hält oder nicht. Aber es ist eben nicht privat, eine Sendung über Jüdisches am Shabbatabend auszustrahlen. Wenn Juden schon ihre eigenen Traditionen in der Öffentlichkeit ad absurdum führen – was erwartet man dann von Nichtjuden? Und dass der WDR das mitmacht, finde ich doppelt unangenehm als Journalist, der für die öffentlich-rechtlichen Sender arbeitet.

Verstehst Du, was ich meine? Da ist etwas ganz grundsätzlich krank. Und für mich, der ich nun schon so lange nicht mehr in Deutschland lebe, hat das so etwas von: »Hey – seht mich, ich provoziere, ergo bin ich da. Seht mich als Juden, auch wenn ich mich ganz und gar unjüdisch gebe …« Es ist die Suche nach einer säkularen jüdischen Identität außerhalb der Halakha, die in Deutschland so gar nicht funktioniert vor dem Hintergrund der Shoah. Weil man eben immer bei der Shoah landet. Ob man will oder nicht. Das ist in New York anders und in Paris. Und natürlich in Tel Aviv. Es kann in Deutschland nicht funktionieren. Noch lange nicht. Dass es aber Suchbewegungen gibt, vielleicht sogar geben muss? Ja, natürlich. Ein erster, vorsichtiger Schritt.

So … ich kümmere mich jetzt wieder um Rosh Hashanah. Waren meine Neujahrsgedanken für Dich. Jetzt kommt Tashlikh, einer der schönsten Bräuche am Neujahr. Man geht an einen Fluss und spricht ein Gebet in der Hoffnung, dass die eigenen Sünden und Verfehlungen mit dem treibenden Wasser davongetragen werden. Mit meinem Vater bin ich als kleines Kind immer an die Isar gegangen. Habe Brotkrumen genommen, um die Fische zu füttern. Die Brotkrumen waren meine Sünden (das ist nicht halakhisch, das war ein Brauch in der Familie, damit ich gerne mitging).

Ciao,

CJ

Mein liebster Alpha-Edel-Halakha-Mutter-Jude!

Ich wollte jetzt natürlich prompt Deinen Artikel von vor ZWEI JAHRZEHNTEN lesen, den Du in Deinem letzten Brief erwähnt hast, aber er war wohl zu früh fürs Internet erschienen.

Ja, ach, ich weiß nicht, ob mich das so mitnimmt, dass mir niemand an muslimischen Feiertagen ›gratuliert‹ oder sie zumindest auf dem Schirm hat. Ich habe sie nicht einmal selbst immer auf dem Schirm. Und wenn sie einmal doch jemand erwähnt, dann fühle ich mich immer so ertappt. Als wäre einfach jemand uneingeladen in mein Wohnzimmer eingetreten. Ohne sich die Schuhe abzuputzen oder auszuziehen. So übergriffig, diese Deutschen!

Wie soll man es uns auch recht machen, hm? Für jemanden, der selbst eine eher ambivalente Beziehung zu seinem oder ihrem Verein hat, ist diese Frage nach dem Gratulieren an religiösen Feiertagen keine banale.

Ich würde, anders als Du – zumindest ist das mein Eindruck von Dir –, auch nicht sagen, dass sich da nichts getan hat. Die Aufmerksamkeit für die kulturellen Bedürfnisse ›der anderen‹ hat sich schon gesteigert seit Deinem Artikel. Würde ich jetzt ganz verwegen behaupten. Zum einen ist es ja chic, seine eigene Weltgewandtheit und sein Wissen zeigen zu können, zumindest für einige Leute. Mittlerweile ist es Usus geworden, die Millionen Muslime in den Nachrichten zu zeigen, die sich in Mecca Jahr für Jahr die Hacken um die Kaaba ablaufen, um Pluspunkte beim Big Boss zu machen.

Tatsächlich sind all diese Feiertage auch schon in einigen Kalendern vorgedruckt. Jede, jeder freut sich über die Aufmerksamkeit, sie ist Teil einer Anerkennung. Aber ich kann mich darüber gar nicht so sehr echauffieren, solange alle anderen Baustellen noch so groß sind.

Offensichtlich hat sich ein 16-Jähriger mit dem Gedanken befasst, einen Anschlag auf eine Synagoge in Hagen zu verüben. Er sitzt jetzt in Untersuchungshaft. Man hat keinen Sprengstoff oder Ähnliches bei ihm gefunden, aber er hatte anscheinend mehrmals Kontakt zu einem Anhänger des Islamischen Staates, einem »Bombenbau-Experten«.

Ein 16-Jähriger.

Und parallel dazu lässt sich die halbe Medienrepublik von der *Bild*-Zeitung treiben, die einen »Islamismus-Skandal« beim WDR aufgedeckt haben will. Dieses – ich zitiere Twitter – »Drecksblatt« tut mittlerweile so, als hätte es beim Thema Antisemitismus die Deutungshoheit, und wer nicht mitmacht, ist zumindest schon mal verdächtig, auch irgendwie judenfeindlich zu sein. Abgesehen von journalistisch-ethischen Fragen: Es müssen einem die Juden leidtun, die von solchen Hetzern umarmt werden. Eine Umarmung, die einem die Luft abschnürt, oder?

Natürlich, die Sache mit Nemi El-Hassan ist für sich genommen sehr tragisch. Sie ist mit Anfang 20 auf die israelfeindliche Al-Quds-Demo gegangen. Die *Bild*-Zeitung hat das herausgefunden und veröffentlicht – fair enough. Wir wissen nicht, ob sie antisemitische Parolen gerufen hat, sie verneint es öffentlich.

Anfang 20. Sieben Jahre später steht da nun eine junge Frau vor uns, die ihr Kopftuch abgelegt hat, sie soll eine Wissenschaftssendung beim WDR moderieren. Und nun kommen diese Bilder und zeigen sie auf der Al-Quds-Demo. Aber die *Bild*-Zeitung meint wohl, dass so jemand fertiggemacht werden muss. Für alle Zeiten.

Da heißt es: »Islamismus beim WDR« und »Skandal-Moderatorin«, »WDR-Moderatorin verharmlost Dschihad«, weil sie es nach *Bild*-Meinung gewagt hat, dem Begriff in einem Video eine andere Bedeutung zu geben als »Heiliger Krieg«, eine andere Bedeutung als jene der Terroristen. Das Blatt macht daraus: »In einem Video relativierte sie islamistische Gewalt.«*

Du und ich wissen, dass eine Diskussion über den Begriff vollkommen legitim ist. Dass die Wissenschaft sich schon seit Jahrhunderten Gedanken um diesen Begriff macht. Aber nach den Islamwissenschaftlern bei der *Bild*-Zeitung darf man so etwas nicht.

Nemi El-Hassan hat sich bereits mehrmals zu ihrem Ich von vor sieben Jahren geäußert, hat die Teilnahme an der Demo bedauert. Hat offensichtlich eine beachtliche Entwicklung durchgemacht, mehrmals Israel besucht, Freundschaften geschlossen. Und dennoch, es hilft nichts.

Es gibt Menschen, denen wird in diesem Land nicht verziehen. Wenn du mal eine Glatze getragen, aber dich irgendwann von deinen Nazifreunden abgewendet hast, geläutert bist, wird dir jede und jeder applaudieren. Mensch, werden sie sagen, was für eine Kraft, was für ein Mut, wie gut, dass du dich von denen abgewendet hast. Wenn du einmal ein Kopftuch getragen hast, verzeihen dir die wenigsten. Du wirst immer irgendwie verdächtig sein. Vielleicht ist das der Grund dafür, warum Nemi El-Hassan in diesen Tagen, obwohl schon lange abgelegt, immer noch mit ihrem Kopftuch abgedruckt wird? Die *Bild*-Zeitung hat es so vorgegeben.

Oder wie es Meron Mendel, Direktor der Bildungsstätte Anne Frank, auf Twitter schrieb: »Dass @Nemi_Elh als Nach-

* »WDR zieht keine Konsequenzen«, In: *Bild*, 14. September 2021.

komme palästinensischer Flüchtlinge kein Israel-Fan ist, macht sie nicht zur Antisemitin.«*

Und der WDR? Ist eingeknickt. Sie setzen jetzt den Start der Sendung aus.

Das ist ein bisschen so wie die Diskussion um Max Czollek und darüber, wer nun Jude ist oder nicht. Danke übrigens dafür, dass Du mir das noch mal erklärt hast. Nichtjuden mischen sich ja auch hier ein und sagen, wer Jude ist und wer nicht. Und im Fall El-Hassan wird den Juden, wie überhaupt der ganzen Republik gleich mit, erklärt, wer Antisemitin ist und wer nicht, und wer hier eine Sendung moderieren darf und wer nicht. Und alle lassen sich das gefallen. Irre.

Insofern glaube ich übrigens, dass Du die Sache mit der Demokratie falsch beurteilst. Du hast in Deinem letzten Brief geschrieben, dass viele Menschen, die das Pech haben, nicht in Demokratien zu leben, nicht genau verstehen, wie schwierig Demokratie ist. Mein Eindruck ist, es ist oft genug genau umgekehrt: Wenn ich mir die Art anschaue, wie bei uns Debatten laufen – nimm allein die um Nemi El-Hassan –, dann denke ich, dass viele, die in einer Demokratie leben, nicht sehen, dass man um sie kämpfen und sie pflegen muss. Nicht sehen, wie fragil sie eigentlich ist.

Ich hoffe, sie kriegt ihre Sendung noch. Mal sehen, ob sich der WDR traut, etwas gegen die ›Vorgaben‹ der *Bild*-Zeitung zu machen.

Mach's gut. Ö.

* Tweet von @MeronMendel, 18. September 2021.

ISTANBUL, 26. SEPTEMBER 2021

Diese Zeilen schreibe ich Dir aus Istanbul, wo ich mir heute die Spätsommersonne ins Gesicht habe scheinen lassen (nein, nein, keine Sorge, alle Tage vorher waren voll mit Arbeit, deshalb habe ich Dir auch nicht, wie Du mir mal aus Tel Aviv, ein Foto meiner vollen Cappuccino- oder Teetasse mit Bosporus-Hintergrund geschickt; ich habe schlicht das Angeben vergessen!).

Ich wollte Dir nur kurz von einer Begebenheit erzählen, die mir gestern passiert ist, und von der ich glaube, dass sie die derzeitige Situation hier im Lande ganz gut abbildet.

Ich war in einem Geschäft, um eine Hose umzutauschen, die ich mir am Vortag gekauft hatte. Der Kassierer gab mir einen Zettel zum Ausfüllen, Name, Telefonnummer usw. Auch das Gouvernement und den Bezirk musste man eintragen. Ich fragte, ob ich den Bereich frei lassen könne, weil ich im Ausland lebe. Er sagte dann, tragen Sie doch einfach den Ort ein, an dem Sie in der Türkei wohnen, wenn Sie hier sind.

Dann guckte er mich noch mal freundlich an und fragte: »Wo leben Sie denn im Ausland?«

»In Deutschland.«

»In Deutschland? Wie haben Sie es denn dahin geschafft, erzählen Sie mal.«

»Ich habe es nicht dahin ›geschafft‹, ich bin dort geboren worden.«

»Kommen Sie nicht mehr hierher. Oder nur noch im Urlaub. Wir versuchen auch wegzukommen. Kommen Sie nur noch, um Ferien zu machen. Hier lebt es sich nicht mehr gut.«

Ich wusste dann nicht mehr so recht, was ich sagen sollte. Der journalistische Reflex sagte: Frag, ob es politische oder wirtschaftliche Gründe hat, oder beides. Frag ihn, frag ihn!

Aber statt weiterzufragen, lächelten wir uns an wie zwei Freunde, die ein Geheimnis teilen. Er sprach auch gar nicht frustriert oder so, im Gegenteil. Er wirkte ganz fröhlich und machte nebenher seine Arbeit. »Machen Sie es gut«, sagte ich, und er wünschte mir noch eine gute Zeit.

Meine Güte, die Sache zwischen Max Czollek und Maxim Biller nimmt ja irre Formen an. Ich habe einen offenen Brief von 278 Intellektuellen, Schriftstellern und Kulturschaffenden wahrgenommen, der einen ziemlich heftigen Ton hatte. Es gebe eine Schadenfreude, so stand da unter anderem, über einen innerjüdischen (ach ne!) Konflikt, in dem immer häufiger (ach ja?) unliebsamen Stimmen (die sehr viele Bücher verkaufen) das Jüdischsein abgesprochen wird.

Zum Glück ist heute Bundestagswahl!

Cheers, Deine Vater-und-Mutter-Muslimin

(Bei uns kommt jeder rein in den Klub, einfach so! Die nehmen echt jede/n, da fragt dann auch keiner mehr nach dem Ausweis, wenn du erst mal drin bist.)

UND SCHON WIEDER IN EINEM REFUGIUM, 30. SEPTEMBER 2021

Meine allerliebste Springer-Presse-Basherin,

so viel Schaum vor dem Mund. Faszinierend bei Dir, die ich doch sonst nur immer so hanseatisch-flensburgerisch dezent kenne (ja, ich weiß, das Ghetto …). Diesmal kommen wir thematisch nicht wirklich zusammen.

Deine Wut über die *Bild* kann ich insofern nachvollziehen, als dass ich den Ton, in dem die Vorwürfe gegen Nemi El-Hassan vorgebracht wurden, nicht mag. Und – da bin ich mit Dir einer Meinung – die *Bild* hat sicher nicht das Monopol auf den ›Kampf gegen Antisemitismus‹ und schon gar nicht auf die Definition, was Antisemitismus ist. Und um es gleich vorwegzusagen: Ich habe keine Meinung zu El-Hassan. Warum? Weil ich mich nicht in die Nachrecherche begeben habe über all das, was veröffentlicht wurde.

Aber ebenso wie eine vorschnelle Verurteilung nicht in Ordnung ist, ist eine vorschnelle Verteidigung es auch nicht. Lennart Pfahler hat in der *WELT AM SONNTAG* ja noch ein paar Sachen ausgegraben, die – zumindest – bedenkenswert sind: Likes in letzter Zeit für Posts, die man antisemitisch verstehen kann, mögliche Verbindungen und Kontakte in Kreise, in denen Muslimbrüder unterwegs sind. Es ist kompliziert. Um also ein Urteil abgeben zu können, müsste ich mich, als anständiger Journalist, in die Materie einarbeiten und wirklich nachprüfen, was Sache ist. Erst dann würde ich mir anmaßen zu sagen: Die Frau ist untragbar. Oder eben: Die Frau ist sauber und o. k. Sie hat halt mal Bockmist gebaut, wer hat das nicht?

Was hier geschieht, ist so typisch in unseren Social-Media-Zeiten: Alles muss in 140 oder 280 Zeichen ›erklärt‹ werden, es muss schnell gehen, nachdenken, abwarten, analysieren – danke nein, nicht gefragt. Und das gilt: für beide Seiten. Sowohl für die Springer-Leute als auch für die ›woken Progressiven‹, die natürlich sofort an die Seite einer Woman of Color springen, ohne die Sachlage wirklich zu kennen.

Insofern, und das mag ›feige‹ oder ›ausweichend‹ klingen: Ich habe keine Meinung zu der jungen Frau. Ich könnte mir die Mühe machen, dem ausführlich nachzugehen, aber die Frage ist: wozu? Es gibt genug Beispiele von sogenannten jungen Journalisten, die bei den ›Qualitätsmedien‹ mit antisemitischen, antizionistischen und anderen Vorurteilen herumhantieren. Also was soll's? Ist sie eine Antisemitin? Nun denn, eine mehr. Ist sie keine? Umso besser. Weiß man nicht, was sie ist – dann bitte keine Vorverurteilung, das tut man nicht. Aber das Problem erst einmal benennen und überprüfen? Fair enough.

Ich habe sowieso das Gefühl, dass in diesen ›progressiven‹ Kreisen jegliches Argumentieren für die Katz ist. Die Welt ist schwarz und weiß. Und dort, wo diese Damen- und Herrschaften stehen, ist Weiß. Nu schojn, würde mein Vater sagen, was hast du erwartet, mein Sohn? Men hot uns nisch lieb.

Genau so ist es, Özlem. Man hat uns Juden nicht lieb. Egal wie. Wahrlich keine Breaking News. Was mich gleich zu Deiner Überzeugung bringt, dass sich seit meinem Artikel so irrsinnig viel getan hätte in Deutschland. Da kann ich nur sagen: lediglich für die Muslime. Und warum? Weil sie – im Vergleich zu uns Juden – die »Mehreren« sind, wie man in Bayern sagt. Es gehört jetzt zum schicken Ton zu wissen, wann Ramadan ist und wann das »Zuckerfest« (wobei das ja eine türkische Bezeichnung von Eid al-Fitr ist, nicht wahr? Palästinenser sagen nie »Zuckerfest«).

Aber frag mal rum, wann Rosh Hashanah und wann Yom Kippur ist (und es gibt auch keine Berichte darüber in der *Tagesschau …*) – blankes Nichtwissen. Und wie gesagt: Ich spreche von lieben Bekannten, die es wissen könnten, ja müssten – nada. Kalendereintrag hin oder her.

Weißt Du, ich habe vor 30 Jahren für eine Presseagentur gearbeitet und sollte eine US-amerikanische Schauspielerin interviewen, die gerade in Deutschland drehte. Sie hatte einen WASP-Vater und eine japanische Mutter und kam aus New York. Ich rief sie an, meldete mich mit vollem Namen (also mit

Chaim) und fragte sie, wann sie in der kommenden Woche Zeit hätte. Darauf sie: »Well … Monday, Tuesday is bad for me, Thursday, Friday is bad for you, why not Wednesday?« Ich war überrascht und fragte sie, woher sie wisse, dass ich an beiden genannten Tagen nicht könne. »Well, it's Shavuot, no? And your name is Chaim, so …!« Ich war baff. Und sie lachte: »Hey man, I'm from New York. We do know these things!« Yes, die »Goldene Medine«, das goldene Land, dachte ich mir. New York. Die jüdischste Stadt der Welt, geht doch. So 'ne Konversation kriegste auch in Berlin 2021 nicht hin. Never!

Anyway … it is what it is. Man kann nichts erwarten und nur freudig überrascht sein, wenn's doch anders kommt.

Deine Geschichte aus Istanbul hat mich gerührt. Ist sicher eigenartig für Dich gewesen?

Ich fliege übrigens jetzt endlich in ein paar Tagen zurück nach Tel Aviv. Bin gerade das dritte Mal geimpft worden, die EU und Israel erkennen endlich die Impfungen gegenseitig an, ich muss also nicht mehr in Quarantäne in Tel Aviv, weil ich nur zwei Impfungen habe und diese schon mehr als sechs Monate her sind. Prima. Freue mich sehr zurückzukommen. Werde Dir ausführlich berichten, wie's sich anfühlt. Mal abgesehen davon, dass ich erst einmal an den Strand gehen werde und abends mit Freunden ins Santa Katarina, wo wir beide auch mal waren, erinnerst Du Dich?

So. Und jetzt habe ich mich den ganzen Brief über perfekt um das Thema »Bundestagswahl« herumgedrückt. Mag auch noch nix dazu sagen, weil man ja auch noch nicht wirklich weiß, wie es weitergeht. Vielleicht nur so viel: Allmählich wird der politische Ton im Wahlkampf auch in Deutschland rauer und bissiger … schöne neue Welt.

So … ich muss wieder an die Arbeit. Überarbeite gerade meinen Text für meine Dokuserie zum Antisemitismus. Freudiges Thema.

Fühl Dich gedrückt … Fährst Du mit mir mal nach Istanbul? Next year?

Hibuki,

CJ

HAMBURG, 9. OKTOBER 2021

Hi dear,

es gibt fast nichts Vergeblicheres in diesem Land, als sich über die *Bild*-Zeitung zu empören. Ich weiß. Und eigentlich bin auch ich schon zu alt und mittlerweile zu realpolitisch dafür. Und trotzdem. Dieser schrille Ton ist, wenn ich mal unsere Bundeskanzlerin zitieren darf, nicht hilfreich.

Danke für das Proseminar in Journalismus (ich bräuchte jetzt dieses Emoji, das die Augen rollt). Wie könnte ich Dir widersprechen, das ist alles richtig, was Du sagst. Das ist ja der Grund, warum ein schriller Ton selten angebracht ist.

Ich habe die Berichte über die Likes von Nemi El-Hassan aus jüngster Zeit auch gelesen … tja. Was soll ich dazu sagen? Ich empfand sie in ihrer ›Reue‹ – keine Ahnung, ist das überhaupt das richtige Wort? Ihren Erklärungen, ihrem öffentlichen Nachdenken – als sehr überzeugend. Dieser ganze scheiß Konflikt zwischen Israel und den Palästinensern ist aus der

Sicht einer Nachkommin von Palästinensern natürlich ein anderer. Sie muss Israel nicht mögen oder verteidigen. Das ist es nicht, was einen Menschen zum Antisemiten macht.

»Sie hat halt mal Bockmist gebaut, wer hat das nicht?« – dieser Satz in Deinem letzten Brief, und dabei würde ich bleiben, gilt für bestimmte Leute nicht.

Ehrlich, ich weiß auch nicht, was ich grade schlimmer finde. Einen Like für BDS oder in den Likes von Leuten herumzukramen, wie in autoritären Systemen, und daraus etwas abzuleiten. Alles an dieser Debatte deprimiert. Es hat etwas von einer Verurteilung ohne Verhandlung und unabhängigen Richter.

Es hat sich viel getan für Muslime – bei dem Satz musste ich bisschen lächeln, zumal Du da mit dem jährlichen Bericht in der *Tagesschau* über die Pilgerfahrt nach Mecca argumentierst. Ist das eigentlich immer derselbe? Kannst ja mal bei Gelegenheit aus dem Nähkästchen plaudern.

Es gibt eine Anfälligkeit für Islamfeindlichkeit in allen westlichen Ländern, und nur, weil ein Teil der Medien, der Politik und der Wirtschaft versucht, Avantgarde zu sein und Bewusstsein zu schaffen gegen den Hass, heißt das nicht, dass sich etwas Grundlegendes geändert hätte. Es heißt auch nicht, dass sich nichts geändert hätte. Ja sorry, es ist ambivalent. Ich glaube einfach, dass die Entwicklung parallel verläuft. Es wird besser – und dann wieder gehen wir als Gesellschaft Schritte zurück. Momentan ist mein Gefühl, dass das Thema Zusammenleben, oder oldschool »Integration«, wie auch immer man dieses Kind nun nennen will, das ständig den Namen ändern muss, das arme Ding, nicht als relevant oder Gewinnerthema gesehen wird. Der gesamte Wahlkampf hat das gezeigt. Es hat keine Rolle gespielt. Keine Ahnung, was die Spitzenkandidaten darüber denken.

Olaf Scholz hat zu seiner Zeit als Bürgermeister von Hamburg eine recht lässige Einbürgerungsaktion gestartet, indem er alle, die ein Anrecht darauf hatten, persönlich angeschrieben und dazu ermutigt hat. Bei den Grünen nimmt man automatisch an, dass sie sensibel oder weit sind beim Thema Diversität, aber interessanterweise ist die Gruppe der Vorsondierer, also jener Parteifunktionäre, die die Koalitionsverhandlungen führen werden, so »Divers wie Weißwurst«, wie die *taz* schrieb. Man sieht also mal wieder: Der Grad der Diversität zeigt sich dann, wenn es etwas zu verteilen gibt. Wenn es um Macht geht.

Die CDU lasse ich jetzt mal raus. Ich habe Dir bereits mein Leid mit den Wahlplakaten geklagt und wurde von Dir nicht mit einem kleinen Wort getröstet!

Es gehört wohl zur Ironie der gegenwärtigen Lage (oder ist es schon Geschichte?), dass der Flughafen der so viel und auch zu Recht gescholtenen Erdoğan-Türkei seine Gäste mit einem »Roş Haşanah!« begrüßte.

Ihr habt aber auch viele Feiertage!

Alles Liebe, ach ja, und viel Spaß in Tel Aviv, wünsche ich neidvoll … Ö.

Ma chère,

nun, mein Satz gilt: Wer hat nicht schon mal Bockmist gebaut? Aber – und das habe ich eben auch gesagt: Es sollen ja in der letzten Zeit ein paar Dinge vorgefallen sein, die nicht in Ordnung sind. Ich weiß es einfach nicht. Ich breche über sie nicht den Stab. Aber ich stelle mich auch nicht auf Deinen Standpunkt, dass ihre ›Reue‹ sehr überzeugend wirkt. Das weiß ich eben auch nicht.

Wie gesagt, ich wiederhole mich, ich weiß, man müsste sich die Mühe machen, sehr genau nachzuprüfen. Aber was tatsächlich immer unerträglich ist: die vorschnelle Vorverurteilung eines Menschen, ehe man wirklich weiß, was Sache ist. Das macht Social Media, das machen einige Medien mit großer Wonne. Und ja: das ist natürlich zum Kotzen.

Was das Bemühen um Muslime betrifft: Sicher läuft das alles parallel, das und ebenso die Islamfeindlichkeit. Aber: Das Bemühen ist da. Was Juden betrifft, so erlebe ich da in der Öffentlichkeit Einstudiertes, Verkrampftes und Textbausteine aus dem Baukasten. Und daneben: totale Unkenntnis dessen, was jüdische Lebenswelten sind. Ist bei Muslimen sicher dasselbe. Aber dann kommt da noch etwas dazu: jenes Bemühen ist häufig gepaart mit Angst. Angst vor Islamismus, Jihadismus, Terrorismus. So ein: »Wir müssen nett zu ihnen sein, damit sie uns nicht in die Luft jagen« – ja, so was habe ich schon öfters gehört. Ist so eine Aussage repräsentativ? Ich weiß es nicht. Aber ich weiß natürlich, dass man vor uns Juden keine Angst hat. Wir schmeißen keine Bomben, wir sind ja nur geldgierig, hihihi …

Aber das ist mir im Augenblick gar nicht so wichtig. Warum? Weil ich 3500 km von all dem wieder entfernt bin.

Endlich wieder in Tel Aviv, endlich wieder in den eigenen vier Wänden. Und dieses Gefühl möchte ich Dir vermitteln. Was das heißt: dass nämlich von hier aus gesehen diese deutschen Affären und Skandale plötzlich wie eine Seifenblase zerplatzen. Czollek, Biller, El-Hassan, die junge Grüne, who cares about these issues in the Middle East? Perspektivwechsel tut gut. Erleichtert. Für eine Minisekunde. Denn wir sind hier mit den Nuklearambitionen des Iran beschäftigt, Israel hat ein massives Problem mit der Position der Biden-Administration und ich fürchte, nicht ganz zu Unrecht.

Mein lieber Freund Alon Pinkas, der lange Jahre Berater des früheren Premiers Ehud Barak war, ein Diplomat ersten Ranges, dann auch später israelischer Konsul in New York, also Alon, wahrlich kein Rechter, hat gerade einen Artikel veröffentlicht, in dem er über die Sinnlosigkeit der israelischen Politik gegenüber dem Iran schreibt. Die Tatsache, dass Israel sich immer mit den Proxys Teherans herumschlagen muss, also Hezbollah im Norden, Hamas und Islamischer Jihad im Süden, dass also diese von Iran finanzierten und gesteuerten Organisationen ihre Raketen auf die israelische Zivilbevölkerung abfeuern können, ohne dass Iran irgendein Schaden daraus entsteht, sei, so Alon, eine falsche Politik. Um echte »Abschreckung« wiederherzustellen, müsse Israel Teheran sehr glaubhaft vermitteln, dass man bei einem neuen Angriff der »Platzhalter« den Iran selbst angreife, dass also das Regime in Teheran wirklich etwas zu verlieren habe. Das klingt irre, das klingt martialisch und absurd, aber in der Logik dieses Krieges zwischen Israel und Iran, eines Krieges, der ja längst kein Schattenkrieg mehr ist, sondern ein ›Krieg zwischen den Kriegen‹, wie das offiziell genannt wird, macht das sozusagen ›Sinn‹. Israels ständige Formulierung »wir werden einen nuklearen Iran nicht zulassen« ist null und nichtig, ebenso die Mossad-Aktionen innerhalb des Iran. Das sind immer nur Nadelstiche. Das Regime dort muss begreifen, dass es nicht einfach schalten und walten kann, wie es will. Erst dann könnte es tatsächlich wieder zu ein wenig mehr Ruhe in Nahost kommen, so Pinkas.

Du wirst mich natürlich gleich fragen, wie ich dazu stehe – nun, ich gebe ehrlich zu, dass ich große Angst davor habe, was passieren könnte, wenn Israel tatsächlich eine Bombe irgendwo in Iran abwirft (keine nukleare, hier ist die Rede von einem konventionellen, vor-nuklearen Krieg). Kann man so was befürworten als halbwegs rationaler Mensch? Es gibt aber so eine grauenvolle Logik des Krieges, die Entscheidungen notwendig macht, die schrecklich sind, in der Hoffnung, noch viel Schlimmeres zu verhindern. Die Alliierten zogen in den Krieg gegen Hitler – machte das Sinn? So etwas zu riskieren gegen die damals übermächtige Wehrmacht? Es hätte alles schiefgehen können (es hat sowieso Millionen Menschen das Leben gekostet), aber was wäre gewesen, wenn die USA beispielsweise gesagt hätten: Was geht das uns an? Hauptsache, wir haben Ruhe. Nicht auszudenken (wahrscheinlich würden wir beide diesen Briefwechsel dann gar nicht führen können, meine Eltern hätten die Lager nicht überlebt, ich wäre nicht geboren worden. Und Du sicher auch nicht, zumindest nicht in Flensburg, so viel ist sicher).

Also: Macht diese Idee Sinn, Iran anzugreifen? Mir schaudert's einfach davor. Aber ich weiß auch, was der Iran seit Jahrzehnten tut, wie sein Einfluss immer weiter reicht. Ich verfolge das seit Jahrzehnten. Und ich ›lebe‹ das auch – ich stehe unter der Bedrohung von Raketen aus Gaza und aus dem Libanon.

Also stellt sich tatsächlich die Frage: Kann man eine wirkliche Katastrophe verhindern, wenn das Regime in Teheran wüsste, dass es wirklich, aber wirklich etwas zu verlieren hätte? Ich mag keine endgültige Antwort geben, ich lasse das offen. Aber es ist etwas, worüber hier mehr und mehr nachgedacht wird. Die Bedrohung rückt immer näher, da Teheran der Bombe immer näher kommt.

Und das sind die Themen, mit denen man sich plötzlich hier wieder beschäftigt, nicht Biller, nicht Czollek, nicht El-Hassan oder nun auch die junge Grüne mit ihren früheren Tweets. Damit meine ich nicht, dass diese deutschen Diskussionen nicht wahnsinnig wichtig sind – für Deutschland. Aber für Juden weltweit? Für Israel gar? Alles heiße Luft. Unwichtig. Und auch wieder nicht, natürlich. Aber dennoch. Von hier aus ist das belanglos.

Und ja, auch das: Wir haben 33 Grad, ich war am Meer, am Strand. Herrlich. Und die vierte Welle ist so gut wie vorbei, wir sind alle dreimal geimpft, es kehrt wieder ein Stück Normalität zurück. Für wie lange? Das weiß kein Mensch, aber für den Moment ist es gut. Mehr kann man nicht erwarten.

Ansonsten zittern alle, ob die Regierung im November das Budget durchbringt. Diese Wunderkoalition aus acht Parteien (inklusive einer arabischen), die ideologisch nicht weiter auseinander sein könnten, funktioniert bislang ziemlich gut. Sie hat nur eine Stimme Mehrheit im Parlament, nur eine einzige Stimme, aber bislang klappt's einigermaßen. Im November muss das Budget durchgebracht werden. Denn wenn nicht, dann – so das Gesetz – gäbe es Neuwahlen. Automatisch. Und Bibi könnte es dann wieder versuchen.

Und täglich grüßt das Murmeltier … in diesen Loop will irgendwie niemand zurückfallen.

Vorgestern war ich bei Ala und Munir, einem arabischen Ehepaar, das ich ganz gut kenne. Wir haben lange über die Unruhen in Jaffo, in Akko und in anderen ›gemischten‹ Städten innerhalb Israels während des letzten Gaza-Krieges im Mai geredet. Die Stimmung hier in Jaffo ist nur oberflächlich normal. Ich sehe und spüre, wie sich da was verändert hat. Die beiden bestätigten das. Sie sind sehr frustriert und verunsichert, machen sich Sorgen um die Zukunft ihrer beiden kleinen Söhne.

Mein Freund Ali will auch weg. Nach Kiev. Dort hat er Verwandte. Ihm ist klar, dass die Ukraine auch kein Paradies ist, aber »alles ist besser als hier, Ritschart (wie ich auf Hebräisch oder Arabisch gerufen werde), dieses Land frisst seine Menschen auf!« – ein alter, und leider immer noch gültiger Spruch.

So, ich ziehe jetzt wieder los. Werde meine 18-jährige Großnichte zum Essen ausführen. Die studiert seit drei Wochen in Herzliya Psychologie. Und da muss sich doch der Großonkel ein wenig um sie kümmern und ihr ein bisserl das Leben hier zeigen ;-)

Bis ganz bald. Liebste Grüße hinüber über das Mittelmeer an Dich im hohen Norden

Ritschart

Lieber Ritschart,

für den Moment ist alles gut, mehr kann man nicht erwarten – willkommen im Nahen Osten! Es dürfte kaum andere Sätze geben, die das Lebensgefühl einer ganzen Region so gut ausdrücken wie diese. Vielleicht gehört auch noch dazu: Man muss bereit sein, in einen Krieg ziehen zu können, damit man in keinen Krieg ziehen muss, so lautet ja wohl die Logik, die Alon Pinkas beschreibt. Ich hörte sie kürzlich aus dem Mund einer israelischen Diplomatin. Hoffen wir, dass alle genug Angst davor haben.

Morgen jährt sich übrigens zum 60. Mal die Unterzeichnung des Anwerbeabkommens zwischen Deutschland und der Türkei – wobei: eine Unterzeichnung gab es eigentlich gar nicht. Es handelte sich ja um eine sogenannte Verbalnote, die zwischen dem Auswärtigen Amt und der Türkischen Botschaft hin- und hergeschickt worden ist. Ein Briefwechsel eigentlich. Wie bei uns :)

»Die Türkische Botschaft beehrt sich, den Empfang der Verbalnote des Auswärtigen Amtes vom 30. Oktober 1961 – 505 – 83 SZV/3I – 92.12 – zu bestätigen, mit der die Regierung der Bundesrepublik Deutschland vorgeschlagen hat, die Vermittlung von arbeitssuchenden türkischen Staatsangehörigen in eine Beschäftigung bei Arbeitgebern in der Bundesrepublik Deutschland durch eine Vereinbarung zu regeln …«*, so klang das, danach folgten einfach zwölf Punkte. Und nun sitzen wir hier.

Unsere Eltern hatten die Wahl, ja, das schon. Es war eine zwischen arm sein in der alten Heimat, wo es schon immer

* Note der Türkischen Botschaft, 30. Oktober 1961.

recht fragil zuging – und fremd werden in Almanya, inklusive krummen Rückens.

Sie kamen hierher und nahmen so einiges auf sich. Deutschland schaute ihnen als Erstes nicht in die Augen, sondern in den Allerwertesten – Gesundheitsprüfung. Harte Arbeit, misstrauische Blicke, noch mehr harte Arbeit, Einsamkeit. Es folgten: feuchte, kalte Souterrain- und Kellerwohnungen, Wohnungen ohne Badezimmer, mit Toilette im Treppenhaus, die man sich mit dem Nachbarn teilte. Und das war schon eine Steigerung. In so einer Wohnung habe ich meine ersten acht Lebensjahre verbracht. Mein Vater ging mit meinem Bruder zum Duschen in die Schwimmhalle. Ich wurde in der Küche in einer Plastikwanne gebadet. In jenem Haus gab es übrigens eine gute deutsche Oma und eine böse.

Die böse wohnte unter uns und beschwerte sich ständig, dass es zu laut sei. Dann eines Tages schwenkte sie um: Irgendwas würde ihr über den Kopf rollen. Wir Kinder übersetzten das unseren Eltern, die, während die Oma mal wieder vor der Tür stand, uns schon böse Blicke zuwarfen. Was konnte das nur sein, das der deutschen Oma über den Kopf rollte? Sie machte eine entsprechende Handbewegung. Murmeln? Die können ja nicht so einen Krach machen. Spielzeugautos? Der Schreibtischstuhl in der Ecke des Wohnzimmers, wo mein Bruder Hausaufgaben machte? Das würde es sein! Also wurde eine dicke Decke unter den Schreibtischstuhl gelegt, der dann allerdings nicht mehr rollte. Aber wohin sollte er rollen? Das Wohnzimmer/Schlafzimmer meines Schicht arbeitenden Vaters war eh zu klein. Fortan hob mein Bruder den Stuhl immer an, wenn er sich vom Tisch erheben wollte.

Die gute deutsche Oma wohnte über uns (wir waren etwas im Zangengriff der Omas, wie Du siehst). Meine Mutter und ich waren oft bei ihr zu Besuch, sie hatte nämlich etwas, was damals noch nicht alle Haushalte hatten: ein Telefon. Und ließ meine Mutter immer in die Türkei telefonieren. Ein rotes Telefon mit Wählscheibe, es stand auf einem Häkeldeckchen auf dem Wohnzimmertisch wie ein sehr bedeutsames Denkmal. Natürlich bezahlte meine Mutter dafür. Während meine Mutter in die Türkei schrie – als ›Telefonieren‹ kann ich das wirklich nicht bezeichnen –, kümmerte sich die Oma um mich. Sie erzählte viel, das weiß ich noch, aber ich kann mich nicht mehr erinnern, was. Ich weiß nur noch, dass ich mich immer sehr geborgen gefühlt habe in dieser deutschen Oma-Wohnung.

Ich glaube, beide Omas waren ein wenig einsam.

Den Entbehrungen folgte aber auch etwas: bessere Zeiten. So viele Schul-, Ausbildungs- und Universitätsabschlüsse, die oft genug ohne BAföG-Antrag auskamen. Ja, es könnten mehr sein. Bessere Leben für die Kinder und Kindeskinder. Perspektivwechsel, Austausch. Gemeinsame, neue Familiengeschichten. Schicksale, die umgeschrieben werden konnten.

60 Jahre. Ich frage mich, wo eigentlich die Party bleibt. Das Einwanderungsland feiert sich nicht. Es herrscht in Deutschland immer so ein Gefühl des Hoffentlich-merkt-es-niemand. Oder bilde ich mir das ein? Vielleicht ist es auch so ein einstudiertes, ein gelerntes Gefühl? Ich weiß es nicht. Es gab Anfang des Monats einen Festakt im Bundespräsidialamt, das schon. Höher können der Staat und seine Repräsentanten einen solchen Tag nicht hängen. Nur – hat es jemand gemerkt?

Alle sind mittlerweile so steif oder wütend oder beides, und die Debatte mittlerweile so verkorkst, dass die meisten nicht sehen, was für eine Erfolgsstory diese Einwanderung eigentlich war. Ich meine das nicht so kalt und ökonomisch, wie es klingen mag. Diese Einwanderung hat der Geschichte und dem Schicksal ein »Fuck off« zugeworfen. Ein »Danke, dass du mir den Weg vorgezeichnet hast, aber ich mach lieber mein eigenes Ding – wir sehen uns später!«.

Viele sehen nur noch, was nicht funktioniert.

Unsere Eltern standen nach acht Stunden Fließbandarbeit an der Theke bei Kaiser's und gackerten und wedelten mit den Armen, um klarzumachen, was sie kaufen wollten. Meine Großeltern haben noch auf dem Feld gearbeitet.

Und nun sieh Dir ihre Kinder an. Und ihre Kindeskinder. Und deren Kinder. Ich rede nicht von mir. Ich spreche ganz allgemein. Es kann nicht der Maßstab sein, dass eine einen Impfstoff erfindet, damit man ihre Biografie und Einwanderung als ›gelungen‹ betrachtet. Oder gar als ›Erfolg‹. Warum sollte Erfolg überhaupt eine wichtige Kategorie sein? Abgesehen einmal von der Frage, wie man diesen Begriff definiert und wer ihn definiert.

Es ist nicht so schlecht gelaufen, gemessen daran, wie hoch Risiko und Einsatz waren. Man muss vielleicht sagen: Trotz allem hat es nicht so schlecht funktioniert. Vor allem lässt es sich eh nicht mehr zurückdrehen, auch wenn einige immer noch so tun. Get over it, möchte man ihnen sagen.

Diese erste Generation hatte den Mut, das Schicksal in die eigene Hand zu nehmen. Sie trat eine Reise an, von der sie nicht wusste, wohin sie führen würde. Volles Risiko, Scheitern war keine Option. Diese Menschen ließen alles hinter sich, sogar für eine Zeit lang ihre Kinder. Damit sie es einmal besser haben, mussten alle zunächst einmal leiden. Zumindest war das der Plan.

Sie fügten sich ein. Erledigten diszipliniert ihren Job. Gingen pünktlich zur Arbeit, egal, wann diese begann. Jahrzehntelang standen viele von ihnen mitten in der Nacht auf. Sie organisierten ihr Leben hier. Alles ohne ein Wort Deutsch. Und führten erst einmal Knoblauch und Wassermelone ein. Allein dafür gebührt ihnen ewiger Dank.

Man sollte dieser ersten Generation ein Denkmal setzen. Es muss ja nicht aus Stein sein. Mein Freund Imran Ayata beklagte neulich zu Recht in der *FAZ*, dass das »Einwanderungsland

Almanya« immer noch gefangen sei im »toxischen Dreieck aus Bereicherung, Viktimisierung und Bedrohung … als sei es die Aufgabe von Einwanderern, dieses Land ökonomisch und kulturell zu bereichern«. Und dennoch tun sie es ja. »Es ist erstaunlich«, schreibt Imran, »wie wenig etwa Gastarbeiterinnen der ersten Generation als ›role models‹ gerühmt werden. Sie könnten als Vorreiterinnen progressiver Lebensformen gelten, weil für sie das Ringen um Vereinbarkeit von Familie und Beruf schon in den 1960er-Jahren Alltag war – als in Deutschland das Bild von ›Mutti am Herd‹ kultiviert wurde und ›samstags Vati mir gehörte‹.«*

Wie recht er hat. Vielleicht erinnerst Du Dich daran, ich hatte Dir einmal von den Pförtnern erzählt, bei denen wir Kinder immer warteten, bis Vater oder Mutter aus der Schicht kamen. Manchmal muss man erfinderisch sein. Oder auch bisschen dreist. Es wird schon gut gehen. Wem, wenn nicht einem deutschen Pförtner, sollte man sein Kind anvertrauen können?

Wie geht es Dir eigentlich, bist Du schon wieder auf dem Sprung nach Israel? Du, es ist übrigens so weit – ich glaube, ich komme dieses Jahr nicht um einen Weihnachtsbaum herum. Die ultimative Unterwerfung – çüüüş, wie wir auf Neudeutsch sagen.

Weißt Du schon, wie Du die Weihnachtszeit verbringst?

Fühl Dich umarmt, Ö.

* Imran Ayata, »Nur für geladene Gäste«, In: *FAZ*, 25. Oktober 2021.

UNTERWEGS NACH TEL AVIV,
11. NOVEMBER 2021

Sadikati,

wie bewegend, Dein letzter Brief. Ich möchte gar nicht darüber diskutieren, ob die Einwanderung gelungen oder nicht gelungen ist. Mir ist nur wieder einmal bewusst geworden, was Migration bedeutet. Jede Migration. Wie groß der Stress für Familien ist, die diesen Schritt gehen. Gehen, weil sie wollen oder weil sie müssen. Denn selbst wenn Menschen migrieren wollen, selbst wenn sie glauben, dass in einem anderen Land, unter anderen Bedingungen als zu Hause das Leben besser sein oder werden kann, so wissen natürlich auch sie, die ›Willigen‹, nicht, worauf sie sich wirklich einlassen. Das ist wahrscheinlich auch gut so. Denn wenn sie es wüssten, würden sie dann auch nur einen Schritt weg machen von der vertrauten Umgebung, Sprache, Heimat? Würden sie sich und ihre Familie dem Risiko aussetzen, wenn sie wirklich wüssten, was da alles auf sie zukommen wird? Es ist etwas anderes, wenn man keine Wahl hat. Wenn man gehen oder fliehen muss, um zu überleben. Egal wie. Dann geht man. Dann gibt es nur den Blick nach vorne. Wohin soll man denn sonst schauen? Das macht das Leben eines unfreiwilligen Migranten nicht einfacher, ganz im Gegenteil. Aber er wird sich später nie die Frage stellen, ob es richtig war zu gehen. Was sonst hätte er oder sie tun sollen, um das eigene Leben zu retten? Und während ich das schreibe, spielt sich an der polnisch-belarussischen Grenze ein neues Flüchtlingsdrama ab. Wieder sind Menschen Spielball zynischer Machtinteressen irgendwelcher Politiker, für die nur ein einziges Menschenleben etwas zählt: das eigene.

So manche Kindheitsszene, die Du in Deinem Brief beschreibst, ist auch mir Migrantenkind vertraut. Ich erinnere mich auch noch an bescheidene Verhältnisse, wenngleich ich im Vergleich zu meiner zehn Jahre älteren Schwester, die alle Fluchtbewegungen meiner Eltern nach dem Krieg mitgemacht hatte, schon im ›Luxus‹ lebte. Ich saß schon in einer richtigen Badewanne. Aber ich hatte beispielsweise in meinen ersten neun Lebensjahren kein richtiges Zimmer. Wir lebten in einer winzig kleinen Wohnung. Es gab das Wohnzimmer, ein kleines Zimmer für meine Schwester und das Schlafzimmer meiner Eltern. Und als ich dann kam, wurde ein Drittel des Schlafzimmers durch eine papierdünne Wand aus Holz und Glas abgetrennt – fertig war mein Zimmer. Ich musste immer durch das Schlafzimmer durch, und wenn meine Eltern dann im Bett waren, musste ich morgens und abends immer mucksmäuschenstill sein, um sie nicht zu stören oder zu wecken.

Und unsere deutschen Nachbarn? Waren sehr freundlich. Einige waren es wirklich, andere waren sch…freundlich, weil sie wussten, dass wir Juden waren und man nach Auschwitz verdammt noch mal zu ihnen nett sein musste.

Migrationsgeschichten. Dazugehören. Nicht dazugehören können, aber wollen. Nicht dazugehören wollen, aber vielleicht können? Oder beides nicht. Oder beides ja. Oder sowohl als auch …

Ich erinnere mich, es ist jetzt rund 40 Jahre her, da lernte ich die israelische Freundin eines Kommilitonen kennen. Sie war zum Studium nach München gekommen. Eines Nachts rief sie mich völlig aufgeregt und panisch an. Ob ich sofort zu ihr kommen könne, es habe einen antisemitischen Angriff auf sie gegeben. Auf ihre Wohnungstür sei ein Hakenkreuz gemalt worden. Ich sprang aus dem Bett, zog mich an und raste zu ihr.

Sie wohnte in einem dieser typischen 70er-Jahre-Betonbauten mit ewig langen Fluren, Neonlicht und vielen Eingängen zu Einzimmerapartments. Ich klingelte, sie öffnete mir mit dem Buzzer die Haustüre, ich rannte hoch zu ihr, stand endlich vor ihrer Tür und – war perplex. Ihre weiß lackierte Wohnungstür war völlig eben und sauber. Sie öffnete und sah mich angstvoll an, ihr Gesicht war ebenso weiß wie die Tür. Ich schaute sie an:

»Wo bitte soll hier ein Hakenkreuz sein?«

»Ja, siehst du es nicht?«

»Nein – zeig's mir!«

Sie bückte sich nieder und zeigte mir ein Hakenkreuz in der Größe eines Zehnpfennigstücks auf Fußhöhe der Türe. Ich begann schallend zu lachen: »Das ist der großartige antisemitische Angriff?«, kicherte ich. »Das ist doch lächerlich. Das gibt es überall. Ständig. Auch auf den Toiletten der Uni. Immer. Das war wahrscheinlich schon da, ehe du eingezogen bist!«

Die Israelin sah mich verletzt an, da ich so gar nicht verstand, worüber sie sich so aufregte. Ich hatte tatsächlich gedacht, über die gesamte Fläche der Türe sei ein Hakenkreuz gemalt worden. Das hätte ich als brutalen antisemitischen Angriff wahrgenommen, aber das kleine Ding ganz unten?

Sie wurde wütend, beschimpfte mich als angepassten Diasporajuden, dessen Schmerzgrenze offensichtlich nur darum so hoch liege, damit ich nur ja in der Diaspora bleiben könne. Dass ich nicht fähig sei zu erkennen, dass auch so ein kleines Hakenkreuz ein Angriff auf mich sei. Sie werde Deutschland sofort verlassen und zurückkehren nach Israel.

Ich fand das ein bisschen übertrieben. Und war mir sicher, dass sie in ein paar Tagen, wenn sie sich denn beruhigt hätte, ganz bestimmt nicht abreisen werde.

Doch sie tat es. Sie tat genau das.

»Ich kehre nach Hause zurück. Ich habe wenigstens ein Zuhause und weiß, wo ich hingehöre. Du aber hast kein Zuhause.

Und das, was du dafür hältst, ist keins. Das wirst du eines Tages schon noch begreifen!«, sagte sie mir leicht schnippisch zum Abschied.

Ich habe diese Szene nie mehr vergessen können in all den Jahren. Hatte mich immer und immer wieder gefragt, ob sie einfach nur hysterisch war. Natürlich hätte ich einfühlsamer reagieren können, ihr klarmachen, dass es einfach so ist, dass in jeder Gesellschaft ein gewisser Prozentsatz ... na, Du weißt schon.

Doch heute denke ich, dass sie damals im Kern etwas ganz Wichtiges begriffen hatte: dass auch so ein winzig kleines Hakenkreuz am unteren Rand einer Wohnungstür, wo man es kaum sehen kann, ein direkter Angriff ist auf das, was man ist, wer man ist. Und dass man es sich nicht bequem machen und so ein ›winzig kloanes Hackenkreuzerl‹ einfach weglachen darf. Dass es genauso schlimm ist wie ein großes. Dass es ein Angriff ist.

Seit fast 18 Jahren habe ich meinen Wohnsitz aus beruflichen und anderen Gründen in Israel, der Heimat dieses Mädchens von damals, an deren Namen ich mich nicht einmal mehr erinnern kann. Fühle ich mich wohl in Tel Aviv? Ja, sehr. Fühl ich mich da ›dahoam‹? Aber nein. Ich, das Kind ungarisch-jüdischer Flüchtlinge, das ›Münchner Kindl‹, das als kleiner Bub Kippa und Lederhose trug, bin nirgends daheim.

Immerhin muss ich jetzt nicht gleich die Koffer packen. Diese total meschuggene und eigentlich unmögliche israelische Koalition der acht Parteien, die ideologisch nicht unterschiedlicher sein könnten, hat es wirklich geschafft, einen Staatshaushalt für 2021 und 2022 zu verabschieden. Wäre ihr das nicht gelungen, hätte die Knesset per Gesetz sofort aufgelöst werden müssen. Es hätte Neuwahlen gegeben und damit wäre Benjamin Netanyahu wieder ins Spiel gekommen. So aber bleibt er in der Opposition. Der Populismus ist erst einmal für längere Zeit zurückgedrängt. Das ist schon was in diesen irren Zeiten. Man muss froh sein über jeden Tag, den man halbwegs heil übersteht, nicht wahr? Also, noch nicht wieder Koffer packen. Aber irgendwann mal dann schon wieder. Und auch umziehen. Denn ich habe ja »Spilkes im Tuches«, wie das auf Jiddisch heißt: »Nadeln im Popo«. Muss einfach unterwegs sein. Apropos: Lass uns uns doch jetzt endlich einmal wiedersehen. Trotz Corona ist das Reisen ja einigermaßen machbar. Wird höchste Zeit, mal wieder ein schönes Glas Wein zusammen zu trinken und zu quatschen. Sounds like a plan, meinst Du nicht auch?

Fühl Dich gedrückt,

Dein

CJ

SARA MARIA BEHBEHANI

SCHWARZWEISS DENKEN

WAS ES HEISST, EHRLICH ÜBER RASSISMUS ZU SPRECHEN

Warum ist es so schwer, über Rassismus zu sprechen? Als der Schwarze US-Amerikaner George Floyd im Sommer 2020 ermordet wurde, gab es auch hier lautstarke Proteste. Wenn es allerdings um das geht, was jeden Tag in Deutschland passiert, herrscht oft dröhnendes Schweigen. Sara Maria Behbehani zeigt, woran das liegt, warum es so schwerfällt, das scheinbar Fremde zu verstehen, und wie es gelingen kann, wieder aufeinander zuzugehen. Persönlich engagiert und voller Empathie für die »anderen«: Ihr Buch weitet den Blick in einer verengten Debatte und beschreibt, wie eine polarisierte Migrationsgesellschaft sich mit sich selbst versöhnen kann.

DROEMER

FRANZISKA SCHUTZBACH

DIE ERSCHÖPFUNG DER FRAUEN

WIDER DIE WEIBLICHE VERFÜGBARKEIT

Frauen haben heute angeblich so viele Möglichkeiten wie nie zuvor. Gleichzeitig sind sie so erschöpft wie nie zuvor. Nach wie vor wird von Frauen verlangt, permanent verfügbar zu sein – familiär, beruflich, sexuell, gesellschaftlich. Die Geschlechterforscherin Franziska Schutzbach legt den Finger in die Wunde eines Systems, das von Frauen alles erwartet, aber nichts zurückgibt. Und sie erklärt, wie Frauen sich dagegen auflehnen und damit alles verändern: ihr Leben und die Gesellschaft. Ein kluger und fundierter Beitrag zu einer anhaltend aktuellen Debatte.

»*Die Erschöpfung der Frauen* ist ein unglaublich kluges und sehr wichtiges Buch. Nicht nur für Mütter und Frauen, sondern für die ganze Gesellschaft, um zu verstehen, was alles so schiefläuft seit vielen Jahren.«
Stuttgarter Nachrichten

DROEMER